Fünfzig Rotweine,
die Sie kennen sollten

Wolfgang Staudt

Fünfzig Rotweine, die Sie kennen sollten

Westend Verlag

Dr. Wolfgang Staudt ist ein ausgewiesener Weinkenner und Dozent mit dem weltweit angesehenen *Diploma in Wine and Spirits*. Seit 1995 ist er selbstständiger Veranstalter von Seminaren und Schulungen (www.staudt-weinseminare.de).

Die Deutsche Bibliothek verzeichnet diese Publikation in der Deutschen Nationalbibliografie. Detaillierte bibliografische Daten sind im Internet über http://dnb.ddb.de abrufbar.
ISBN 3-938060-15-8
ISBN 978-3-938060-15-5

Umschlaggestaltung: pro natur, Frankfurt/Main
Satz: Publikations Atelier, Dreieich
Druck: Freiburger Graphische Betriebe, Freiburg
Printed in Germany

Inhalt

Vorwort

Liebe Leserin, lieber Leser,

willkommen an der Pforte zur Welt des Rotweins. Treten Sie ein und lassen Sie sich vom Rotweinfieber infizieren! Was in unseren Nachbarländern schon sehr viel früher geschah, beobachten wir nun auch hierzulande: Der Genuss von Rotwein ist in der Beliebtheitsskala der Getränke rasant nach oben geschnellt. Und seit wir wissen, dass ein Gläschen Rotwein sogar unserer Gesundheit zuträglich ist, scheinen der Euphorie keine Grenzen gesetzt zu sein.

Die enorme Breite und schiere Unübersichtlichkeit des Angebots gibt jedoch auch Anlass zum Unbehagen. Die Regale sind übervoll mit Rotwein aus aller Herren Länder, zu allen möglichen Preisen und mit Ausstattungen und Etiketten, die bunter und verwirrender nicht sein könnten. Sie haben die Qual der Wahl. Mit Hilfe dieses Buches wird sich die Suche nach einem passenden Rotwein für Sie nicht nur angenehmer und erfolgreicher gestalten, die Suche selbst wird nunmehr zu einem inspirierenden, aufregenden und ungemein spannenden Erlebnis, dem Sie sich mit viel Freude und Leidenschaft zuwenden.

Auf einer lehrreich und unterhaltsam gestalteten Entdeckungsreise begegnen Sie in insgesamt 50 spannenden Portraits den weltweit interessantesten Rotweinen. Sie kommen ihnen näher, lernen ihre Besonderheiten kennen und werden mit dem einen oder anderen ganz spontan Freundschaft schließen. Jedes dieser Portraits lädt ein zum Verweilen, macht Lust, gleich die passende Flasche zu besorgen und beim Weiterlesen zu genießen. Beginnen können Sie vorne, hinten oder an einer beliebigen anderen Stelle – Sie allein bestimmen Fahrplan und Tempo.

Sie können dieses Buch immer wieder – quasi als Nachschlagewerk – zur Hand nehmen und sich anregen lassen: beim Weineinkauf im Supermarkt oder Fachgeschäft, im Restaurant oder wenn Sie zu Hause genüsslich eine Flasche guten Weins öffnen und den Wunsch nach Hintergrundinformationen verspüren. Es ist ein Ratgeber, der Ihnen für alle 50 besprochenen Weine Antwort auf zwei elementare Fragen gibt. Erstens: Wie präsentiert sich der Wein optisch, geruchlich und geschmacklich? Zweitens: Warum ist das so? Deshalb beginnt jedes Portrait mit der Beschreibung des besonderen sensorischen Profils und erläutert anschließend die Gründe für dieses Profil: das Klima, die Landschaft, die Böden, die Rebsorten, die Praktiken der Weinbergsbestellung und Kellertechnik – also kurz: die Heimat des Rebstocks und das Wirken der Menschen, die zum Entstehen des Weins beitragen. Aber damit nicht genug: Der praktische Nutzen für den Leser wird durch eine Reihe zusätzlicher Tipps und Empfehlungen erhöht:

- Sie erfahren, bei welchen Produzenten Sie authentische und überdurchschnittlich gute Exemplare der portraitierten Weine bekommen können („Empfehlenswerte Vertreter“).
- Sie erhalten die Information, in welchem Preiskorridor sich die portraitierten Weine bewegen („Preise“):
  1 = bis 5 Euro
  2 = bis 10 Euro
  3 = bis 20 Euro
  4 = bis 30 Euro
  5 = über 30 Euro
- Sie erfahren, zu welchen Speisen und Gerichten Sie die portraitierten Weine genießen können („Zum Essen“).
- Wenn Ihnen ein portraitierter Wein gefallen hat, können Sie nachlesen, welche anderen Weine eine gewisse Ähnlichkeit aufweisen und Ihnen deshalb auch gefallen könnten („Zum Weiterprobieren“).
- Und am Ende des Buches finden Sie eine Liste meiner persönlichen Rotweinfavoriten unter 20 Euro.

Als besonders nützlich dürfte sich die Einteilung der portraitierten Rotweine in ansonsten nicht übliche Kategorien des Charakters und Temperaments erweisen. Mit Hilfe dieser Einteilung wird es Ihnen sehr viel leichter fallen, Ihre Weinauswahl auf Trinkanlass, Stimmung und die Besonderheiten Ihrer oder einer anderen Persönlichkeit abzustimmen.

Die „Sinnlichen“ sind Weine für genusssüchtige Nonkonformisten, die die Freuden des Lebens genießen, wann immer sich ihnen die Chance dazu bietet. Ihre Textur ist seidig und zart, ihre Aromatik betörend subtil. Den „Sinnlichen" ist jedoch auch etwas Unstetes und Unberechenbares eigen. Soll wirklich Großes entstehen, braucht es leidenschaftliche, mitunter besessene Weinmacher, die keine Risiken, keine Mühen scheuen und sich dem Projekt des Sinnlichen mit Haut und Haaren verschreiben.

Die „Extrovertierten" tun alles, um aufzufallen. Sie stellen ihre Reize offen und selbstbewusst zur Schau. Sie donnern sich auf und werfen sich in Schale – hier noch ein bisschen Puder, dort noch ein wenig Rouge. Während sich die einen mit einem unwiderstehlichen Parfüm in Szene setzen, verführen die anderen mit einem verlockenden Gaumenauftritt. Mal berühren uns weiche, üppige Rundungen, mal barocke Fülle.

Unter der Überschrift „Klassiker" werden Weine mit historisch gewachsener Identität, etabliertem Geschmacksprofil und weltweiter Reputation zusammengefasst. Es sind Produkte, die die Aura der Unverwechselbarkeit und stilistischen Originalität ausstrahlen und den Verlockungen vergänglicher Moden weitgehend widerstanden haben und immer wieder widerstehen.

Die „Vergnügten" schenken viel Trinkfreude. Sie kommen unbeschwert, fröhlich und ungemein trinkig daher und verbreiten auf ganzer Linie heitere Gelassenheit. Sie sind weder mächtig noch allzu schlank, weder sehr tanninreich noch besonders süß. Sie sind im besten Sinne des Wortes gefällig, können die unterschiedlichsten Gelegenheiten begleiten und sollten sich eigentlich größerer Beliebtheit erfreuen.

Die „Rassigen" sind die Rennpferde unter den Rotweinen dieser Welt. Sie strotzen nur so vor Vitalität und Lebensfreude. Sie sind muskulös, kommen aber ohne jedes Gramm Fett aus. Wenn sie uns begegnen, wirken sie explosiv, bis in die letzten Poren gespannt und überraschen dann am Gaumen durch zärtliche Eleganz. Schließlich verabschieden sie sich mit wunderbar kristallklaren, reinen Aromen, einem Hauch Mineralität und der blitzenden Klarheit frischen Quellwassers.

Die „Exoten" kommen verhüllt in den Schleier des Unbekannten und Außergewöhnlichen daher. Wenn sie die Bühne der Öffentlichkeit betreten, erregen sie stets Aufmerksamkeit und Staunen. Dabei präsentieren sie sich weder besonders verlockend noch auffallend elegant, charmant oder vergnügt. Ihr Reiz ist ihre Andersartigkeit, ihre nicht alltägliche stilistische Performance. Ihre Ästhetik ist eine Ästhetik des Nonkonformen. So darf es nicht wundern, dass sie unter den Weinliebhabern vor allem die Individualisten, Abenteurer, Draufgänger und Spieler bedienen, jedoch ganz und gar nicht den geschmacklichen Mainstream.

Die „Preiswerten und Unterschätzten" genießen in der Szene kein großes Image. Ihre Reputation kann im besten Fall solide Qualitäten, handwerklich gut gemachte Produkte reklamieren, aber eben nicht mehr. Doch damit werden sie unter Wert gehandelt. Und im Einzelfall finden sich unter ihnen wahre Juwele – sicherlich keine großen Weine, aber charaktervolle und geschmacklich originelle Alltagsweine, die für kleines Geld zu haben sind.

Bevor jedoch der erste Wein und dann alle anderen portraitiert werden, haben Sie Gelegenheit, generelle Informationen zum Thema Rotwein abzurufen. Im Kern geht es hier um die Klärung der Fragen: Was unterscheidet Rotwein von anderen Weintypen und wie kommt die große Vielfalt zustande? Selbstverständlich können Sie diesen Abschnitt überspringen, wenn Sie sich direkt für einen bestimmten Wein interessieren.

Viel Freude beim Lesen und Genießen wünscht Ihnen

Wolfgang Staudt

Der Einfluss von Mensch und Natur oder warum kein Rotwein so schmeckt wie der andere

Rotwein ist nicht gleich Rotwein. Das können Sie sehen, riechen, schmecken und fühlen. Und doch ist er ganz anders als Weißwein und Rosé, und allemal anders als Schaumwein. Was also ist genau gemeint, wenn von Rotwein die Rede ist? Welche gemeinsamen, identitätsstiftenden Merkmale lassen sich ausfindig machen, um Rotwein von anderen Weintypen unterscheiden zu können? Dieses Kapitel zeigt Ihnen zunächst die ganze stilistische Bandbreite des Rotweins; und dann wird der spannenden Frage nachgegangen, wie es zu dieser Vielfalt kommt und worin die Ursachen für die zum Teil großen stilistischen und qualitativen Unterschiede liegen.

Identität und Vielfalt

Rotweine unterscheiden sich von Weiß- und Roséweinen nicht nur durch ihre Rotfärbung, sondern mehr noch durch die geschmacklich wirkungsvolle Präsenz all jener Stoffe, die der Wein im Laufe seines Entstehungsprozesses aus der Beerenhaut extrahiert hat: die so genannten Polyphenole. Dazu zählen die Farbpigmente, die Anthozyane und vor allem die Tannine. Von den Tanninen geht eine mehr oder weniger ausgeprägte Adstringenz aus, also ein den Gaumen zusammenziehendes und austrocknendes Gefühl. Deswegen genießt man Rotweine zu gänzlich anderen Trinkanlässen als Weißweine: seltener als Solisten, sondern überwiegend als Begleiter kräftiger und fester Speisen, weniger zur Erfrischung denn zur Stärkung.

Erst bei näherer Betrachtung rücken die kleinen und großen stilistischen Unterschiede zwischen den verschiedenen Rotweintypen ins Zentrum der Aufmerksamkeit: Die große Vielfalt an optischen, geruchlichen und geschmacklichen Erscheinungsformen, die für jeden Anlass und für jede Vorliebe das Passende bereit hält – vorausgesetzt, man versteht zu wählen.

Optik

Die äußere Beschaffenheit eines Weines ist ein wichtiger Bestandteil des Trinkvergnügens, bei weitem jedoch kein verlässliches Indiz für seine Güte. In der Regel liefert die optische Prüfung nicht mehr als erste Hinweise und Interpretationsoptionen, zumal auf diesem Feld die kellertechnischen Manipulationsmöglichkeiten voreilige Rückschlüsse geradezu verbieten.

Zunächst fallen die Variationen der farblichen Tönung auf. Es gibt unendlich viele, sehr feine und im Einzelfall kaum wahrnehmbare Schattierungen. Das Spektrum reicht von tiefem Schwarzrot und Purpur, über Rubin, Granat und Ziegelrot bis hin zu orangebraunen Tönen. Im Gegensatz zum Farbton informiert die Farbtiefe über die Intensität und Dichte der Farbe. Eine große Farbtiefe signalisiert meistens einen vergleichsweise kraftvollen Gaumenauftritt. Das Spektrum bei der Beschreibung der Farbtiefe reicht von undurchsichtig, tief und dunkel über blass und licht bis wässrig.

Aromatik

Das Aroma edler Rotweine ist delikat und verführerisch fein, einfache Vertreter duften dagegen schlicht oder gar nicht. Manche präsentieren sich intensiv, extrovertiert, laut und einnehmend, andere hingegen subtil, dezent und zurückhaltend. Fast jeder junge Rotwein erinnert an den Duft roter Früchte: an rote und schwarze Beerenfrüchte (Himbeeren, Erdbeeren, Brombeeren, schwarze Johannisbeeren) oder an Steinobst (Pflaumen, Süßkirschen, Sauerkirschen). Weniger wünschenswert sind künstliche Fruchtaromen (Drops) oder Noten gekochter Früchte (Pflaumenmus, Erdbeermarmelade), wenngleich sie in Maßen dosiert gänzlich unproblematisch sind.

Neben den fruchtigen Aromen finden sich in Rotweinen gelegentlich auch blumige (Veilchen, Rosen, Holunderblüten), vegetabile (grüne Paprika, Rote Bete, schwarze Oliven, Tabak), erdige (Laub, Waldboden, Pilze, Trüffel), rauchig-animalische (Leder, geräucherter Speck, Holzrauch, verbranntes Gummi) und würzige (Pfeffer, Lakritz, Lorbeer, Rosmarin, Zimt, Vanille, Gewürznelke) Noten. Im Verlauf des Fermentationsprozesses werden diese Primäraromen modifiziert und durch Gäraromen ergänzt. Nach der Flaschenabfüllung entsteht allmählich das so genannte Reifearoma, und es stellen sich Noten ein, die an Trockenfrüchte und Herbstlaub, Leder und Trüffel, Nüsse und Rosinen erinnern. Mit zunehmendem Alter kann ein Wein an Komplexität gewinnen und immer neue, sehr sublime Aromakomponenten ausbilden.

Gaumenauftritt

Der Gaumeneindruck wird von einer Vielzahl von Komponenten bestimmt, die Sie sowohl einzeln als auch in ihrem komplexen Zusammenspiel wahrnehmen. Süße, Säure, Alkohol und Tannin sind dabei die wichtigsten. Obwohl die allermeisten Rotweine gänzlich ohne oder mit nur verschwindend geringer Restsüße abgefüllt werden, kann man gelegentlich den Eindruck einer gewissen *Süße* feststellen. Dazu müssen Sie wissen, dass sich dieser Eindruck nicht allein von vorhandenem Zucker speist. Vor allem ist es der *Alkohol*, der einen süßen Geschmackseindruck hervorrufen kann, ebenso Glyzerin und Pektin, ein gelierender Pflanzenstoff aus den Beeren. Trockene Rotweine mit einem Restzuckergehalt von weniger als 2 g/l, aber hohem Alkoholgehalt – beispielsweise so mancher kalifornische Zinfandel oder australische Shiraz – können durchaus dezent süßlich schmecken. Andererseits sorgt in einem Vintage Port der hohe Tanningehalt dafür, dass der faktisch hohe Süßegehalt deutlich abgeschwächt wahrgenommen wird. Fehlt es einem Wein an Inhaltsstoffen, die die Süße balancieren und ausgleichen können, dann wirkt er plump und klebrig, fast wie Zuckerwasser: Man sagt dann, der Wein ist flach.

Wenn man von der *Säurebetontheit* eines Rotweines spricht, ist damit einerseits der sensorische Eindruck von Frische und Lebendigkeit gemeint, andererseits aber auch eine gewisse säuerliche, appetitanregende und die Speichelproduktion in Gang setzende Wirkung: Das Wasser läuft einem im wahrsten Sinne des Wortes im Mund zusammen, und an den seitlichen Zungenrändern und den Wangenschleimhäuten erlebt man ein Ziehen. Säure bringt Spannkraft in einen Rotwein. Vor allem in Rotweinen, die kein oder nur wenig Tannin besitzen, sind es die Säuren, die ihnen innere Festigkeit und Struktur verleihen und zu langem Leben befähigen. Wie in jeder Frucht ist Säure auch in den Trauben ein wichtiger Geschmacksverstärker, der auch im Wein dafür sorgt, dass die Aromen und Geschmacksnuancen deutlicher hervortreten. Aber es kommt auf das rechte Maß an: Ein zu hoher Säurewert macht einen Wein hart, kantig und scharf. Fehlt dagegen Säure, schmeckt er flach und flau oder breit, schwer und behäbig.

Rotweine unterscheiden sich auch durch ihren *Körper*, also den sensorischen Eindruck ihres Gewichtes und ihrer Fülle. Die Skala reicht an ihren beiden Enden von leicht bis schwer, von körperarm bis körperreich, von schlank bis füllig, oder – unter negativen Vorzeichen – von wässrig bis übergewichtig. Für Fülle und Körperreichtum sind neben dem Alkohol die Fruchtkonzentration und die so genannten Extrakte, also die im Wein gelösten Feststoffe (zum Beispiel Zucker, Phenole und Mineralien) verantwortlich.

Das vielleicht markanteste Differenzierungsmerkmal von Rotwein zu Rotwein ist das Niveau ihres *Tanningehalts*. Wenn man von der Tanninbetontheit eines Rotweines spricht, ist damit hauptsächlich der mehr oder weniger intensive sensorische Eindruck von Adstringenz gemeint. Als Adstringenz wiederum bezeichnet man die Empfindung am Gaumen, welche die Zähne stumpf erscheinen, den Gaumen sich zusammenziehen und den Mund austrocknen lässt. Der adstringierende Charakter des Tannins rührt von der Fähigkeit seiner Moleküle her, sich mit den Eiweißmolekülen in unserem Speichel zu verbinden. Der Speichel verliert dadurch seine Gleitfähigkeit, sodass das Aufeinandertreffen von Zunge und Zahnfleisch ungewohnt rau und holprig erlebt wird.

Die Adstringenz der Tannine wird durch einen hohen Säuregehalt noch hervorgehoben – weshalb tanninbetonte Weine weniger

Säure brauchen als tanninarme. Weine, die sowohl hohe Tannin- als auch hohe Säurewerte haben, benötigen einen kräftigen Alkoholgehalt und eine aromatische Tiefe, wenn sie einen Zustand innerer Harmonie erreichen wollen. Die Tanninskala reicht von tanninarm bis tanninreich, von geschmeidig, weich und seidig bis krautig, hart und rau. Eine gute Tanninqualität beeinflusst die Frische und Saftigkeit eines Weines ebenso wie dessen geschmacklichen Reichtum (zum Beispiel über die Stoffe Vanillin oder Zimtaldehyd). Vor allem aber bestimmt sie, wie er sich am Gaumen anfühlt und welchen Eindruck seine Textur hinterlässt. Die Tannine sorgen für Form, Struktur und innere Festigkeit bei Rotweinen und schaffen die Voraussetzung für ein langes Leben. Trotzdem gilt auch hier: Gute wie schlechte Weine können zart und tanninarm, aber auch trocken, fest und tanninreich sein.

Die *Textur* eines Rotweines löst einen sensitiven beziehungsweise haptischen Eindruck im Mundraum aus. Der mehr oder weniger zärtliche Eindruck der Oberflächenbeschaffenheit resultiert aus dem Zusammenspiel der wichtigsten Weininhaltsstoffe: Restzucker, Säure, Alkohol und Tannin. Insbesondere bei Rotweinen geht ein Großteil der Wertschätzung, die Sie ihnen entgegenbringen, auf das Mundgefühl zurück, das sie hervorrufen.

Man charakterisiert einen Rotwein als rau, der entweder zu stark von der Säure oder von zu harten Tanninen dominiert wird. Das sind dann in jedem Fall eindeutige Zeichen (jugendlicher) Disharmonie oder (altersbedingter) Auszehrung. Dagegen gelten Weine, denen es an Säure oder Tannin mangelt, als flach, schlaff oder leblos.

Neben diesen Negativbeschreibungen gibt es eine Vielzahl positiver Begriffe für die Textur eines Weines. Die Textur eines Bordeaux der Spitzenklasse ist nicht selten sowohl samtig als auch feinkörnig, fest und muskulös. Rote Burgunder in Bestform präsentieren sich seidig, glatt, geschmeidig und saftig. Ein Südtiroler St. Magdalener ist ein ungemein zarter, seidiger und saftiger Wein, ganz anders als der feste, körnige, kompakte und manchmal sogar harte Barolo aus der Nebbiolo-Traube. Meist sind die Weine der Alten Welt weniger weich, opulent und muskulös als die Vertreter aus der Neuen Welt. Aber diese Dinge haben längst begonnen, sich zu verändern.

Welche Faktoren begründen die stilistische Vielfalt der Rotweine?

Dieser Abschnitt beantwortet die Frage, wieso Rotwein so aussieht, riecht, schmeckt und sich anfühlt wie er es tut. Die Ursachen dafür und die Zusammenhänge zwischen stilistischer Performance und den relevanten Ursachenkontexten werden erläutert. Da es sich aber nicht um lineare Ursache-Wirkungs-Zusammenhänge handelt, werden die Einflussfaktoren meist in ihrer generellen Bedeutung für das Endprodukt Wein, seltener hinsichtlich ihrer direkten Wirkungen erläutert. Die wichtigsten sind: die *Rebsorte*, das *Klima*, das *Terroir*, die *Arbeit des Winzers* in Weinberg und Keller sowie der *Reifezustand*. Gewissen Einfluss auf die Art, wie Ihnen ein Wein begegnet, haben natürlich auch die Trinktemperatur und andere Aspekte des Servierens.

Die Rebsorte

Von allen Faktoren, die die Weinstilistik beeinflussen, spielt die Rebsorte wahrscheinlich die bedeutendste Rolle. Wenn hier und im Folgenden von *Rebsorten* die Rede ist, sind die Variationen gemeint, die der Gattung *Vitis vinifera* angehören. Man schätzt, dass es weltweit mehrere Tausend Sorten gibt, selbst wenn oft nur wenige davon wirtschaftliche Bedeutung erlangt haben. Jede Art besitzt morphologische Eigenheiten, die es ermöglichen, sie zu erkennen: beispielsweise die Form der Blätter und der Trauben, das Vorhandensein von Härchen oder die Farbe von jungen Blättern. Jede Rebsorte ist auch gegenüber Krankheiten oder Frost in bestimmtem Maß anfällig oder empfindlich.

Entscheidend ist jedoch, dass bestimmte Sorten Weine mit markanter, leicht wiedererkennbarer Stilistik hervorbringen. So besitzen zum Beispiel einige Sorten mehr Farbpigmente als andere. Unter sonst gleichen Bedingungen ergeben Cabernet Sauvignon und Shiraz stets dunklere Weine als Pinot Noir und Nebbiolo. Die Varietäten Dornfelder und Dolcetto neigen zu Purpur, Merlot und Sangiovese zu Rubin und Vernatsch und Grenache zu Granat.

Ebenso verhält es sich mit Duft und Geschmack. Cabernet Sauvignon ist bekannt für sein intensives schwarzes Johannisbeeraroma, Nebbiolo duftet nach Rosen und Teer, Zweigelt nach Kirschen und Rote Bete. Einige Rebsorten wie zum Beispiel Vernatsch und Gamay bringen vorwiegend leichte und unkomplizierte Weine ohne Alterungspotential hervor, während Syrah für kraftvolle, alkoholreiche und reifungsbedürftige Gewächse bekannt ist. Nebbiolo und Tannat sind stets tanninbetont, Dornfelder, Portugieser und Gamay tanninarm. Italienische Rotweine sind generell eher säurebetont, französische überwiegend tanninbetont.

Selbstverständlich variieren die besonderen Merkmalsausprägungen einer Rebsorte mit den Standortbedingungen des Rebstocks. Umso optimaler eine Sorte an das jeweilige Umfeld angepasst ist, desto besser können die Trauben ausreifen und desto kompletter wird das Endprodukt Wein ausfallen. Früh reifende Vertreter – wie etwa Frühburgunder, Cabernet Franc und Dolcetto – können auch an kühleren Standorten zur Reife kommen, während die spät reifenden Sorten Grenache, Mourvèdre und Carignan nur in warmen Lagen realistische Chancen zum Ausreifen haben. Cabernet Sauvignon gedeiht perfekt auf Kies-, Pinot Noir auf Kalkböden und Touriga Nacional auf Schiefer. Früh austreibende Sorten sollten nicht in Lagen gepflanzt werden, die regelmäßig von Spätfrösten heimgesucht werden, so wie fäulnisanfällige Varietäten nichts an Standorten zu suchen haben, die im Herbst von Nebel und feuchten Witterungen heimgesucht und gleichzeitig schlecht durchlüftet werden.

Manche Rebsorten erweisen sich als ungeheuer flexibel, das heißt sie kommen mit ganz unterschiedlichen Standortbedingungen gleichermaßen gut zurecht. Andere wiederum scheinen für ihren Wachstums- und Reifeprozess ganz spezielle Bedingungen zu benötigen, die an nur wenigen Plätzen zu finden sind. Das ist einer der Gründe, weshalb wir so genannte internationale Sorten (Cabernet Sauvignon, Merlot, Syrah) von solchen mit ausschließlich lokaler Bedeutung unterscheiden.

Das Klima

Die *Klimabedingungen* haben einen großen Einfluss auf den Weinstil. Am besten ist gemäßigtes Klima geeignet, denn bei Temperaturen weit über 30 °C und unter 10 °C stellt die Rebe ihr Wachstum ein. Für einen hochwertigen Rotwein ist deshalb eine lange und moderat warme Reifeperiode optimal. Je kühler es ist, desto weniger Zucker können die Trauben bilden und desto säurereicher werden sie sein. Der Stil des Weines ist dann eher leicht, frisch und trocken. Unter wärmeren Bedingungen werden die Trauben zuckerreicher und säureärmer sein, wodurch vollere und rundere Weine entstehen. Rote Trauben fühlen sich im wärmeren Klima generell wohler als weiße. Auch zur Kräftigung der Farbe tragen hohe Reifegrade der Trauben bei.

Die mittlere Temperatur während der Reife hat starken Einfluss auf den Weinstil: Temperaturen über 21 °C verringern die Säure erheblich, während unter 15 °C die Ausreifung gefährdet ist. Die durchschnittliche Jahresmindesttemperatur liegt bei 10 °C. Damit der Rebstock im Jahresverlauf einmal eine längere Ruhephase einlegen kann, sind einige kalte Wintermonate von großer Bedeutung. Der Wärmebedarf variiert jedoch auch je nach Rebsorte (siehe oben). Die Sonnenscheindauer sollte im Jahr mindestens 1 300 Stunden betragen; optimal sind 1 700 bis 2 000 Stunden, davon während der Vegetationszeit zwischen April und Oktober 1 100 bis 1 600 Stunden. Der Mindestniederschlag wird im Allgemeinen mit etwa 500 Liter im Jahr veranschlagt. Aber natürlich ist die Verteilung der Niederschläge über das Jahr sehr wichtig.

Das Terroir

Je nach Standort ergibt jede Rebsorte sehr unterschiedliche Resultate. Das Zusammentreffen von Klima, Boden und Landschaft, Tag- und Nachttemperaturen, Niederschlagsverteilung, Sonnenscheinstunden, Hangneigung und Höhenlage beeinflusst die Biologie des Weinstocks und die Wachstumsbedingungen der Traube von Standort zu Standort auf sehr individuelle Weise. Die Gesamtheit dieser natürlichen Umwelt- und Existenzbedingungen des Rebstocks wird – nicht nur in Frankreich – mit dem Begriff *Terroir* bezeichnet. Terroir kann man als einen begrenzten Raum definieren, in dem die physikalischen und chemischen Naturbedingungen, die geografische Situation und das Klima es erlauben, spezifische und identifizierbare Produkte zu erzeugen. Terroir bezeichnet also die Interaktion zwischen mehreren Faktoren wie Boden, Ausrichtung, Klima, Weinreben und Winzer.

Der *Boden* muss eine konstante, aber mäßige Wasserzufuhr liefern und für eine angemessene Luftzirkulation für das Wurzelsystem sorgen. Tagsüber muss er Wärme speichern und diese nachts an die Pflanze abgeben, und gleichzeitig muss er die unbändige Wuchskraft der Rebe durch geringe Fruchtbarkeit zügeln. Zusätzlich kann ein bestimmter Bodentyp mit einer besonderen mineralischen Zusammensetzung für eine Rebsorte förderlich sein und im Wein für Finesse sorgen: zum Beispiel Kalk in der Champagne, Feuerstein an der Loire, Kies im Médoc oder Schiefer am Douro. Guter Wein wächst auf ganz verschiedenen Böden.

In kühlen Gebieten der Nordhalbkugel sind die vergleichsweise wärmeren *Südhänge* besonders vorteilhaft. Die Sonne fällt am Steilhang fast im 90-Grad-Winkel ein und beschert so eine optimale Wärmeausnutzung. Außerdem kann hier Kaltluft nachts besser abfließen und die Gefahr von Spätfrösten ist geringer. Positive Effekte können zusätzlich von wärmespeichernden Böden ausgehen. In heißen Gebieten erweisen sich andere Lagen als vorteilhaft: Nordhänge, Meeresnähe oder höhere Lagen.

Auch die optimale *Licht- und Wasserversorgung* der Rebe spielt eine herausragende Rolle. Licht fördert die Assimilation der Blätter und die Zuckerbildung, Feuchtigkeit ermöglicht das Wachstum der Rebe. Oft entscheidet die Landschaftsgestalt (Höhenlage, Hangneigung, Umgebung) darüber, inwieweit diese Voraussetzungen erfüllt werden. Winzige Details können ausschlaggebend sein, ob ein guter oder sehr guter Wein entsteht.

Die Pflege des Weinbergs

Die Ernte qualitativ hochwertiger, reifer und gesunder Trauben setzt zunächst voraus, dass der Winzer die passende Rebsorte an der richtigen Stelle gepflanzt hat. Dann spielen *Ertragsbegrenzungen* eine große Rolle. Wissenschaftler sind sich nämlich einig, dass die Qualität des Weines wesentlich von einem niedrigen Ertrag pro Rebstock abhängt. In den Grands-Crus-Lagen an der Côtes d'Or im

Burgund belassen die Winzer nur zwei Trauben an jedem einzelnen Stock. Eine Begrenzung des Ertrags wird bereits mit der Wahl des Erziehungssystems präjudiziert, dann mit dem Winterschnitt und der Grünen Lese im Sommer konkretisiert. Das Erziehungssystem weist dem Rebstock die Form seines Wachstums zu, begrenzt oder eröffnet also Wachstumspotenziale. Die Pergola-Erziehung in Südtirol, die man an dem hochgezogenen Laubdach erkennt, ermöglicht zum Beispiel hohe Erträge, die Erziehung am Drahtrahmen hingegen geringere.

Wenn die Reben während der Winterruhe beschnitten werden, wird das Wachstumspotential des nächsten Jahres festgelegt. Umso mehr Augen der Winzer stehen lässt, desto mehr Triebe werden im Frühjahr austreiben. Und bei der Grünen Lese schließlich wird einige Wochen vor der Ernte der Traubenbehang ausgedünnt. Auf diese Weise wird die Qualität verbessert, denn so kann alle Energie, die dem Rebstock zur Verfügung steht, an wenige Früchte abgegeben werden.

Früher waren hohe *Bestockungsdichten* von 10 000 Reben pro Hektar und mehr selbstverständlich. Mit der Mechanisierung der Weinberge hat jedoch bei den meisten Winzern ein Umdenken eingesetzt. Die meisten Qualitätsweinbaugebiete sind heute so angelegt, dass sie mit herkömmlichen Maschinen bearbeitet werden können. Das erfordert eine geringere Bestockungsdichte: Die Anzahl der Rebstöcke pro Hektar schwankt dann zwischen 2 000 und 3 500. Hohe Bestockungsdichten haben jedoch die Vorteile, dass sie zum einen gegen Pilz- und Schädlingsbefall vorbeugen, zum anderen den Stockertrag merklich reduzieren und zum tiefen Wurzeln zwingen.

Tiefes Wurzelwerk bringt vor allem folgende Vorteile: weitgehende Unempfindlichkeit gegenüber Nässe und Trockenheit sowie Zugriff auf Mineralien, die in den oberen Erdschichten nicht zu finden sind. Die *Nährstoffkonkurrenz* zwischen den einzelnen Rebstöcken bei engerer Pflanzung bewirkt zudem eine natürliche Ertragsbegrenzung und schafft damit gute Voraussetzungen für eine höhere Weinqualität. *Alte Rebstöcke*, über 30 Jahre alt, bieten beste Voraussetzungen für guten Wein, denn sie werfen nur wenig Ertrag ab, ihre Wurzeln dringen tief in den Boden und sie benötigen keinerlei Energie mehr für den Aufbau des Holzes.

Geerntet wird theoretisch, wenn alle Reifeparameter wie Zucker, Säure, Tannin, Farbpigmente und Aromen an ihrem optimalen Reifelevel angekommen sind. Weil das aber in der Praxis nicht zum gleichen Zeitpunkt der Fall ist, muss der Winzer Prioritäten setzen, Risiken eingehen, Entscheidungen treffen und hoffen, dass der Wettergott mitspielt. Unzählige viel versprechende Ernten sind schon im wahrsten Sinne des Wortes ins Wasser gefallen, und das ist bei nur einem Versuch pro Jahr besonders schmerzlich.

Selbstverständlich orientiert sich der Lesezeitpunkt auch am Weinstil, der angestrebt wird. Für die Erzeugung von alkoholreichen, tanninbetonten Rotweinen ist die späte Lese ein Muss, während die Trauben für leichtere Vertreter in der Regel schon früher gelesen werden können. Selbstverständlich ist der Zeitpunkt immer auch sortenabhängig: früh reifende Sorten werden auch dann relativ früh gelesen, wenn aus ihnen kraftvolle Weine entstehen sollen. Für Spitzenweine ist die Handlese unabdingbar: Die Maschinenlese ist zwar schneller und billiger, nur der Mensch kann jedoch selektiv vorgehen und minderwertiges Lesegut aussortieren.

Die Geburtshilfe und Erziehung durch den Kellermeister

Ein Wein ist immer nur so gut wie die Trauben, aus denen er gekeltert wird. Aus minderwertigen Trauben einen erstklassigen Wein zu machen, das ist unmöglich – selbst wenn die modernste Kellertechnik vorhanden und ein erfahrener Kellermeister am Werk ist. Nachlässigkeiten und Unachtsamkeiten bei der Verwandlung von Traubensaft zu Wein können jedoch leicht dazu führen, dass aus wertvollen Trauben einfache, ja sogar fehlerhafte Weine werden.

Noch bis vor wenigen Jahrzehnten musste die Weinbereitung mit einfachsten Mitteln auskommen und die Kellermeister konnten nur sehr bedingt steuernd und korrigierend in den Prozess der Vinifizierung eingreifen. Unter diesen Bedingungen war es durchaus nicht ungewöhnlich, dass Weine mit weniger brillianter Farbe, unsauberer Aromatik und nicht ganz perfektem Gaumenauftritt entstanden. Heute können die Produzenten aus einem Arsenal modernster Anlagen, Geräte und chemischer Präparate auswählen, sodass das früher verbreitetere Phänomen fehlerhafter, unsauberer Weine weitestgehend der Vergangenheit angehört. Fehlerfreiheit kann und muss sogar unter den Bedingungen moderner Kellertechnik als Mindeststandard vorausgesetzt werden, und es ist für alle, die einfachen und preisgünstigen Wein bevorzugen, ein Segen. Offen und diskussionswürdig bleibt jedoch die Frage, welchen Regeln und Grenzen die Interventionen und Manipulationen im Prozess der Vinifizierung unterworfen werden sollten. Ohne jede Frage ist klar, dass der Weg vom einfachen, fehlerfreien Wein hin zu einem großen, ästhetisch wertvollen und ursprungstypischen Wein ein langer ist. Auch durch noch so raffinierte Kellertechnik lässt er sich nicht verkürzen.

Alle Erfahrungen lehren uns, dass weder ursprungstypische noch geschmacklich besonders komplexe und finessenreiche Weine auf der Basis extensiver kellertechnischer Interventionen zustande kommen. Sicherlich verliert kein Wein seine Ursprungsidentität, wenn der Kellermeister die Weinwerdung auf dezente Weise unterstützt und – zur Abwendung von Fehlentwicklungen – korrigierend eingreift. Klar ist aber auch, dass allzu weit reichende Eingriffe in der Summe die geschmacklichen Besonderheiten von Rebsorte und Herkunft zunichte machen können. Auch Komplexität und Finesse entstehen nur auf der Basis eines großen natürlichen Geschmacksreichtums der verwendeten Trauben und wenn es gelingt, diesen Reichtum im Wein zu erhalten.

Nicht umsonst lehrt eine alte französische Weisheit: „Guter Wein entsteht von selbst!“ Auch wenn diese Perspektive die Realität sicherlich nicht ganz korrekt abbildet, so zeigt ein Blick auf die wesentlichen Etappen der traditionellen Weingenese doch recht eindrucksvoll, dass es sich um einen im Großen und Ganzen natürlichen Prozess handelt – zumindest handeln könnte, wären da nicht die Verlockungen technischer und chemischer Interventionsoptionen.

Denn bricht man die Schalen der Trauben auf, beginnen die in der Natur und in jedem Weinkeller reichlich vorhandenen Hefen, den Zucker der Trauben erst langsam, dann immer schneller zu vergären, bis schließlich keiner mehr da ist. In rund fünf Tagen verwandeln die Hefen zwischen 200 und 250 Gramm Zucker pro Liter Most in Alkohol und Kohlensäuregas (CO_2). Bei diesem Gärprozess wird auch Wärme frei, sodass sich der brodelnde Wein zunehmend erwärmt. Will man nicht riskieren, dass die Hefen sich unwohl fühlen und womöglich ihre Arbeit einstellen, sollte die Temperatur beim Rotwein unter 30 °C gehalten werden. Je mehr sich der Most erwärmt, desto schneller kommt die Umwandlung von Zucker in Alkohol voran. Dies wiederum forciert die Extraktion von Farbe und Tannin aus den Beerenschalen.

Damit der Farb- und Tanninauszug zufriedenstellend ausfällt, ist es wichtig, den engen Kontakt zwischen flüssigen und festen Elementen beizubehalten. Zu diesem Zweck wird entweder der gärende Most vom Tankboden abgepumpt und über die oben schwimmenden Schalen gegossen, oder der Tresterhut wird periodisch immer wieder untergetaucht. Um die Farb- und Tanninausbeute zu erhöhen, kann man auch den Maischekontakt über das Ende der alkoholischen Gärung hinaus verlängern. Nur wenn ausreichend Tannin vorhanden ist, kann die Farbintensität stabil gehalten werden. Können die Farbpigmente dagegen nicht mit dem Tannin polymerisieren, fallen sie aus und der Wein erleidet farbliche Einbußen.

Nach zwei bis drei Wochen, oft auch früher, lässt der Winzer den roten Wein ablaufen, bis im Gärtank nur noch der Rückstand, Trester genannt, zurückbleibt. Dieser wird gepresst und teilweise dem Vorlaufwein zugegeben. Da der Presswein in der Regel außerordentlich tanninreich ist, sollte die Zugabe wohl dosiert sein.

Der Jungwein wird nun in ein sauberes Fass gefüllt und wenn die Temperaturen nicht zu sehr absinken, setzt nach wenigen Tagen die *malolaktische Gärung* ein. Dabei werden Milchsäurebakterien im Wein aktiv und greifen die Apfelsäure an. Sie spalten die Apfelsäuremoleküle und wandeln sie in die mildere Milchsäure um. Der Säuregehalt im Wein sinkt, sein Geschmack wird weicher und runder, voller und komplexer; zusätzlich profitiert seine mikrobiologische Stabilität von diesem Prozess. Im Normalfall wird die malolaktische Gärung durch Bakterien in Gang gesetzt, die sich bereits im Weinberg unter die Hefen gemischt haben, die aber auch in den Fässern im Keller des Winzers anzutreffen sind. Weinmacher können sie aber auch gezielt herbeiführen, indem sie die Temperatur erhöhen oder Milchsäurebakterien zufügen.

Jetzt wird der Wein in ein sauberes Fass umgefüllt und eingeschwefelt – daran führt kein Weg vorbei, denn es muss verhindert werden, dass der nun nicht mehr durch die Hefetätigkeit und das Kohlesäuregas geschützte Wein, durch Sauerstoffeinwirkung oxidiert. Je gesünder jedoch das Traubengut und je sauberer ein Kellermeister arbeitet, desto geringer sind die Mengen, die davon verwendet werden müssen. Nur sehr wenige Winzer verzichten ganz auf die Schwefelung.

Ein weiterer Abzug in ein sauberes Fass im Frühjahr – und ein traditionell bereiteter Rotwein einfacher Güte ist abfüllbereit. Handelt es sich um einen hochwertigeren Vertreter, wird er von weiterem Ausbau und Fasslagerung profitieren. Es wäre ein Frevel, einen Hermitage, Pauillac oder Barolo schon im Frühjahr nach der Ernte abzufüllen. Diese Weine können sich im Fass mit Qualitätsgewinn fortentwickeln; zunächst kann auf natürliche Weise ihre weitere Klärung und Stabilisierung erfolgen, mit zunehmender Ausbauzeit werden dann die Tannine milder und die geschmackliche Komplexität nimmt zu.

Die traditionelle Weinwerdung war also stets ein von Menschenhand dirigierter, aber alles in allem ein natürlicher Prozess. Die Rolle des Kellermeisters entsprach mehr der des „Erziehers“ als des „Machers“. Nun ist die Berufsbezeichnung „Kellermeister“ seit einigen Jahren fast aus dem Wortschatz der Weinbranche verbannt worden und alle reden stattdessen vom „Weinmacher“. Was verbirgt sich hinter dieser begrifflichen Umdefinition? Ist es mehr als ein semantischer Lapsus?

Schaut man sich die moderne kellertechnische Praxis an, so wird augenblicklich deutlich, dass weder geschmackliche Modeströmungen noch technologische Allmachtsphantasien vor den Türen der Weinkeller halt machen. Der Konkurrenzkampf ist hart. Besonders im unteren und mittleren Preissegment verlangt der Markt nach farbintensiven, alkoholreichen und konzentrierten Weinen, die sich am Gaumen weich, mollig-süß und schmeichlerisch präsentieren und einfach zu trinken sind. Um diesem Konsumentenideal nahe zu kommen, lässt so mancher Weinmacher nichts unversucht.

Früher waren die Mittel beschränkt, aus einfachen Traubenqualitäten schmackhafte Weine zu keltern. Doch aus der Sicht der modernen Kellertechnik muss man sich damit heute nicht zufrieden geben. Technologie und Chemie machen es möglich, Farbe, Aroma, Süße, Alkohol, Viskosität und Tanninstruktur auf Vordermann zu bringen und damit den Mainstream-Geschmack trefflich zu bedienen. Das Beeindruckende und zugleich Ernüchternde ist, dass man diesen manipulierten Weinen immer weniger ansieht, dass es sich in Wahrheit um qualitativ einfache Produkte handelt. Es braucht sehr viel sensorische Sensibilität und Erfahrung, um die Unterschiede zwischen einerseits einfachen und geschmacklich austauschbaren Weinen und andererseits ästhetisch wertvollen, ursprungstypischen Gewächsen zu erkennen und wertzuschätzen.

Es wäre wünschenswert, wenn die Weinetiketten in dieser Hinsicht für mehr Klarheit sorgten. Für immer mehr Menschen ist es wichtig zu wissen, wie und mit welchen Mitteln der Wein erzeugt wird. Ihnen genügt es nicht, wenn ein Wein schmeckt. Weingenuss schließt für sie eine moralisch-ästhetische Komponente ein, die über die rein hedonistische Verkürzung hinausweist. Wer also Weine vorzieht, die ohne zugesetzte Tannine und Enzyme, ohne den Einsatz von Konzentratoren, Separatoren oder Fraktionierungsanlagen hergestellt werden, sollte dies anhand der Etiketten erkennen können.

Umstrittene Techniken und Präparate der modernen Önologie

Mostanreicherung

In den kühleren Weinbaugebieten der Welt ist die Chaptalisierung (Zuckerung) der Moste erlaubt und verbreitet. Durch die Zugabe von Rübenzucker kann ein höherer Alkoholgehalt entstehen, als allein durch die Vergärung des Traubenzuckers möglich wäre. In manchen europäischen Ländern ist außer Zucker auch Traubenmost, konzentrierter Traubenmost oder rektifiziertes Traubenmostkonzentrat zulässig. Deutsche Prädikatsweine dürfen nicht angereichert werden.

Mostkonzentration

Anders als bei der Anreicherung wird bei den verschiedenen Konzentrationsverfahren dem Most nichts hinzugefügt, sondern überschüssiges Wasser entzogen. Das lässt sich bewerkstelligen mittels Vakuumverdampfung, Umkehrosmose und dem Verfahren der Gefrierung, das dem der Eisweinherstellung nicht unähnlich ist. In manchen Jahren lässt sich mittels Konzentration die Weinqualität – zumindest vordergründig – verbessern. Jedoch geht ihr Einsatz zulasten der Typizität von Lage und Jahrgang. Die Konzentration von Traubenmost ist in der EU erlaubt.

Mostverdünnung

In heißen Weingebieten kann es gelegentlich vorkommen, dass die Zuckerkonzentration in den Beeren so hoch ist, dass die Weine, die aus ihnen entstehen, einen unbalancierten, zu hohen Alkoholgehalt aufweisen. Eine Verdünnung des Mostes mit Wasser löst diese Probleme. In der EU ist dieser Eingriff verboten, in den USA ist er erlaubt, aber in Kalifornien verboten.

Kulturhefen

Die Verwendung speziell selektierter Kultur- oder Reinzuchthefen ist weit verbreitet und überall legal. Sie unterstützen oder ersetzen die so genannten Wildhefen, die auf den Beerenschalen und in den Kellern der Winzer siedeln, und machen den Gärverlauf kalkulierbarer. Lässt der Winzer seinen Most spontan mit den Wildhefen vergären, können komplexere und terroirgeprägtere Weine entstehen, aber es kann auch vorkommen, dass sich im Most Organismen vermehren, die die Qualität des Weins mindern. Kontroverser wird der Einsatz so genannter Aromahefen diskutiert, die darauf spezialisiert sind, bei der Gärung bestimmte Aromen zu fördern. Zudem soll es in der Grauzone der Legalität Zuchthefen geben, die mit bestimmten, nicht zugelassenen Chemikalien oder Aromen richtiggehend vollgepumpt sind und diese dann an den Wein abgeben. Aus Frankreich kommt bereits die erste Gentech-Hefe! Sie ist in der Lage, Zucker in Alkohol und gleichzeitig Apfelsäure in Milchsäure umzuwandeln. Eine recht simple Art, Wein zu aromatisieren, wird in den USA, in Australien und Neuseeland praktiziert. Dort ist es gestattet, einem Wein Aromakonzentrat auf Traubenbasis zuzugeben.

Enzyme

Enzyme sind hochmolekulare Eiweißstoffe mit einem Proteinsegment, das in lebenden Organismen als Katalysator für Reaktionen wirkt, die andernfalls nur sehr langsam ablaufen würden. Endogene Enzyme in Hefezellen sind für unzählige chemische Reaktionen während der Gärung verantwortlich. In der modernen Önologie ist der Einsatz exogener Enzympräparate sehr verbreitet. Sie werden eingesetzt zur Aromafreisetzung, Verbesserung der Farbextraktion, Extraktion weicherer Tannine, Verbesserung der Filtereigenschaften und Freisetzung von Mannoproteinen der Hefe, um dem Wein Geschmeidigkeit und Cremigkeit zu verleihen.

Schleuderkegelkolonne

Mit der Schleuderkegelkolonne (*Spinning Cone Column*) lässt sich ein Wein in seine einzelnen Bestandteile zerlegen und anschließend nach den Vorstellungen des Kellermeisters wieder zusammensetzen. In Australien zum Beispiel dient die Schleuderkegelkolonne in heißen Jahren dazu, dem Wein die störende „Überdosis“ Alkohol zu entziehen. Ein kleiner Teil des Weines wird entalkoholisiert und dann mit dem eigentlichen Wein so rückverschnitten, dass die vorher degustativ ermittelte optimale Gradation („Sweet Point“) erreicht wird.

Säuerung

Sowohl für den Geschmack als auch für die Stabilität und Haltbarkeit eines Weins ist der Säurewert von entscheidender Bedeutung. In sehr warmen Anbaugebieten wachsen nicht selten Trauben mit problematisch tiefer Säure. Einerseits fehlt den daraus gekelterten Weinen später jede Frische und Vitalität und andererseits ist ihre Haltbarkeit prekär. Die Säuerung von Wein ist weltweit legal. Anders als in den USA, wo gerne die preisgünstige Zitronensäure eingesetzt wird, darf in der EU die Korrektur des Säuregrades ausschließlich mit Weinsäure erfolgen.

Entsäuerung

In kühlen Weinbaugebieten entstehen gelegentlich Weine mit zu hoher Säure. Um einen harmonischeren Geschmackseindruck zu erzeugen, ist es sowohl in der EU als auch in den USA erlaubt, den Wein mit chemischen Mitteln zu entsäuern. Um die im Wein gelöste Weinsäure zur Ausfällung zu bringen, wird Kalziumkarbonat, also kohlensaurer Kalk zum Wein gegeben.

Mikrooxidation

Mit der Technik der Mikrooxidation wurde erstmals von Produzenten im südwestfranzösischen Madiran experimentiert, die nach Wegen suchten, ihre ungemein tanninbetonten Weine runder und milder zu machen. Bei dieser Technik wird jungem Rotwein mit einem Dosierapparat Sauerstoff zugeführt. Dadurch wird die Farbe stabilisiert und die Polymerisierung der Phenole beschleunigt. Der Wein wird weicher und früher trinkreif.

Gummi arabicum

Gummi arabicum ist ein natürliches und überall erlaubtes Pflanzenharz. Bei Kellermeistern ist die Substanz beliebt, weil sie nicht nur farbstabilisierend wirkt, sondern als Verdickungsmittel die Viskosität und damit die Cremigkeit des Weins erhöht.

Tanninpräparate

Der Einsatz künstlicher Tannine hat vor allem den Zweck, einen Rotwein möglichst dunkel zu machen. Da die Farbpigmente für sich allein chemisch instabil sind und für ihre Stabilität Tannin benötigen, besteht zu Beginn der alkoholischen Gärung, wenn noch kein Tannin, aber bereits viele Farbstoffe aus den Beerenschalen extrahiert worden sind, die Gefahr, dass ein Teil der möglichen Farbintensität verloren geht. Will der Kellermeister möglichst viele Farbstoffe in den späteren Wein hinüberretten, dann fügt er bereits zu Anfang der Gärung Tanninpräparate hinzu. Ihr Einsatz ist weltweit erlaubt. Es gibt sie als Trauben- oder Holztannine, neutral oder aromatisiert. Ähnlich wie *Gummi arabicum* verleihen die zugesetzten Tannine einem Wein Struktur und Cremigkeit.

Mannoproteine

Mannoproteine sind Eiweißverbindungen aus der sich zersetzenden Hefe (Autolyse). Sie dienen der Weinstein-, Farb- und Aromastabilisierung und erhöhen die Fülle des Weins. Dieser Effekt kann entweder auf natürlichem Weg durch lange Hefelagerung des Weins erreicht werden („sur lie“) oder künstlich durch Zugabe von Enzymen, die die Auflösung der Hefen beschleunigen. Mittlerweile sind auch spezielle Hefepräparate im Einsatz, die die gewünschten Substanzen an den Wein abgeben. Mannoproteine werden von der

OIV (*Organisation Internationale de la vigne et du vin*; Internationale Organisation für Rebe und Wein) empfohlen und in der EU wohl bald erlaubt sein.

Barrique und Eichenchips

Unter allen kellertechnischen Vorgängen ist der Ausbau im neuen Eichenholz wohl der geschmacklich einflussreichste. Neues Holz kommt meistens in Form von kleinen, *Barrique* genannten Fässern zum Einsatz. Sie bestehen aus Eichenholz und verfügen über ein Volumen von etwa 225 Litern, maximal 350 Litern. Im Unterschied zum traditionellen Holzfass sind sie nicht geschmacksneutral. Die Fässer werden von innen geröstet, und dieser Vorgang führt zu einer Art Karamellisierung der stärkehaltigen Holzbestandteile (Zellulose). Andere organische Substanzen im Holz wandeln unter der Hitzeeinwirkung ihre chemische Struktur. Es entstehen Aldehyde, die dann das spätere Aromabild der Weine beeinflussen.

Obwohl durch den Ausbau in Eichenfässern aromatische Komponenten an den Wein abgegeben werden, handelt es sich dabei nicht um eine Aromatisierung im rechtlichen Sinn. Anders liegt der Fall beim Hinzufügen von Holzspänen oder beim Einsetzen von Holzlamellen in Edelstahltanks, die nur ein einziges Ziel verfolgen: dem Wein Aromastoffe zuzusetzen, ähnlich wie man Würzmittel an Speisen gibt. Diese umstrittenen Techniken sind in Europa kurz vor der Legalisierung. Auf anderen Kontinenten ist diese Form der Anreicherung dagegen durchaus geläufig, und entsprechend behandelte Weine werden längst auch in Europa abgesetzt. Die Weinbehandlung mit mehr oder weniger stark getoasteten Spänen kostet pro Flasche etwa zwanzigmal weniger als der Barriqueausbau.

Schönung

Schönung ist ein Verfahren, um Wein von unerwünschten Substanzen zu befreien oder ihn stabil zu machen. Bei der traditionellen Eiweißschönung mit geschlagenem Eischnee werden nicht nur Trübstoffe ausgefällt, sondern zusätzlich wird das Tannin abgerundet. Ähnliche Resultate lassen sich mit Gelatine oder Hausenblase (Collagen-reiche Schwimmblase des Hausen/Störs) erreichen. Mit der Blauschönung werden Eisen und Kupfer aus dem Wein entfernt. Mit Aktivkohle schönt man Weine mit Fehlaromen.

Flaschenreife, Belüftung, Trinktemperatur und Gläserwahl

Wie sich ein Rotwein optisch, aromatisch und geschmacklich präsentiert, ist letztlich auch abhängig von den Etappen, die er nach der Freigabe durch den Produzenten bis zur Begegnung an Nase und Gaumen durchläuft. Mit zunehmendem Alter beziehungsweise *Flaschenreife* werden Rotweine in der Farbe heller. Sie scheiden mit der Zeit einen Teil ihrer Farbstoffe aus, die zusammen mit anderen Stoffen einen Bodensatz bilden, der auch Depot genannt wird. Diese Weine sollten unbedingt kurz vor dem Trinkgenuss dekantiert werden. Beim Umfüllen in die Karaffe kann der Wein vom Depot getrennt werden.

Auch das Aroma verändert sich mit der Zeit. Die jugendlichen Noten schwächen sich allmählich ab, und an ihre Stelle tritt das so genannte Reifebouquet. Die Aromen frischer Früchte wandeln sich zu gekochten und später zu getrockneten Früchten. Karamellisierte Aromen werden intensiver, Noten von Herbstlaub und Leder treten hinzu, und die Weine gewinnen an Komplexität.

Schließlich lassen sich auch am Gaumen Veränderungsprozesse beobachten. Mit zunehmender Reife stellt sich ein weicheres, abgerundetes, weniger stürmisches Mundgefühl ein. Der Wein verliert seine Ecken und Kanten, aber auch einen Teil seiner jugendlichen Kraft. An ihre Stelle treten Feinheit und Eleganz.

Die Trinkbarkeit junger, tanninbetonter Rotweine kann sich deutlich verbessern, wenn man sie für einige Stunden *belüftet*, das heißt in einem Dekanter dem Sauerstoff aussetzt. Die Zeit im Dekantiergefäß ist abhängig von der Verschlossenheit eines Weines und kann im Extremfall bis zu 24 Stunden betragen. Die Reife der Tannine wird in dieser Zeit vorangebracht, und der Wein verliert seine raue, verschlossene Art.

Der Einfluss der *Servier- und Trinktemperatur* auf Aroma und Geschmack eines Weines kann gar nicht ernst genug genommen werden. Es lohnt sich deshalb, die grundlegenden Zusammenhänge zur Kenntnis zu nehmen. Elementar ist die alte Einsicht, einen Rotwein niemals wärmer als mit 18 bis maximal 20 °C zu genießen. Darüber wird das Aroma diffus, manche Duftsubstanzen verdampfen einfach und der Eindruck des Alkohols wird vorherrschend. Umso kühler Sie ihn servieren, desto weniger Duft verströmt er und desto stärker werden Säure und Tannin betont. Ein und derselbe Rotwein schmeckt bei 22 °C alkoholisch, scharf und dünn, bei 18 °C rund und geschmeidig und bei 10 °C hart und adstringierend. Tanninreiche Rotweine sollten daher höher temperiert serviert werden. Tanninarme Rotweine können, müssen aber nicht gekühlt genossen werden. Ist der Alkoholgehalt sehr hoch, wie etwa im Falle des Port, empfiehlt sich eine niedrigere Trinktemperatur, da so der Eindruck des Alkohols an Nase und Gaumen abgeschwächt wird.

Schließlich bringt erst ein schönes und funktionsgerechtes *Glas* den Wein so richtig zur Geltung. Es ist unumstritten, dass Form und Material des Glases großen Einfluss auf unsere Geschmackswahrnehmung haben. Verwenden Sie deshalb ein möglichst dünnes, ungefärbtes Bleikristallglas mit ausreichend großem Kelch und einem Stiel zum Anfassen. Leichte und jugendliche Rotweine kommen in kleinen bis mittelgroßen Gläsern ideal zur Geltung, während kraftvollere und tanninbetontere Vertreter ihre Komplexität in einem großvolumigen Glas mit hohem Kamin besser freisetzen können. Duftige Rotweine fühlen sich in einem Glas besonders wohl, das einer bauchig ausgeweiteten Tulpe ähnelt und nur über einen mittelhohen Kamin verfügt.

Die Sinnlichen – Feine Weine für intime Begegnungen

1 Pinot Noir/Spätburgunder

Cabernet Sauvignon und Pinot Noir, die beiden roten Rebsorten mit der weltweit größten Reputation, haben wenig gemeinsam, aber ein Unterschied wiegt besonders schwer: Cabernet spricht unseren Kopf, Pinot unser Herz an. Lassen Sie einen großen Pinot Noir von einem fachkundigen Publikum verkosten, und es wird Notizen hageln wie diese: „Wow! Sexy … fruchtig … elegant … verführerisch … delikat … beeindruckend … tief".

Guten Pinot Noir charakterisiert eine einmalige, verführerische Verbindung von verlockender Duftigkeit, Süße, seidiger Textur und delikatem Geschmack. Äußerlich präsentieren sich die Weine meist vergleichsweise hell und wenig farbintensiv. Die Aromenpalette ist breit gefächert und nicht immer leicht greifbar. Die Art, wie Pinot Noir seinen Duft versprüht, hat stets etwas Flüchtiges, schwer Fassbares, und immer, wenn Sie glauben, ein Aromamerkmal identifiziert zu haben, wechselt er zum nächsten. Verbreitet ist der Duft von Erdbeeren und Schwarzkirschen, mit etwas Reife gesellen sich Noten von Leder, getrocknetem Herbstlaub, Pilzen und Wildaromen hinzu. Am Gaumen zeigen sich die Besten kraftvoll, körperreich und doch zugleich ungemein zärtlich. Sie verfügen über eine vitale Säure und ein überaus attraktives Mundgefühl mit einer samtig-seidigen, niemals vordergründigen Tanninstruktur.

Wenn alles gut geht, ist das Resultat nicht selten sensationell. Dann ist ein ungeheuer sinnlicher Wein entstanden, der nicht mehr, aber auch nicht weniger will als Emotionen erzeugen, begeistern, an Abgründe führen – also pures Vergnügen bereiten. Doch unglücklicherweise ist großer Pinot Noir selten. Wo auch immer man sich seiner annimmt – ob im Burgund oder in Südafrika, am Kaiserstuhl oder in Neuseeland – die Misserfolgsrate ist stets exorbitant hoch.

Wer jedoch einmal eines dieser bezaubernden und ergreifenden Exemplare im Glas hatte, wird immer wieder danach suchen.

Pinot Noir gilt als eine der terroir-sensibelsten Rebsorten überhaupt; das heißt, die Stilistik der Weine variiert stark mit den Existenz- und Wachstumsbedingungen der jeweiligen Herkunft. Nicht umsonst haben die Menschen im Burgund Jahrhunderte damit zugebracht, ihre Weinberge nach dem Qualitätspotential der einzelnen Lagen zu ordnen. Aber nicht immer entsteht der beste Wein auch in den besten Lagen (im Burgund als Grands Crus klassifiziert). Die Sorte reagiert nämlich auch ziemlich sensibel auf die Art der Weinbergspflege und die Techniken der Vinifizierung: Die Erträge müssen niedrig, die geernteten Trauben optimal reif und die kellertechnischen Interventionen minimal sein.

Die Gestaltungsoptionen für den Kellermeister sind sehr viel begrenzter als zum Beispiel im Falle von Cabernet oder Syrah (siehe die Kapitel 10 und 8). Dafür fehlt es den Weinen an der Substanz, Manipulationen oder andere Exzesse wie überhöhte Erträge, Überextraktion oder übermäßigen Holzeinsatz zu verbergen oder erfolgreich zu balancieren. Beim Pinot Noir handelt es sich wie beim Riesling um einen sehr transparenten Wein, und diese Transparenz entlarvt selbst die kleinsten Schwächen.

Normalerweise besitzen Pinot Noir-Weine wenig Tannin, und deshalb benötigen sie für ihr inneres Gleichgewicht, ihre Stabilität und Frische ein gutes Säureniveau. Daraus schloss man lange Zeit, dass sich der Anbau dieser Sorte ausschließlich in kühlen Klimazonen empfiehlt. Zu viel Wärme, so die klassische Lehre, lasse allzu weiche, marmeladige Weine entstehen, denen es an der nötigen Frische fehle. Sieht man sich allerdings die vorzüglichen Resultate in einigen wärmeren Gegenden Kaliforniens (Carneros, Santa Barbara, Russian River) und Australiens (Margaret River) an, scheint nunmehr die Zeit gekommen, die alte Grundüberzeugung einer kritischen Neubetrachtung zu unterziehen. Gültig geblieben ist dagegen die Einsicht, dass Pinot Noir unter zu kalten Bedingungen unreife, grüne und hagere Resultate mit einer Aromenpalette ergibt, die an Minze, Dill, Tomate, weißen Pfeffer und Kräuterwürze erinnert.

Pinot Noir aus Europa

Man sagt, der beste und typischste Pinot Noir komme aus seiner Heimat, der Côte d'Or im *Burgund*. Doch die Weine, die von dort kommen, sind unberechenbar. Sie versprechen ungeheuer viel, auch angesichts der hohen Preise, aber längst nicht jede Flasche bietet vorzüglichen Trinkgenuss. Fast alle roten Burgunder sind geprägt von merklicher Säure, spürbarem Tannin und einer leichten Erdigkeit im Aroma, die außerhalb Europas kaum anzutreffen ist.

Die Böden der Côte de Beaune sind sehr kalksteinhaltig und ergeben leichtere, fruchtigere, geschmeidigere und schneller reifende Weine. Dem Image der größeren Leichtigkeit entsprechen vor allem die Gemeinden Savigny-les-Beaune, Santenay und Auxey-Duresses. Die besten Vertreter dieser Gattung kommen jedoch eindeutig aus Volnay. In Pommard allerdings trifft man auf meist sehr kräftige und muskulöse Weine.

Die Rotweine der Côte de Nuits, dem nördlichen Teilgebiet der Côte d'Or, wachsen auf sehr eisenhaltigen Böden. Sie sind vergleichsweise voll und kräftig und sehr viel würziger und mineralischer im Stil als die Weine der Côte de Beaune. Sehr erdig, tanninreich und muskulös fallen die Gewächse aus Nuits-St.-Georges aus; Chambolle-Musigny bringt feinduftige und delikate Weine hervor, die aus Gevrey-Chambertin sind kräftig, würzig und elegant.

Die Côte Chalonnaise schließlich gilt als zuverlässige Quelle für einfachere und preiswertere rote Burgunder. Anders als an der Côte d'Or lassen sich hier noch Entdeckungen machen und es lohnt sich, die gastfreundlichen Winzer zu besuchen. Im Handel hierzulande und in der Schweiz sind vor allem die Weine der großen Handelshäuser wie Jadot und Drouhin verfügbar.

Im *Elsass* hat erstklassiger Pinot Noir noch Seltenheitswert. Aber einige der Top-Weißweinproduzenten schicken sich an, dieser Rebsorte die nötige Aufmerksamkeit zu schenken – und siehe da: Schon sind einige Weltklasse-Pinots entstanden.

In *Deutschland* ist der Anbau von Pinot Noir, die man hier Spätburgunder nennt, in den vergangenen Jahren sprunghaft auf nunmehr fast 11 500 Hektar angestiegen und hat damit den Bestand im Burgund, der angestammten Heimat dieser Varietät, bereits übertroffen. Die Weine, die heute in Deutschland aus ihr gekeltert werden, sind weder stilistisch noch von der Qualität vergleichbar mit dem, was in den 70er und 80er Jahren produziert wurde. Damals war deutscher Spätburgunder normalerweise banal, blass und süß. Nach einer Phase des wilden Experimentierens und Lernens werden heute im Spitzensegment Weine erzeugt, die mit den weltweit besten Pinots mithalten können.

Generell lassen sich zwei stilistische Hauptrichtungen unterscheiden. Eine Linie bereitet Weine in Anlehnung an die traditionell deutsche Art, die Rebsorte zu interpretieren, die andere Linie orientiert sich an der traditionell französischen Art. Die Mehrzahl der Spätburgunder können als Repräsentanten der „deutschen" Interpretation gelten – allerdings auf deutlich höherem Niveau als die historischen Vorbilder. Es sind dies in der Mehrzahl überaus feinfruchtige und feminine Weine; ihr Gaumenauftritt ist geprägt von einer sehr zarten Textur, kaum merklichen Gerbstoffen und einer vitalen, aber niemals vordergründigen Säure. Es handelt sich in der Regel um leichte bis mittelgewichtige Gewächse, die am besten jung getrunken werden.

Quantitativ noch deutlich in der Minderheit, aber in der öffentlichen Wahrnehmung sehr präsent ist die Gruppe jener Spätburgunder, die nach „burgundischem" Vorbild bereitet werden. Dank niedriger Erträge, längerer Maischung, biologischem Säureabbau und eines fein dosierten Fassausbaus entstehen farbintensivere, aromatisch komplexe, aber weniger fruchtbetonte Weine; sie sind fester strukturiert, tanninbetonter und kraftvoller als die Vertreter der „deutschen" Linie. Sie präsentieren sich zunächst weniger charmant und zugänglich, gewinnen aber mit der Zeit und haben auf lange Sicht gesehen sicherlich das größere Entwicklungspotential.

Die klassischen Rotweingebiete in Deutschland lassen sich nicht eindeutig der einen oder anderen Stilrichtung zuordnen. Sicherlich ist die „deutsche" Linie vor allem an der Ahr, in Assmannshausen und Ingelheim, aber auch am Kaiserstuhl stark vertreten, während in der Südpfalz die klassisch-burgundische Machart eine vergleichsweise große Bedeutung erlangt hat. Mehr noch als von der Herkunft wird die Stilfrage vom Weinmacher und seinen Auffassungen und Idealen entschieden. Mittel- und langfristig darf jedoch erwartet werden, dass die einzelnen Regionen ihre Profile schärfen, sodass die Weine dann stärker die Handschrift des Terroirs als die der Kellermeister tragen.

In der *Schweiz* ist Pinot Noir die bedeutendste rote Rebsorte. Früher hat man sie fast ausschließlich mit Gamay verschnitten und unter dem Namen Dôle vermarktet. Mittlerweile gewinnt der reinsortige Ausbau an Bedeutung, und es zeigt sich, dass vor allem die Regionen Wallis und Graubünden in der Lage sind, charaktervolle, überraschend aromatische und gelegentlich auch körperreiche Vertreter hervorzubringen. Mehrheitlich lebt die Attraktivität dieser Weine vor allem von ihrer fruchtbetonten, leicht zugänglichen Art. Kraftvolle und strukturierte Gewächse nach französischem Vorbild gewinnen jedoch auch bei den Eidgenossen an Bedeutung.

Auch in *Österreich* konnte Pinot Noir oder Blauburgunder, wie er hier genannt wird, deutlich zulegen. Vor allem in der Thermenregion, im Mittelburgenland und am Neusiedlersee werden unter günstigen klimatischen Bedingungen recht gehaltvolle und nicht selten alkoholreiche Vertreter erzeugt. Der Holzeinsatz ist mittlerweile sehr viel gekonnter und weniger intensiv als noch vor wenigen Jahren. Die Besten sind heute in etwa auf dem Niveau der Top-Pinots aus Deutschland, also Weltklasse.

Italiens Stärke ist sicherlich nicht Pinot Noir, aber im Norden – und hier vor allem in Südtirol – entstehen doch Jahr für Jahr ganz wundervolle Tropfen. Vor allem mit den Lagen um Mazzon besitzt das Gebiet einige potentielle Grands Crus für diese Rebsorte. Südtirol ist auf dem besten Weg, sich als seriöse Referenz für Pinot Noir zu etablieren.

Rumänien ist die Hauptquelle für Pinot Noir in Osteuropa und kann gelegentlich überraschend interessante und wunderbar zugängliche Gewächse hervorbringen. Große Fortschritte mit dieser Rebsorte macht gegenwärtig auch *Ungarn*.

Pinot Noir aus der Neuen Welt

Kalifornischer Pinot Noir ist im Allgemeinen sehr konzentriert, süß, seidig und mit relativ wenig Tannin ausgestattet, er ist weit weniger scharfkantig als jener aus Oregon und Neuseeland und weniger trocken (als Resultat des Zusammenspiels von Säure und Tannin) und erdig als die Vertreter Burgunds. Die kühleren Zonen Russian River, Carneros, Santa Maria und Santa Ynez Valley in

Santa Barbara erbringen die verlässlichsten Resultate. Die Pinots aus Russian River sind voll, geschmeidig, von noblem Charakter und ohne störende Kräuterwürze.

In Carneros, wo sehr viel Pinot Noir für die Schaumweinerzeugung verwendet wird, entstehen ungemein duftige und elegante Weine mit sehr tiefer Fruchtigkeit und unverwechselbaren Aromen von sehr reifer Kirschfrucht. Die Santa Barbara-Pinots sind tief und fruchtig, nicht selten geprägt von dill-ähnlichen, kräuterwürzigen Noten. Die Besten von Monterey sind zugleich die besten kalifornischen Pinots überhaupt: kräftige, sehr konzentrierte Gewächse mit präsentem Tannin, leicht mineralischem, intensivem Gaumenauftritt, großer Geschmacksentfaltung und mit erkennbarem Terroireinfluss.

Oregon bringt die burgunderähnlichsten, aber zugleich unzuverlässigsten amerikanischen Pinots hervor. Das Küstenklima ist hier kühler als im Burgund, und nicht selten trifft man auf sehr schlanke, stark säuregeprägte, im Aroma an Minze und Kräuter erinnernde Weine, denen die Konzentration, Süße und Seidigkeit der kalifornischen Pinots abgeht. Die Besten jedoch sind bemerkenswert delikate Exemplare, die in ihrer ganzen Art an gute Burgunder erinnern. Einen guten Überblick über Stilistik und Qualitätspotential des Gebiets geben die Weine von Rex Hill sowie die Basislinie und die Cuvée Laurence der Domaine Drouhin.

Neuseeland ist eine weitere Quelle für exzellente, aus kühlem Klima stammende Pinots, die den Weinen Oregons stilistisch sehr nahe stehen. Die Zeiten sind überwunden, da Pinot Noirs aus Neuseeland mit übermäßiger Säure, fehlender Konzentration und rauem Gaumenauftritt daherkamen. Heute sind die besten Weine sehr schön balanciert, fruchtintensiv, fest strukturiert und ausgestattet mit einer angenehm seidigen Textur. Marlborough, Martinborough und – mit zunehmend charmanten und eleganten Gewächsen – Central Otago gelten als die wichtigsten Ursprungsgebiete. Yarra Valley in Victoria ist die bedeutendste Quelle für feinen Pinot Noir aus *Australien*. Gute Weine kommen auch von der Halbinsel Mornington und aus Geelong in Victoria. Beachtenswerte Zonen sind weiterhin Orange, Margaret River, Adelaide Hills und Tasmanien.

Südafrika demonstriert in Hermanus in der kühlen Walker Bay, dass das Land imstande ist, recht ansprechende, saubere, dezent süße und in der Nase pfefferwürzige Pinots hervorzubringen. *Argentinien* erweist sich als generell zu heiß für Pinot Noir, und auch *Chile* ist auf anderen Gebieten deutlich erfolgreicher.

Zum Essen

Wild- und Pilzgerichte, Coq au vin, Wildgeflügel, Lachs

Empfehlenswerte Vertreter

Frankreich

Burgund: Denis Mortet, Tollot-Beaut, Jean Grivot, Anne Gros, Faiveley, Geantet Pansiot, Trapet, Dominique Laurent, Bruno Clair, Leroy, Simon Bize, Louis Jadot, Contat-Grangé
Preise: 3–5

Elsass: Marcel Deiss, Hugel, René Muré – Clos Saint-Landelin, Léon Boesch, Ostertag
Preise: 2–4

Deutschland

Burgundische Stilistik: Rudolf Fürst, Jean Stodden, Ökonomierat Rebholz, Bernhard Huber, Dr. Wehrheim, Friedrich Becker, Reinhold und Cornelia Schneider, Duijn, Knipser, Philip Kuhn, Köhler-Ruprecht

Deutsche Stilistik: Meyer-Näkel, Adeneuer, Deutzerhof, Bercher, Heger, Johner, August Kessler, Martinshof

Preise: 2–5

Schweiz

Cruchon, Liesch, Mathier, Gantenbein, von Salis, Fromm, Kesselring, Urs Pircher
Preise: 2–5

Österreich

Hundsdorfer, Preisinger, Reinisch, Braunstein, Umathum, Markowitsch, Iby, Heinrich, Gsellmann, Alphart
Preise: 2–4

Italien
Franz Haas, Hofstätter, Josef Niedermayr, Haderburg, Hans Rottensteiner, Gottardi, Ebnerhof/Johannes Plattner, Stroblhof
Preise: 2–4

Kalifornien
Au Bon Climat, Chalone, Calera, Sandford, Saintsbury, Testarossa, Foxen, Rochioli, Wente Vineyards, Williams-Selyem
Preise: 3–5

Oregon
Rex Hill, Drouhin, Argyle, Amity, Eyrie, Christom, Chehalem, Bethel Heights, Torii Mor, Ken Wright
Preise: 2–5

Australien
Lenswood, Cannabolas Smith, Green Point, Tarra Warra, Yarra Yering, Diamond Valley, Plantagenet
Preise: 2–4

Neuseeland
Felton Road, Mt Difficulty, Akarua, Escarpment, Murdoch James Estate, Cloudy Bay, Hunter's Wines, Brancott, Wither Hills
Preise: 2–4

Südafrika
Bouchard Finlayson, Flagstone Winery, Hamilton Russel Vineyards, Meerlust
Preise: 2–3

Zum Weiterprobieren
Beaujolais (etwas simpler), Nebbiolo (tanninbetonter), Sankt Laurent (Burgenland) und Samtrot (Württemberg)

2 Chambolle-Musigny

Ein gelungener Chambolle-Musigny (Burgund, südlich von Dijon) ist unbestritten einer der verführerischsten Weine überhaupt. Kaum ein anderer erreicht jemals die Zartheit und Geschmeidigkeit seines Gaumenauftritts, den delikaten Charakter seines Aromas, kein anderer paart auf so geniale Art enorm seidige Tannine mit lebhafter Säure. Ein feiner Chambolle-Musigny zeichnet sich stets durch volle, samtige Eleganz aus, die es mit der Finesse eines großen Vosne-Romanée (siehe Kapitel 16) und der Wucht der besten Weine von Chevrey-Chambertin gleichermaßen aufnehmen kann. Er hat Kraft und eine feste Struktur, ohne dass er es sich anmerken lässt. Immer hat er etwas Leichtes und Beschwingtes, aber genau darin liegt seine Größe: Mengen an Alkohol, Tannin und Säure geschickt zu balancieren. Die Fruchtintensität der Pinot Noir-Traube kommt hier in wundervoller Reinheit zur Geltung: zerdrückte Erdbeeren, Himbeeren, ein Hauch süße Kirschen und Süßholz, später dann Waldboden und süße Gewürze.

Die besondere Art des Chambolle-Musigny – auch gegenüber anderen Rotweinen aus dem Burgund – hat nicht zuletzt geologische Ursachen. Durch Erosion der Abbruchkante der Combe d'Ambin hat sich eine Schicht feinen Gerölls bis in die Regionallagen abgesetzt. Sie bildet zusammen mit den weitgehend vom Mutterboden entblößten steileren Hanglagen der Grands und Premiers Crus (Lagenbezeichnungen, siehe weiter unten) einen mageren Grund für den Weinbau. Diese vom Kalkstein beherrschte Geologie ist in Chambolle-Musigny anders als in den Nachbargemeinden Morey St. Denis und Chevrey-Chambertin. Das verleiht den Weinen von Chambolle-Musigny eine kräftige Säure und eine Extradimension Eleganz, Leichtigkeit und aromatische Reinheit.

Von den insgesamt 180 Hektar Rebfläche entfallen etwa 50 Prozent auf Villages-Qualitäten, ein Drittel auf Premiers Crus und der Rest auf die beiden Grands Crus: Musigny und Bonnes Mares. Unter den Premiers Crus überragen Les Amoureuses und Les Charmes alle anderen. In manchen Jahren kommen die Weine aus diesen Lagen den Grands Crus sehr nahe oder können sie sogar an Glanz und Ausstrahlung übertreffen.

Der im Süden von Chambolle-Musigny gelegene Musigny steht an der Spitze der burgundischen Weinbergslagen, gleichauf mit Romanée-Conti, La Tache, Richebourg und Chambertin. Sein Boden enthält mehr Kreide als Ton und ist mit feinem Silt bedeckt, zusammen also beste Voraussetzungen für feinen, aromaintensiven und überaus eleganten Wein. Bonnes Mares dagegen befindet sich nördlich des Orts auf schwererem Boden und besticht deshalb mehr durch Kraft und Langlebigkeit als durch Feinheit und Finesse. Die Burgunder sagen: Wir bewundern und verehren die Weine von Bonnes Mares, aber wir lieben den Musigny.

Auch wenn sich die Aufmerksamkeit weltweit – nicht zuletzt wegen der guten Verfügbarkeit – auf die beiden Grands Crus konzentriert, so bieten doch auch die Premiers Crus und selbst so manche Ortslage vorzüglichen Trinkgenuss, selbstverständlich zu merklich moderateren Preisen. Während sich die beiden Grands Crus eine Fläche von insgesamt 26 Hektar teilen, präsentiert sich die Landschaft der Premiers Crus ausgesprochen zersplittert: Auf 60 Hektar entfallen 22 zum Teil extrem kleine Lagen. Nach einigen Juwelen lohnt es sich besonders Ausschau zu halten: Les Feusselottes von der Domaine Mugneret-Gibourg, Derrière la Grange von der Domaine Amiot-Servelle und Combe d'Orveaux von Bruno Clavier.

Aber das ist eben das Besondere an Burgund. Die Weinbergsfläche ist aufgrund der unterschiedlichen Voraussetzungen jeder einzelnen Parzelle für Art und Qualität eines bestimmten Weins in mehrere tausend Einzellagen aufgeteilt worden. Die oberste Klasse heißt Grand Cru; sie umfasst heute 30 Weine, jeder mit einer eigenen Appellation. Der ohne Ortsangabe stehende Lagenname – Corton, Chambertin, Musigny oder Montrachet – ist der Ausdruck des höchsten burgundischen Adels. Der nächste Rang, Premier Cru, führt im Etikett den Ortsnamen, gefolgt von der Lagenbezeichnung – oder, falls der Wein aus mehreren Lagen kommt, den Gemeindenamen mit dem Zusatz Premier Cru. Auf diesem Niveau unterscheidet allein die Côte d'Or insgesamt 561 verschiedene Weine.

Die dritte Stufe heißt Appellation Communale: Die Weine dürfen den Namen der Gemeinde führen. Wird zusätzlich der Name einer Lage angegeben, muss er in kleinerem Druck erscheinen als der Name der Gemeinde. Schließlich kommen die einfacheren Weine unter regionalen Herkunftsangaben auf die Flasche, zum Beispiel

Bourgogne oder Côte de Nuits. Für den Verbraucher ist es oft nicht leicht, Orts- und Lagennamen voneinander zu unterscheiden. Viele Gemeinden hängen an ihren Namen den ihrer besten Lage an. Der Unterschied zwischen Mazis-Chambertin (einer berühmten Grand Cru-Lage) und Gevrey-Chambertin (aus beliebiger Lage innerhalb der großen Gemeinde) ist nicht ohne weiteres klar, aber überaus wichtig.

Auf der Suche nach einem dieser sagenumwobenen Burgunder kommt erschwerend hinzu, dass infolge des napoleonischen Erbrechts der Weinbergbesitz von Generation zu Generation immer weiter zersplittert worden ist. Selbst kleinste Weinbergslagen sind unter mehreren Besitzern aufgeteilt. Wenn Sie also einen Wein Ihrer Wahl nach Lage, Ort und Jahrgang bestimmt haben, kann er immer noch von sechs, sieben oder mehr verschiedenen Winzern stammen, die sich diese Lage teilen. Der Grand Cru Le Musigny befindet sich zurzeit im Besitz von zwölf Produzenten, Bonnes Mares in den Händen von 34 Eigentümern. Die berühmte 50 Hektar große Grand-Cru-Lage Clos Vougeot teilen sich sogar 80 Besitzer, und jeder von ihnen bringt jedes Jahr von neuem einen Clos Vougeot hervor. Aber längst nicht jeder produziert aus einer erstklassigen Lage auch erstklassigen Wein.

Zum Essen

Brathähnchen, gebratener Fasan, Wild, Kalbsnieren mit Steinpilzen, Trüffelomelett

Empfehlenswerte Vertreter

Domaine Mugneret-Gibourg, Domaine Amiot-Servelle, Bruno Clavier, Barthod-Noellat, Jacques-Frédéric Mugnier, Georges Roumier, Bernhard Serveau, Georges de Vogüé

Zum Weiterprobieren

Nuits-St.-Georges, Vosne-Romanée, Morey St. Denis, Chevrey-Chambertin und Pinot Noir aus anderen Weltgegenden

Preise: 3–5

Merlot

3

Einfach im Anbau, einfach zu verkaufen, einfach auszusprechen und einfach zu trinken! Unter allen noblen Rebsorten gilt Merlot als die freundlichste und zugänglichste. Doch ihre stilistische Vielfalt ist groß. Mal kommen Merlots so leicht und saftig-fruchtig daher wie ein Beaujolais, mal so zart wie ein Pinot Noir und mal so mächtig und eichenholzwürzig wie ein Cabernet Sauvignon. In Bestform schmecken sie nach Pflaumen, Feigen, schwarzen Johannisbeeren, Früchtekuchen und allerlei süßen Gewürzen. Am Gaumen brillieren sie durch eine ungemein runde und geschmeidige Textur. Meist sind sie körperreich und säurearm, haben eine samtige, sehr zarte Tanninstruktur und können trotzdem wunderbar altern.

Merlot und Cabernet Sauvignon gehören beinahe so zusammen wie Pfeffer und Salz. Dabei hat Merlot in der Regel die Aufgabe, die härteren Eigenschaften des Cabernet abzurunden, die Weine weicher und geschmeidiger, fülliger und süßer, vor allem aber früher trinkbar zu machen. In unserer schnelllebigen Welt und vor dem Hintergrund begrenzter Lagerkapazitäten der meisten Weinliebhaber bieten diese Eigenschaften große Vorteile.

Gegenüber dem Cabernet Sauvignon sind die Beeren der Merlot-Traube größer und dünnhäutiger. Die Weine haben einen deutlich höheren Alkoholgehalt, dafür weniger Säure und Tannin und sind deshalb früher mit Vergnügen zu trinken. Die Trauben können etwa zwei Wochen eher als Cabernet Sauvignon geerntet werden, was vor allem in kühleren Klimazonen einen Vorteil darstellt. Merlot-Weine verfügen über eine ungeheuer weiche Textur, und in Duft und Geschmack bieten sie einen seidigen, an Blaubeeren und Marmelade erinnernden Charakter. In Verbindung mit neuem Holz entstehen zusätzlich buttrige, cremige und würzige Noten. Auch wenn sich die Weine weniger komplex als Cabernets präsentieren – ihre Sinnlichkeit und Zugänglichkeit bieten allemal attraktive Alternativen zur fehlenden intellektuellen Herausforderung!

Merlot in Europa

Merlot ist sehr verbreitet im gesamten *französischen Südwesten* (Bergerac, Duras, Buzet, Cahors, Marmandais) und zunehmend in den Landweinzonen des Midi. In Bordeaux entfällt auf Merlot etwa die Hälfte der gesamten Rebfläche und damit doppelt so viel wie auf Cabernet Sauvignon. Die große Mehrheit dieser Fläche befindet sich auf der „rechten Seite", also östlich von Gironde und Garonne. Hier ist Merlot der Hauptbestandteil der allermeisten Weine. Die hier entstehenden Weine sind trockener, erdiger, fester strukturiert und vor allem weniger vom Neuholz geprägt als die Vertreter aus Übersee (mehr dazu weiter unten).

Die Gewächse von St. Émilion und Pomerol gelten als die Prototypen einer merlot-geprägten Cuvée. Die Pomerol-Weine (siehe auch das nächste Kapitel) sind die verschwenderischsten, schwersten und rarsten Rotweine des gesamten Gebiets. Von der Mehrzahl der meist sehr kleinen Betriebe kommen Abfüllungen im Segment jenseits der 50-Euro-Grenze, und die Begehrtesten, aber kaum erschwinglichen Luxuscuvées liegen weit darüber. Auch die Weine von St. Èmilion zählen zum Teuersten, was die Welt der Rotweine zu bieten hat. Stilistisch präsentieren sie sich ungemein üppig und konzentriert, zugleich würzig und mit mildem, süßem Tannin ausgestattet. Im Aroma finden sich neben typischen Beerennoten auch Anklänge von Pflaume, Früchtekuchen und Waldboden.

Preiswerte Alternativen sind die Gewächse von Fronsac und Canon-Fronsac und die weniger bekannten, aber ebenso beachtenswerten Weine der Anbaugebiete direkt am rechten Gironde-Ufer. Dabei sind die Weinberge der dortigen Appellation Côtes de Bourg tatsächlich älter und landschaftlich um ein vielfaches attraktiver als die des direkt benachbarten Médoc auf dem linken Gironde-Ufer. Sie erstrecken sich nördlich von Fronsac und südlich der Côte de Blaye auf unterschiedlichen Böden, meist Kalkstein mit verschieden hohem Anteil an Lehm, Kies und Sand. Diese Böden sind beträchtlich fruchtbarer als die im Médoc, und infolgedessen haben die Winzer hier vor allem mit dem Problem zu hoher Erträge zu kämpfen. Doch das Lokalklima ist eines der wärmsten im Departement, und so manche Lage verfügt über beste Voraussetzungen, um hohe Traubenqualitäten zu ermöglichen. Der große Name heißt hier François Mitjaville vom bekannten St.-

Émilion-Weingut Le Tertre-Rôteboeuf. Er hat 1988 das Château Roc de Combes gekauft und seither die preisliche und qualitative Spitze im Gebiet besetzt. Ohne den Geldbeutel allzu sehr zu strapazieren, bieten die Abfüllungen einiger anderer Châteaux auch sehr viel Trinkgenuss.

Auch im benachbarten Blayes spricht man von Aufbruchstimmung. Noch dringt jedoch wenig davon nach außen, wenngleich vor Ort spürbar wird, wie engagiert und konsequent so mancher Betrieb an Qualitätsverbesserungen arbeitet. Lange Zeit stand Pascal Montaut von Château Jonqueyres allein auf weiter Flur. Seine stets sehr guten Weine werden seit kurzem jedoch von bislang kaum bekannten Aufsteigern übertroffen.

In vielen weiteren europäischen Ländern wird Merlot erfolgreich angebaut. Allen voran muss das *Tessin* genannt werden, wo es zahlreichen Weinmachern zunehmend besser gelingt, die warme und geschmeidige Art des Merlot herauszuarbeiten. Guter italienischer Merlot kommt traditionell aus Norditalien (Südtirol, Trentino, Friaul), aber auch die Toskana und Sizilien machen mit einigen Prachtexemplaren auf sich aufmerksam. Einen wahren Merlot-Boom erlebt zurzeit Osteuropa und hier vor allem Ungarn und Bulgarien.

Merlot in der Neuen Welt

Merlot aus *Kalifornien* war lange ein wenig charmanter und sinnlicher Wein. Noch in den 1980er Jahren wurden überwiegend strenge und tanninhaltige Weine ohne jede Geschmeidigkeit erzeugt. Heute zählen sie zu den zuverlässigsten Qualitäten. Die Besten kommen aus Napa und Sonoma. Sie sind weicher, geschmeidiger und mit einer süßeren Aromenpalette ausgestattet als ihre bordelaiser Pendants.

Washington State im Nordwesten der USA besitzt im Südosten ein ausgesprochen exzellentes Anbaugebiet für die Merlot-Traube. Die besten Vertreter offerieren einen ungemein harmonischen Ausdruck dieser Rebsorte: Gewächse mit weicher, seidiger Textur, viel Frische, satter Beerenfrucht und einem eleganten Zusammenspiel aller Komponenten. Sie sind vitaler und straffer strukturiert als kalifornische Merlots, im Stil näher an Bordeaux.

Merlot, der aus *Chile* kommt, ist in vielen Fällen gar nicht Merlot, sondern Carmenère (siehe auch Kapitel 42). Zwar haben die

Chilenen längst begonnen, Weine aus den beiden Varietäten getrennt zu pflanzen und zu vinifizieren, aber noch immer wird die falsche Bezeichnung gewählt. Echter Merlot aus Chile rangiert von den einfachsten Einstiegsqualitäten bis hin zu erstklassigen Abfüllungen aus dem Rapel und Maipo Valley.

Argentinien produziert wenig Merlot. Diese haben sehr viel Tannin und Alkohol, aber wenig Säure. Am Gaumen wirken sie oft recht süßlich und wärmend, manchmal marmeladig und fett. Die Besten sind sehr generös.

Sehr gute Erfolge mit Merlot erzielt in jüngster Zeit *Neuseeland*, hier vor allem im Gebiet Hawkes Bay. Die Besten sind enorm konzentriert, reichhaltig, fleischig, mit reifer Frucht und guter Struktur.

Zum Essen

kräftige Schmorgerichte, kräuterwürzige Pasteten, Kalbsleber, Grilladen, Wild, Wildgeflügel, Ente, Gans, zurückhaltend gewürzte Currys, Schinken- und Wurstplatten, Camembert

Empfehlenswerte Vertreter

Frankreich

St. Émilion: L'Angelus, Ausone, Belair, Bellefont-Belcier, Canon, Canon-la-Gaffelière, Cheval Blanc, Figeac, Larmande, Magdelaine, Pavie, Pavie Macquin, Pavie Decesse, Le Tertre-Rôteboeuf, Troplong Mondot
Preise: 3–5

Côtes de Bourg: de Barbe, Brûlesécaille, Guerry, Haut Marco, Tayac, Mercier, Garreau und Fougas
Preise: 2–3

Côte de Blaye: Jonqueyres, Mondésir-Gazin, Bel-Air La Royère, Haut-Bertinerie, La Tonelle, Roland-la-Garde, Loumède, La Raz Caman, Haut-Grelot und des Tourtes
Preise: 2–3

Fronsac und Canon-Fronsac: La Dauphine, Canon de Brem, Mazeris, de Carles und Canon
Preise: 2–4

Tessin
Tenuta Bally, Guido Brivio, Fratelli Corti, Daniel Huber, Eric Klausener, Vinattieri Ticinesi, Tenuta Trapletti
Preise: 2–4

Südtirol
Baron di Pauli, Kellerei Kurtatsch, Kellerei St. Michael-Eppan, Castel Sallegg, Kellerei St. Pauls
Preise: 2–4

Kalifornien
Forman Vineyard, Pahlmeyer, Shafer, Ravenswood, Phelps
Preise: 3–5

Washington
Andrew Will, Canoe Ridge, Columbia Crest, Hedges, Hogue, Leonetti, McCrea Cellars, Waterbrook
Preise: 2–5

Neuseeland
Esk Valley, Te Awa, Unison, Red Metal, Sileni, Sacred Hill, Kemeu River
Preise: 2–4

Argentinien
La Rural, Weinert, Altos de Temporada
Preise: 1–3

Chile
Casa Lapostolle, Cono Sur, Concha y Toro, Carmen
Preise: 1–3

Zum Weiterprobieren
Weine aus den Rebsorten mit vergleichbarer Tanninstruktur: Montepulciano und Dolcetto
mit mehr Tannin: Cabernet Sauvignon
unbedingt probieren: Carmenère aus Chile

4 Pomerol

Nicht weit von St. Émilion, nordöstlich von Libourne, liegt das älteste Weinanbaugebiet des Bordelais: Pomerol. Auf einem sanft ansteigenden Gelände nördlich der Dordogne stehen rund 775 Hektar unter Reben. Der Pomerol ist der sanfteste, mildeste, seidigste, vollste und am unmittelbarsten ansprechende Bordeaux-Rotwein überhaupt: Er kommt mit tiefdunkler Farbe, einer barocken, fast überschwänglichen Fülle und ohne allzu viel Säure und Tannin daher; in der Nase erinnert er an reife Beerenfrucht, Pflaumen, Backpflaumen und Feigen, in manchen findet sich ein Hauch Kaffee, Schokolade und Sahne, in anderen Früchtekuchen, Zimt und Nelke, und in wieder anderen begegnet man Trüffeln, Tabak, Lakritz und gerösteten Nüssen. Mit zunehmender Reife entwickelt Pomerol eine großartige, an Butter und Karamell erinnernde Samtigkeit, eine cremig-zarte Textur, die an Sinnlichkeit nichts zu wünschen übrig lässt – vorausgesetzt, der Kellermeister hat Extraktion und Barriqueeinsatz nicht übertrieben.

Die klimatischen Verhältnisse sind in Pomerol anders als in den weiter westlich und näher am Atlantik gelegenen Gebieten. Es ist wärmer und weniger regenreich, aber die Nächte sind kälter und das Frostrisiko ist höher – also im Grunde ideale Bedingungen zur Pflanzung der Rebsorte Cabernet Sauvignon. Doch die meist kalten und nassen Tonböden im Gebiet verbieten eben dies. Merlot kommt dagegen mit kühlen Böden, die auch im Sommer noch Feuchtigkeit speichern, sehr viel besser zurecht. Das ist der Grund, weshalb Merlot in Pomerol, aber auch in den angrenzenden Anbaugebieten die mit großem Abstand am meisten angebaute Rebsorte ist.

Die berühmtesten Châteaux in Pomerol befinden sich auf einem Plateau. Pétrus, das alle anderen an Renomée und Erfolg überragende Weingut, liegt auf der höchsten Stelle. Seine Rebfläche befindet sich zum größten Teil auf Ton, der den Oberboden aus eisenhaltigem Sand und Kies unterbricht und dem Wein ungewöhnlich viel Struktur und Kraft verleiht. Der als „crasse de fer" bezeichnete eisenhaltige Ton-Unterboden gibt dem Merlot in Pomerol jene Festigkeit und Langlebigkeit, die man bei vielen anderen Merlot-Weinen in der ganzen Welt so schmerzlich vermisst.

Den großen Einfluss, den der Boden ausübt, erkennt man, wenn man den Wein des benachbarten Weinguts Château La Fleur Pétrus kostet. Der Tonanteil ist dort sehr gering und es finden sich weit mehr Sand- und Kiesanteile. Die Stilistik der Weine könnte nicht unterschiedlicher sein, obwohl sie vom selben Team vinifiziert werden: zart und elegant der La Fleur Pétrus, üppig konzentriert und kraftvoll der Pétrus. Eine alte Regel in Pomerol besagt, dass umso mehr Cabernet gepflanzt wird, je höher der Kies- und Sandanteil im jeweiligen Weinberg ist.

Aber auch die Wahl des Lesezeitpunkts und die Art der kellertechnischen Behandlung beeinflussen die Stilistik des Endprodukts. Die Frage nach dem optimalen Lesezeitpunkt der Merlot-Trauben wird von den Winzern in Pomerol unterschiedlich beantwortet. Charakteristisch für die Sorte Merlot ist nämlich, dass nach Erreichen der Reife der Weg zur Überreife überaus kurz ist. Verpasst man das Lesedatum, ist kaum noch mit einem attraktiven Wein zu rechnen. Michel Rolland, einer der Protagonisten im Gebiet, favorisiert die späte Lese. Diejenigen im Gebiet, die alles daransetzen, mächtige und extraktreiche Weine mit samt-weicher Textur zu erzeugen, gehen den Weg von Rolland. Diejenigen, die sich den traditionellen Werten Eleganz, Finesse und Reifungspotential verschrieben haben, lehnen Überreife ab oder stehen ihr zumindest skeptisch gegenüber, weil sie befürchten, dass mit ihr ein Verlust an Säure und damit ein Verlust an Eleganz und Leichtigkeit einhergeht. Auch hinsichtlich des kellertechnischen Vorgehens gibt es deutliche Unterschiede: Wer einen runden, üppigen Pomerol anstrebt, wird die Trauben stark extrahieren und viel neue Eiche einsetzen, wer dagegen auf Eleganz und Feinheit setzt, wird den Wein in seinem Entstehungsprozess dementsprechend zärtlich behandeln.

Pétrus produziert den konzentriertesten, vollsten und langlebigsten Wein der Appellation, gefolgt von seinen unmittelbaren Nachbarn, den Châteaux Trotanoy und Lafleur. Auf der anderen Seite des Feldes produzieren die Châteaux l'Évangile, La Conseillante, La Fleur Pétrus und l'Église-Clinet die burgunderähnlichsten, zartesten und elegantesten Gewächse. All diese Weine können vorzüglich altern, obwohl die meisten von ihnen bereits nach wenigen Jahren Flaschenreife vorzüglichen Trinkgenuss bieten. Sie alle sind aufgrund der weltweit großen Nachfrage enorm teure Luxusprodukte. Weniger konzentrierte und alterungsfähige Weine entstehen im westlichen Teil der Appellation auf leichteren Sandböden. Die Güter de Sales, Clos René und l'Enclos bringen Jahr für Jahr weniger ambitionierte, aber ungemein trinkige und charmante Weine hervor, die zudem den Vorteil deutlich niedrigerer Preise auf ihrer Seite haben.

Ebenso wie im Falle der berühmten Weine des Médoc und aus St. Émilion werden auch die großen Gewächse aus Pomerol im Jahr nach der Ernte im Subskriptionsverfahren zum Kauf angeboten. Bei diesem Kauf investiert man Geld in einen Wein, lange bevor dieser abgefüllt und zum Versand gebracht wird. Man stellt einen Wechsel auf die Zukunft aus in der Annahme, dass der Wein während der Zeit zwischen Kauf und Auslieferung beträchtlich an Wert gewinnt. Das aber trifft in der Regel nur auf absolute Spitzenweine und große Jahrgänge zu. Deshalb ist der Verbraucher auf den Rat vertrauenswürdiger Experten angewiesen. Gut beraten ist, wer sich mehrere Expertisen einholt und sich dann bei zuverlässigen und seriösen Produzenten bedient. Ein häufig übersehener Vorteil des Kaufs von Vorausangeboten ist die Wahl der Flaschengröße. Halbe Flaschen, aber auch die Formate Magnum, Doppelmagnum oder Jeraboam werden später im Handel kaum mehr angeboten. Wer also sicher gehen will, diese Formate sein Eigen nennen zu können, kann auf den Kauf „en primeur" ebenso wenig verzichten wie all jene, die besonders feinen, schwer zu findenden Wein von einem Erzeuger mit großem Renommee einlagern wollen.

Zum Essen

Ente, Gans, kräftige Schmorgerichte, Wild oder als Solist

Empfehlenswerte Vertreter

elegant und langlebig: L'Evangile, La Conseillante, Clinet, L'Église-Clinet, Pétrus, La Fleur

bestes Preis-Leistungsverhältnis: de Sales, l'Enclos, Le Bon Pasteur

Zum Weiterprobieren

Merlot aus anderen Regionen, vor allem aus Kalifornien und Washington State; Priorato, australischer Shiraz, kalifornischer Zinfandel

Preise: 3–5

Valtellina

5

Der Valtellina ist ein stilistisch höchst origineller Wein. Die besten Vertreter präsentieren sich zwar nicht so dunkel und konzentriert, wie die aktuelle Mode dies verlangt, und auch nicht ganz so kraftvoll wie beispielsweise die Weine aus Barolo – sie begeistern jedoch mit ihrem feinen, breitgefächerten Aroma, ihrem eleganten und saftigen Gaumenauftritt und ihrer ungeheuren Langlebigkeit. Es sind individuelle Weine mit Tiefgang und Seele; Weine, die vielleicht in mancherlei Hinsicht nicht dem Zeitgeist entsprechen, die aber selbstbewussten Genießern eine geschmackliche Alternative sowie intensive und sehr sinnliche Erlebnisse bieten.

Die Nebbiolo-Weine aus Valtellina, gelegen in der nördlichen Lombardei nahe der Schweizer Grenze, sind in ihrem Innersten weniger streng und verschlossen als ihre Brüder und Schwestern aus der Langhe – Barolo und Barbaresco. Ihnen scheint es leichter zu fallen, die intensiven, aber sehr feinkörnigen Gerbstoffe harmonisch mit der Fruchtkonzentration im Wein zu vermählen und die typischen Aromen von Veilchen, verblühten Rosen, Bergkräutern, Zwetschgen, Quitten und Beerengelee, ja von Erde und feuchtem Laub in einem wunderbaren Geruchsstrauß freizugeben. Am Gaumen entwickelt dieser in der Farbe meist recht helle Wein gute Kraft und Länge, erweist sich jedoch bei aller Komplexität und inneren Vielfalt im Detail stets leichtfüßig, charmant und entgegenkommend. Jede Bewegung wirkt spielerisch und traumwandlerisch sicher.

Die Weine haben Kraft, ohne damit zu kokettieren, und sie setzen sie athletisch ein, ohne damit zu protzen. Ein Valtellina hat etwas von einem Trapezkünstler, der im Moment seiner öffentlichen Darbietung alle Mühen und allen Schweiß des Trainings hinter sich lässt und sich mit Leichtigkeit und Eleganz scheinbar schwerelos durch die Lüfte schwingt. Gute Vertreter reifen und entwickeln sich sehr gut und können bis in ein Alter von 15 bis 20 Jahren immer komplexer und raffinierter werden. Die Besten, die aus den Superiore-Lagen Sassella, Grumello, Inferno und Valgella kommen, zeigen sich selbst nach 30 bis 40 Jahren Flaschenreifung noch ungeheuer vital, charmant und vielschichtig, mit breitgefächerter Aromenpalette, großer Geschmackstiefe und Länge.

In teilweise schwindelerregender Höhe inmitten einer spektakulären hochalpinen Naturlandschaft hat man in dem nordlombardischen Gebiet in jahrhundertelanger, mühsamer Arbeit den Bergen die sonnigsten Stellen abgerungen, oft an steilen, felsigen Hängen, um Rebstöcke zu pflanzen, an denen die Trauben optimale Reifebedingungen vorfinden. Weine, mit deren Erzeugung so viel Mühe und Arbeitsstunden verbunden sind, flößen Respekt ein, und mitunter scheint sich auch ihr Genuss in höheren Dimensionen abzuspielen.

Es ist der nördlichste Bereich Italiens, in dem die Nebbiolo-Traube kultiviert wird. Hier im Sondrio-Tal fließt die Adda von Osten nach Westen, ehe sie ihr Wasser in den Comer See ergießt. Trotz der nördlichen Lage herrscht ein Klima mit einem überdurchschnittlichen Anteil an Sonnentagen. Die Hänge der Nordseite sind riesige Kollektoren, die die Sonne einfangen: Die Tagestemperaturen erreichen so im Sommer gute 40 °C, fallen in der Nacht hingegen bis auf 15 °C ab. Diese extremen Tag-Nacht-Unterschiede erklären die einzigartige Fruchtkomplexität und die außerordentliche Eleganz der besten Weine des Valtellina.

Auch im Valtellina wird heftig darüber diskutiert, welche Weinstilistik die ideale und authentische Interpretation der vorhandenen Ausgangsbedingungen von Klima, Boden und Rebsorte darstellt und mittels welcher kellertechnischen Strategie die jeweils favorisierte Stilistik umgesetzt werden kann. Der mittlerweile verstorbene Arturo Pelizzatti Perego (Ar. Pe. Pe.) galt lange als kompromissloser Repräsentant einer durch und durch traditionellen Anschauung. Seine Weine beschränken sich auf das Wesentliche. Ohne Beiwerk und Verzierung kommen sie schnörkellos und geradlinig, aber ungemein zart und elegant daher. Es sind leise Vertreter, die auf den ersten Blick scheu, zurückhaltend und gänzlich unaufdringlich wirken. Erst allmählich öffnen sie sich und suchen das Gespräch mit denjenigen, die selbst bereit sind, sich für eine nicht ganz alltägliche Begegnung zu öffnen. Den stilistischen Kontrapunkt zu den Weinen von Pelizzatti setzt das Weingut Sandro Fay. Der junge Marco, studierter Önologe, liebt moderne, konzentrierte und holzbetonte Gewächse und hat schon viel Anerkennung für seine Produkte erhalten.

Aus dem Valtellina kommt auch ein trockener Wein von rosinierten Trauben namens Sforzato. Ende September bis Anfang Oktober werden die Trauben für diesen alkoholstarken, dem Amarone nicht unähnlichen Passito-Wein gelesen. Die Trauben sollten nicht zu reif sein, weil sonst die Schalen zu empfindlich sind und beim Antrocknen aufbrechen können. Die bei rund 85 Öchslegraden (Mostgewicht) gelesenen Trauben werden verlesen und in so genannte „fruttai“, gut gelüftete Räume zum Trocknen, gegeben, bevor sie Monate später vergoren werden. Was daraus entsteht, ist ein kraftvoller, alkoholstarker, trockener Rotwein, der in den vergangenen Jahren kommerziell sehr viel erfolgreicher gewesen ist als die Weine aus den Spitzenlagen von Sassello und Grumello.

Zum Essen
geschmacklich intensive Speisen, gebratenes Hirschrückensteak, Steinpilze, Trüffel

Empfehlenswerte Vertreter
Nino Negri, Conte Sertoli Salis, Ar.Pe.Pe., Sandro Fay, Rainoldi, Triacca

Zum Weiterprobieren
Barolo, Barbaresco, Roero, Gattinara, Ghemme

Preise: 3 – 4

Banyuls

6

Banyuls ist der große Wein des Midi, des französischen Südens. Er präsentiert sich in dichtem, funkelndem Ziegelrot und mit kupfernem Rand. Die Aromen dieses Dessertweins, *Vin doux naturel* genannt, erinnern im ersten Reifestadium an gekochte Früchte, frische Feigen, auch an Pfirsich und kandierte Kirschen. Daran schließt sich eine Phase an, in der getrocknetes Obst wie Backpflaumen, Rosinen, Feigen und Aprikosen dominieren. Weitere Reifung bringt etwa ab dem achten Jahr Röstaromen wie Zwieback, gebrannte Nüsse, aber auch Karamell hervor. Dann folgen Kaffee und Kakao, gelegentlich Kümmel und Tabak. Erst in der letzten Reifephase entwickeln sich jene berühmten Rancio-Noten, die sich auch in alten Cognacs und Sherrys finden und an das Aroma grüner Walnussschalen erinnern. Der Gaumenauftritt des Banyuls ist überaus geschmeidig, der Alkoholgehalt von 16 bis 18,5 Vol.% ist ebenso wie die Süße perfekt balanciert; reife Säure, kräftiger Körper und feinkörnige Gerbstoffe runden das Geschmackserlebnis ab und bringen Komplexität und Länge ins Spiel. Die Tannine sind nur sehr dezent spürbar, tragen aber entscheidend zur inneren Balance bei.

Die Appellation Banyuls befindet sich in den östlichen Pyrenäen an der spanischen Grenze in der Region Roussillon. Die Weinberge mit rund 1400 Hektar Rebfläche liegen auf steil abfallenden Hängen an der Mittelmeerküste. Dort wird in den vier Gemeinden Banyuls-sur-Mer, Cerbère, Collioure und Port-Vendres der berühmteste *Vin doux naturel* produziert. Das Klima ist ausgesprochen mediterran mit geringen Niederschlägen und warmen Temperaturen im Sommer. Die Erträge sind wegen des kargen, zum Teil felsigen Bodens extrem gering, oft unter 20 hl/ha. Die Trauben reifen lange und schrumpfen am Rebstock oft rosinenartig ein: Sie müssen ein Minimum von 252 Gramm Zucker pro Liter entwickelt haben, was einem potentiellen Alkoholgehalt von 14,4 Vol.% entspricht.

Es ist eigentlich verwunderlich, dass der Banyuls nicht schon längst ausgestorben ist. Light-Kultur und Promille-Grenzen bedrohen seinen Bestand, doch bislang hat er sich seine Fan-Gemeinde bewahren können. Sein Alkohol ist nur zum Teil das Ergebnis alkoholischer Gärung. Der restliche Alkoholgehalt wird durch das so genannte „Aufspriten" erzielt, also durch Zugabe von Weingeist. Der Zeitpunkt der Zugabe und die genaue Bestimmung der erforderlichen Menge sind für den Stil des Weines maßgebend: Je früher die Zugabe erfolgt, umso weniger Zucker konnte bis zu diesem Zeitpunkt zu Alkohol vergoren werden – und umso süßer wird also das Endprodukt sein. Vorgeschrieben ist, dass der Restzuckerwert zwischen 50 und 125 Gramm pro Liter liegt und der fertige Wein einen Gesamtalkohol (tatsächlicher Alkohol plus Restzucker) von 21,5 Vol.% aufweist. Bei den besten Weinen wird der zugegebene Alkohol vor der Pressung über die gemaischten Trauben gegossen – was man „mutage sur grain" nennt –, mazeriert mit ihnen mehrere Tage, oft auch zwei bis drei Wochen lang und kommt so zu einer intensiveren Ausbeute von Farb-, Aroma- und Gerbstoffen.

Ein Banyuls wird hauptsächlich aus Grenache Noir (mindestens 50 Prozent) mit Anteilen von Syrah und Carignan verschnitten. Die Grand-Cru-Version muss zu mindestens 75 Prozent aus Grenache Noir bestehen und wird mehr als 30 Monate in Eichenfässern gelagert, die oft einer Sonnenbestrahlung ausgesetzt werden. Stilistisch ähnelt Banyuls einem Portwein. Seit 1975 wird zusätzlich ein neuer Banyuls-Typ, der so genannte Rimage, angeboten. Diese frühzeitig abgefüllten, meist schwarzroten Weine sind äußerst saftig und dickflüssig. Ihr intensiver Duft wird von frischen, reifen Kirsch- und Beerennoten geprägt, und die ausgeprägte Tanninstruktur lässt die Süße etwas in den Hintergrund treten. Sie altern wie große Rotweine, wobei ihre Süße mit der Zeit immer dezenter wird.

Banyuls ist also einerseits ein typisches Nischenprodukt: süß, gespritet, hochwertig erzeugt und ausgestattet mit einer außergewöhnlichen Stilistik; er ist jedoch andererseits modern, mediterran, intensiv, aufregend, feurig, überschwänglich, begeisternd und ungemein individuell. Es ist ein Produkt, das polarisiert, aber feste Freundschaften mit all jenen aufbaut, die sich auf diese außergewöhnliche Begegnung einlassen. Jüngst allerdings hat der Banyuls einen merklichen Beliebtheitsschub erfahren. Denn seit es – zunächst in Frankreich, später dann auch in anderen Teilen der Welt – als eine besondere Herausforderung empfunden wird, Wein und Schokolade zu kombinieren, ist er in aller Munde. Da kann man nur hoffen, dass diese Mode mehr als ein Strohfeuer bewirkt und der Banyuls einer sicheren Zukunft entgegengehen kann.

Zum Essen

Foie gras, Entengerichte, die mit Früchten (Orangen) zubereitet werden, Blauschimmelkäse, Schokolade, Schokoladendesserts oder gekühlt als Aperitif

Empfehlenswerte Vertreter

Château de Jau, Clos de Paulille, Domaine da la Casa Blanca, Domaine de la Rectorie, Domaine du Mas Blanc und Domaine Vial Magnières

Zum Weiterprobieren

Maury, Rivesaltes, Port, Recioto della Valpolicella, Montefalco

Sagrantino Passito, Primitivo Dolce Naturale, Primitivo Liquoroso Dolce Naturale

Preise: 3–5

7 Frühburgunder

Die bekannte Weinautorin Jancis Robinson charakterisiert den Frühburgunder in ihrem *Oxford Weinlexikon* als karge, helle Version eines sehr leichten, roten Burgunders und liegt damit ausnahmsweise einmal falsch. Der Frühburgunder ist ganz im Gegenteil in der Lage, hervorragende Weine hervorzubringen, vielleicht in der Spitze größere als sein Vater, der Spätburgunder. Der Frühburgunder ist, wenn man so will, ein Zufallsprodukt, eine Laune der Natur. Das Erbgut des Spätburgunders hat sich bei der Befruchtung so sehr verändert, dass daraus eine ganz neue Sorte mit neuen Eigenschaften entstanden ist. Die augenfälligste trägt der Frühburgunder im Namen: Er reift etwa zwei Wochen früher, darauf weisen auch seine Zweitnamen wie Augusttraube, Augustiner Blau oder Frühreifer hin. In Frankreich heißt die Rebsorte übrigens Pinot Madelaine.

Die Weine der Frühburgundertraube präsentieren sich optisch in kräftigem Rubinrot und sind damit dunkler als Spätburgunder-Weine. Das Aroma ist verführerisch und komplex. Es finden sich intensive Noten von dunklen Beerenfrüchten, Kirschen und Schattenmorellen, Basilikum und feinen Gewürzen, und je nach Ausbauart auch Lebkuchen, Mokka und Nougat. In zu warmen Lagen und auf zu schweren Böden kommen weniger attraktive, an Pflaumen und gekochte Früchte erinnernde Noten zum Vorschein. Der Gaumenauftritt ist charmant, die Säure mild, das Tannin feinkörnig und die Textur zart und samtig. Die Besten verfügen zudem über eine wunderbare Konzentration und ausreichend Druck also Kraft und Intensität im Abgang, wirken jedoch stets leichtfüßig und elegant. Einfachere Qualitäten entwickeln sich über einen Zeitraum von drei bis vier Jahren sehr schön in der Flasche, Top-Produkte aus exzellenten Lagen können sogar zehn bis 15 Jahre hervorragend altern.

Die im Vergleich zum Spätburgunder intensivere Art gründet ganz wesentlich in den kleineren und dickhäutigeren Beeren der Frühburgunder-Traube. Das hat nämlich zur Folge, dass sich in der Maische in Relation zum Saft sehr viel Schalenmaterial befindet. Das ist gut so, denn in den Schalen sitzen beim Rotwein die Farbe und viele Geschmacksstoffe. Außerdem schützen die frühe Reife und die dicken Schalen die Sorte vor der Schimmelkrankheit Botrytis, die oft bei anderen Rotweinsorten die Farbe zerstört. Deshalb war die Rebsorte auch lange Zeit, das heißt bis zum 2. Weltkrieg sehr verbreitet. Man schätzte ihre Frosthärte und die frühe Reife, die auch in schlechten Jahren trinkbare Weine versprach. Dann hat sie jedoch der Portugieser verdrängt, der sehr viel höhere Erträge bringt.

Der Frühburgunder genießt unter Weinliebhabern einen legendären Ruf, denn seine Weine können den berühmten, später reifenden Verwandten durch noch mehr Weichheit und Samtigkeit übertreffen. Leider ist diese Sorte immer extrem empfindlich für Viruserkrankungen gewesen, insbesondere die Blattrollkrankheit. Befallene Reben erkennt man an der besonders auffälligen und sehr frühen roten Herbstverfärbung. Der Ertrag war stets so gering, dass der Anbau nicht wirtschaftlich war, sodass die Anbaufläche der Sorte dramatisch zurückging. Die Suche nach gesunden, nicht virusbefallenen Pflanzen gestaltete sich derart schwierig, dass es sogar Befürchtungen gab, dass es keinerlei gesunde Reben dieser Sorte mehr gäbe.

Durch intensive Suche und in langen aufwendigen Testreihen entwickelte die Forschungsanstalt Geisenheim jedoch eine Reihe von neuen, leistungsfähigen Klonen. Die Verrieselungsneigung, das Absterben der Fruchtansätze kurz nach der Blüte – eines der Kernprobleme des alten Frühburgunders –, ist bei den Geisenheimer Klonen relativ gering. Auch die Erträge sind jetzt höher und können durchaus 70 hl/ha erreichen. Im Jahr 2000 betrug die Anbaufläche in Deutschland bereits wieder über 200 Hektar. Auffällig bei den Geisenheimer Klonen des Frühburgunders ist deren vergleichsweise geringe Blattlappung und die gelbe Herbstfarbe des Laubes, im Gegensatz zur roten bei älteren Selektionen. Beide Merkmale zeigen den hohen Gesundheitsstand an.

Der Frühburgunder hat hohe Lagenansprüche. Er fühlt sich besonders wohl auf steinigen, leichten und kargen Böden in nicht allzu warmen Lagen. Allzu fruchtbare Böden kommen deshalb ebenso wenig in Frage wie warme, von der Sonneneinstrahlung begünstigte Steillagen. Wichtig ist ein guter Wasserabzug.

Der größte Teil des Frühburgunderbestandes findet sich heute in den Anbaugebieten Ahr, Rheinhessen und in der Pfalz. Alte Rebbestände gibt es noch im fränkischen Bürgstadt, wo die Sorte im Hause Fürst besondere Pflege und Zuwendung erfährt. Dagegen stagniert der Anbau in Baden, Württemberg und anderen Gebieten Frankens. Bedenkt man, dass der Frühburgunder nach dem 2. Weltkrieg praktisch ausgerottet war und erst vor zehn oder 15 Jahren wieder nennenswert Weinberge angelegt wurden, dann ist diese Entwicklung alles in allem doch ganz erstaunlich. Sie hat mit dem gestiegenen Qualitätsbewusstsein der Winzer zu tun, dem neu verfügbaren Rebmaterial, aber auch mit der Einsicht, dass es sich in Zeiten der Globalisierung und Standardisierung des Weinangebotes lohnt, auf das Besondere und Originelle zu setzen.

Zum Essen

Braten, Wild und Käse

Empfehlenswerte Vertreter

Rudolf Fürst, Philipp Kuhn, Heinz Pfaffmann, Ludi Neiss, Wilker, Winzergenossenschaft Mayschoss-Altenahr, Jürgen Mett

Zum Weiterprobieren

Spätburgunder/Pinot Noir, St. Laurent, Samtrot, Fleurie, Morgon

Preise: 2–4

Die Extrovertierten – Verführerische Weine für leidenschaftliche Stimmungen

8

Syrah/Shiraz

Syrah und Shiraz sind Synonyme für dieselbe Rebsorte, sie stehen jedoch zugleich für gänzlich unterschiedliche Interpretationen dieser Traube. Syrah nennt man sie in ihrer Heimat Frankreich, wo sie traditionell „kühle" Weine von dezenter Intensität ergibt, die Extrakt- und Tanninreichtum auf wunderschöne Art mit Eleganz und Finesse und einem sehr eigenständigen Aromaprofil verbinden: Brombeere, Preiselbeere, schwarze Johannisbeere, Holunder und Pflaume, hinzu gesellen sich oft ein typischer Pfefferton und Noten, die an Orangenschale erinnern.

Den Kontrapunkt dazu setzen die „warmen", runden, weichen, körperreichen, ja überströmenden australischen Shiraz mit ihrer extravaganten und extrovertierten Art, ihrer fast verschwenderischen Konzentration und enormen Fruchtsüße. Ihr Aroma präsentiert sich in der Regel reifer, süßer und intensiver, und zu den klassischen Fruchtaromen der Sorte gesellen sich Noten von süßen Gewürzen (Vanille, Zimt), Schokolade und Süßholz hinzu. Ihre ideale Interpretation verkörpert der legendäre Grange von Penfolds. Aber zunehmend kommen auch aus der Alten Welt „wärmere", üppigere und überschwänglichere Weine, so wie man sie bislang eigentlich nur aus der Neuen Welt gewohnt war. Auch sie tragen meist – so wie dies in der Neuen Welt üblich ist – den Namen der Rebsorte auf dem Etikett.

Cabernet Sauvignon ist zwar weiter in der Welt herumgekommen, Pinot Noir hat die Gemüter mehr erhitzt, aber keine andere rote Rebsorte hat in den vergangenen Jahren so schnell an Popularität gewonnen wie Syrah beziehungsweise Shiraz. Heute steht sie stolz neben den beiden anderen Edelreben, und es zeigt sich, dass sie deren Stärken kongenial zu verbinden versteht: den relativ problemlosen Anbau auf unterschiedlichen Böden und unter verschiedenen Klimabedingungen sowie den starken, leicht wiedererkennbaren stilistischen Fingerabdruck des Cabernet Sauvignon mit der Aromaintensität und Wildheit des Pinot Noir.

Die Ursprünge der Syrah-Traube sind immer wieder Gegenstand heftiger Debatten gewesen, wobei der Name Verbindungen zu Syrakus in Sizilien oder zu Shiraz im alten Persien nahe legt. Eine 1998 durchgeführte DNA-Analyse bestätigt jedoch die Vermutung, dass sie ein Nachkomme der französischen Sorten Dureza und Mondeuse Blanche ist.

Die Sorte ist relativ ertragreich und krankheitsresistent, spät im Austrieb und nicht zu spät in der Reife. Sie braucht ein warmes, aber nicht zu warmes Klima, und sie ist gegenüber zu viel und zu wenig Wärme gleichermaßen empfindlich. Wenn es in einem Jahr an der nördlichen Rhône mal zu kalt ist, verlieren die Weine ihr wunderbares Aroma und schmecken wenig angenehm nach Wurzelgemüse. Und in der Hitze im südaustralischen Barossa Valley oder McLaren Vale liegt zwischen reifen und überreifen Trauben oft nur ein einziger Tag.

Syrah ist eine sehr vitale Rebe, die flache, steinige und gut entwässerte Böden benötigt, um hochwertiges Lesegut zu erbringen. Die besten Lagen der Rhône bestehen allesamt aus kargen, aber mineralienreichen, die Wärme sehr gut speichernden Böden: Granit, Schiefer und Gneis. Auch in Australien liefern nährstoffarme Gesteinsböden die besten Resultate. Auf fruchtbaren Böden muss das Laubdach offen gehalten und gut verteilt werden. Exzellenter Wein ist nur bei niedrigen Erträgen möglich.

Die Gärführung erfolgt an der Rhône immer seltener in großen, offenen Holzbottichen, wie dies früher üblich war. Die meisten Produzenten verwenden heute Edelstahltanks, die eine bessere Kontrolle der traditionell hohen Gärtemperaturen erlauben. Der anschließende Ausbau erfolgt in der Regel in großen Holzfässern, wenngleich in der jüngeren Vergangenheit zunehmend Barriques zum Einsatz kommen. Werden diese kleinen Fässer jedoch nicht dezent genug verwendet, leidet die Aromenpracht der Syrah-Weine – und ein Stück wertvolle Individualität geht verloren. Die meisten australischen Shiraz kommen nach dem Vorbild des Weinguts Grange im Barossa Valley mit neuer Eiche in Kontakt.

Europäischer Syrah

„Kühler“ Syrah entsteht in seiner klassischsten Version an der *nördlichen Rhône*, jenem französischen Gebiet, das 20 Autominuten südlich von Lyon beginnt und 70 Kilometer weiter bei Valence endet. Überaus köstliche, sinnliche und sehr feinduftige Gewächse kommen von den steilen Hängen der Côte-Rôtie. Ihre besten Vertreter verbinden eine ungemein kraftvolle Art mit Finessenreichtum und Eleganz. Deutlich tanninreicher und maskuliner präsentieren sich die Weine aus Cornas. Auch der Hermitage ist ein dichter und tintiger Wein mit muskulösem Tanningehalt und großem Alterungspotential, gegenüber dem Cornas hat er jedoch größere Feinheit und Komplexität zu bieten. Von weniger guten Lagen erbringen Crozes-Hermitage und St. Joseph schlankere Hermitage-Versionen: in der Regel leichte, pfeffrige, jung zu trinkende Rotweine.

Bei allen Unterschieden im Detail ist der Rhône-Syrah von einer sehr ausgeprägten, individuellen Sortenaromatik geprägt, die bei guter Traubenreife vor allem an schwarzen Pfeffer, Brombeere, schwarze Johannisbeere, Süßholz und Rauch erinnert; aber auch deutliche Anklänge von Heidelbeere, Himbeere und Pflaume, von Teer, Trüffel, Schokolade, Wild, Nelke, Rauchfleisch und Speck sind zu erkennen, und selbst Noten von verbranntem Gummi, Veilchen und Rosen können vorkommen.

Sowohl in der *Provence* als auch im *Midi* nimmt seit einigen Jahren die Bedeutung von Syrah rasant zu. Hier stehen bereits heute etwa fünfzehnmal mehr Reben dieser Sorte als an der nördlichen Rhône. Meist dienen sie zur Verbesserung der diversen Rotwein-Cuvées, im Einzelfall entstehen jedoch – vorwiegend unter der Bezeichnung Vin de Pays d’Oc – wunderbar reinsortige Spezialabfüllungen.

Im *österreichischen Burgenland* wird Syrah neuerdings in kleinen Mengen angepflanzt. *Spanien* und *Italien* bringen ebenfalls kleinste Mengen interessanter Syrah-Gewächse auf den Markt.

Im *schweizerischen Wallis* ist die Sorte seit den 1920er Jahren heimisch und liefert guten, farbstarken Wein, wenn die Erträge niedrig gehalten werden und der Wein während der Gärung intensiven Schalenkontakt hat. Aber Kraft und Struktur sind nicht die

Stärken der Syrah-Weine aus dem Wallis. Mehr schon begeistert ihre enorme Fruchtigkeit und sinnliche Textur, und im Falle der besten Exemplare können sich Eleganz und Komplexität hinzugesellen.

Shiraz aus der Neuen Welt

Shiraz aus der Neuen Welt kommt vor allem aus *Australien*, genauer *Südaustralien*. Hier entstehen atemberaubende Gewächse mit einer an Dekadenz grenzenden Konzentration und Fruchtsüße. Diese im Vergleich zu ihren europäischen Verwandten „wärmeren" Weine sind mit einer üppigen Aromenpracht ausgestattet: reife Brombeere, Schwarzkirsche, süße Gewürze und Schokolade, dafür sind sie weniger pfeffrig und rauchig.

Typisch sind vor allem die Weine des McLaren Vale mit ihrem likörähnlichen, schokoladigen Beerenaroma und deutlichen Einflüssen amerikanischer Eiche. Manchmal wirken sie jedoch überkonzentriert. Das Barossa Valley ist vielleicht die bekannteste Quelle für australischen Shiraz. Zwei Regionen müssen unterschieden werden: erstens das kühlere und höher gelegene Eden Valley, und zweitens die tiefer liegenden und wärmeren Barossa-Gebiete, die konzentriertere, extraktreichere, süßere und von amerikanischer Eiche geprägte Weine ergeben. Das kühlere Coonawarra ergibt in der Regel zurückhaltendere Weine mit mehr Pfeffer und Minze, wenngleich in der jüngeren Vergangenheit ein Trend zu – für die Region untypischen – kräftigen Blockbusterweinen zu beobachten ist.

Victoria ist das kühlste Shiraz-Gebiet Australiens. Die Weine aus Goulburn Valley, Central Victoria und – in guten Jahren unübertroffen – Grampians sind denen von der Rhône sehr ähnlich; die Weine des sehr kühlen Yarra Valley benötigen ausgedehnte Flaschenreife. Weiter nordöstlich, noch oberhalb von Sydney in New South Wales, kommen weiche, opulente Weine mit erdig-ledrigen Noten aus dem Hunter Valley sowie sehr mächtige Weine aus Mudgee.

Shiraz aus *West-Australien* repräsentiert im Allgemeinen einen sehr harmonischen, moderat kühlen Syrah-Stil, weniger feurig als die meisten südaustralischen Gewächse, aber auch weniger pfeffrig als die aus Victoria.

In *Kalifornien* spielt Syrah nur eine untergeordnete Rolle, wenngleich die Reputation in den vergangenen Jahren gewachsen ist. Die Besten vereinen die kühle Eleganz der nördlichen Rhône mit der weicheren, volleren und süßeren Art der südaustralischen Gewächse, ohne allerdings die Feinheit und Komplexität der ersten, noch die Kraft und Dichte der letzten zu erreichen.

Stilistisch noch heterogener präsentieren sich die Syrah-Weine aus *Südafrika*. Der Kurs dort geht eindeutig in eine pro-australische Richtung, aber das Ziel ist noch längst nicht erreicht. Doch die Zahl der Betriebe, die bereits heute zu überzeugen wissen, ist in den vergangenen Jahren beträchtlich angewachsen. *Argentinien* und *Chile* stehen genauso am Anfang wie das klimatisch vielversprechende *Neuseeland*.

Zum Essen

Speisen mit kräftigen Aromen, Wild, gegrilltes Fleisch (besonders australische und südafrikanische Versionen), Wildgeflügel, geschmortes Lamm, indische Küche (leichtere Versionen)

Empfehlenswerte Vertreter

Frankreich

Rhône: Chapoutier, Jean-Louis Chave, Auguste Clape, Clusel-Roch, Colombo, Colombier, Gaillard, Grippat, Guigal, Jaboulet, René Rostaing, Tardieu-Laurent
Preise: 3–5

Midi: Clavel, Grès Saint Paul, Negly, Estanilles, l'Aiguelière, Gauby, l'Hortus, Peyre Rose
Preise: 1–4

Schweiz/Wallis

Cave St. Mathieu, Cave du Paradou, Jean-René Germanier
Preise: 2–4

Italien

Isole e Olena
Preis: 3

Australien

Barossa: Greenock Creek, Three Rivers, Thorn Clarke, Liebichwein, Peter Lehmann, Seppelt, Elderton, Torbreck, Veritas, Penfolds und Charles Cimicky
Coonawarra: Majella, Wynns, Penfold's Bin 128, Lindemans
Eden Valley: Henschke
Clare Valley: Jim Barry Wines, Knappstein Wines
Goulburn Valley: Château Tahbilk
Central Victoria: Jasper Hill
Hunter Valley: McWilliams, Meerea Park, Rosemount, Tyrrell's, Mount Pleasant
Westaustralien: Plantagenet, Cape Mentelle
Preise: 2–5

Kalifornien

Qupé, Cline, Heavens, Shaver
Preise: 3–5

Südafrika

Stellenzicht, Saxenburg, Graham Beck, Fairview, Boekenhoutskloof, Kanu
Preise: 2–3

Argentinien

Finca El Retiro, Luigi Bosca
Preise: 2–3

Chile

Carmen, Montes Alpha
Preise: 2–3

Neuseeland

Stonecroft, Te Mata
Preise: 2–4

Zum Weiterprobieren

Nebbiolo (zum Beispiel Barolo, Barbarescon, Roero), Sangiovese (zum Beispiel Brunello di Montalcino, Vino Nobile di Montepul-

ciano, Morellino di Scansano), Touriga Nacional (zum Beispiel Douro), Priorato;
leichtere Vertreter: Lagrein, Teroldego, Blaufränkisch

McLaren Vale Shiraz 9

McLaren Vale Shiraz ist der Archetyp des australischen Shiraz: opakes Rubin, in der Nase reife Brombeere, Schwarzkirsche, Milchschokolade, Eichenvanille, brauner Zucker und Süßholz, mit warmem Gaumenauftritt, schokoladensüß, reichhaltig, fruchtig, pfeffrig. Kurz: atemberaubend verführerisch, berauschend und elementar!

McLaren Vale Shiraz repräsentiert auf nahezu idealtypische Art die australische Interpretation und Stilistik dieser internationalen Rebsorte. Während der französische Syrah in seiner Heimat, der nördlichen Rhône, meist dezent und mit einer gewissen Strenge daherkommt, präsentieren sich die Vertreter aus Down Under in der Regel sehr extrovertiert, mit großem Aromareichtum und warmem Gaumenauftritt. Sie wirken generös, füllig, dicht und gefallen mit ihrem weichen, samtigen und geschmeidigen Mundgefühl.

Auch im inneraustralischen Vergleich fällt McLaren Vale Shiraz meist alkoholreicher, konzentrierter und stürmischer aus als Vertreter der anderen Regionen. Allein der Barossa-Shiraz kann an seine Intensität und Kraft heranreichen, während die kühleren südaustralischen Gebiete (Eden Valley, Adelaide Hills und Coonawarra) elegantere, tanningeprägtere und nicht ganz so mächtige Weine hervorbringen und durch ihre Pfeffrigkeit eher an Gewächse von der Rhône erinnern. Shiraz aus dem Hunter Valley ist dagegen ledrig und erdig und besitzt meist eine ausgeprägtere Tanninstruktur.

McLaren Vale Shiraz lässt sich bereits nach wenigen Jahren der Kellerreifung mit Freude genießen. Fruchttiefe und Tanninqualität garantieren jedoch in vielen Fällen ein Alterungspotential von mehr als zehn Jahren. Mit zunehmendem Alter bildet sich eine wunderschön komplexe Aromatik heraus, deren Noten an Schokolade, Karamell, Leder und Erde erinnern. Das Mundgefühl dieser gereiften Weine ist geprägt von einer verführerischen Seidigkeit.

Das südaustralische Weinbaugebiet reicht nach Norden hin bis fast an die Metropole Adelaide heran, es grenzt im Osten an die vergleichsweise kühlen, höher gelegenen Adelaide Hills, im Süden an Sellicks Hill Range und im Westen an den Golf von St. Vincent. McLaren Vale ist die Heimat des ältesten südaustralischen Weinbergs. John Reynell, der Gründer von Reynella, pflanzte hier im Jahr 1838 die ersten Reben und legte damit den Grundstein für ein bis heute existierendes Weinimperium.

Die natürlichen Gegebenheiten könnten für den Rebstock kaum besser sein als in diesem Küstenstreifen zwischen den Mount Lofty Ranges und dem Meer. Hier gibt es ausreichend Niederschläge, warme, aber nicht zu heiße Sommer und eine angemessen kühle Lesezeit. Die Tagestemperaturen liegen meist zwischen 25 und 35 °C.

Die Böden sind enorm unterschiedlich. Die dünnen Schieferböden im Norden, die auf Kalkstein ruhen und sehr wenig Grundwasser zur Verfügung stellen, ergeben konzentrierte, würzige und sehr mächtige Weine; die tiefen Sandböden im Südosten liefern fleischig-weiche, überaus generöse Gewächse; im Westen und Südwesten entstehen auf Ton, Sand und Lehmböden auf kalkhaltigen Unterlagen pfeffrig-würzige Rotweine mit ausgesprochen intensiven Pflaumenaromen; grauer Ton oder Roterde auf Kalkstein ergeben in Willunga Flats nahe dem Meer vergleichsweise fest strukturierte, tanninbetonte Weine; und schließlich neigen die schweren, roten Lehm- und Schieferböden am Fuß der Southern Mount Lofty Ranges gerne zu hohen Erträgen mit dann eher schlanken, teilweise recht dünnen Resultaten.

Der Weinbau ist im McLaren Vale hochgradig mechanisiert: Maschinen schneiden seit den 1990er Jahren das Laubwerk zurück, heben und befestigen die Heftdrähte, dünnen das Laub in der Fruchtzone aus und versprühen gleichzeitig Herbizide. Auch der Rebschnitt und vor allem die Ernte erfolgen maschinell.

McLaren Vale gilt als die Heimat der kleinen Weinbaubetriebe mit hohen Qualitätsansprüchen. Sie sind dabei nicht schlechter ausgestattet als die größeren Weinkellereien anderer australischer Anbaugebiete, und allemal besser als die Mehrzahl ihrer Pendants in Europa. Die meisten verfügen über ein eigenes Labor, in dem die grundlegenden Analysen durchgeführt werden können, ein leistungsfähiges, computergesteuertes Kühlsystem für die Edelstahlgärtanks und Rotofermenter (rotierende Gärbehälter) zur Intensivierung der Extraktion von Phenolen und Tanninen während der alkoholischen Gärung.

Alles kellertechnische Wirken zielt hier auf die Bewahrung des fruchtigen Sortengeschmacks und ein sanftes, geschmeidiges Mundgefühl. Zu diesem Zweck werden die alkoholische Gärung und die malolaktische Säureumwandlung rasch und gezielt durch Reinkulturen hervorgerufen; nur wenige Erzeuger arbeiten mit wilden Hefen. Eine längere Maischung nach der Gärung wird nicht so häufig wie in Europa oder den USA praktiziert und unterbleibt in vielen Fällen sogar ganz. Oftmals wird der noch in der Gärung befindliche Wein gepresst und dann zur weiteren Entwicklung in Fässer aus amerikanischer Eiche gegeben, denn die Vollendung der Gärung im neuen Fass bindet die Eichenaromen besser ein und stabilisiert die Farbe. Der Ausbau der besseren Weine in Barriques dauert etwa zwölf bis 18 Monate.

Zum Essen

kräftige, aromatische Gerichte, gegrilltes Fleisch, Wild und Ente; Truthahn, Perlhuhn, indische Küche (leichtere Vertreter)

Empfehlenswerte Vertreter

Wirra Wirra, Woodstock, Chapel Hill, Pirramimma, d'Arenberg, Tatachilla, Hardy, Mr. Riggs, Mitolo

Zum Weiterprobieren

Shiraz aus anderen australischen Regionen, Südafrika und Kalifornien, aber auch Cabernet Sauvignon und Merlot aus Australien

Preise: 2–5

Cabernet Sauvignon 10

Cabernet Sauvignon ist der König im Lande der roten Rebsorten: ungemein stolz, distinguiert und beispiellos im Auftreten. Er ist ein enorm anpassungsfähiger Weltenbummler, eine kosmopolitische

Rebe, überall erfolgreich zu pflanzen und einfach zu vinifizieren. Zwei Eigenschaften machen die Weine aus dieser Sorte so unverwechselbar: ihr Aroma von schwarzen Johannisbeeren sowie der stets spürbare Tanningehalt. Die Qualitäten variieren von einfach bis aristokratisch.

Cabernet Sauvignon-Weine gibt es rund um den Globus: vom amerikanischen Nordwesten bis zum brasilianischen Süden, vom spanischen Katalonien bis zum Waiheke Island in Neuseeland. Sortenrein wird die Traube in den wärmeren Klimazonen angebaut; in kühleren Gebieten liebt sie die wärmende Begleitung von Merlot, und anderswo wird sie als qualitätsfördernder Faktor in Verbindung mit weniger großartigen Rebsorten eingesetzt. Es ist eine ungemein verlässliche Sorte, die weit mehr als andere in der Lage ist, Unpässlichkeiten – wie zum Beispiel hohe Erträge und extreme Temperaturen – ohne allzu große Blessuren wegzustecken. Selten trifft man auf wirklich misslungene Exemplare, was ein Grund für ihre Beliebtheit bei Konsumenten und Produzenten gleichermaßen ist. Billiger Chardonnay schmeckt nach kaum etwas, billiger Cabernet Sauvignon schmeckt nach Cabernet Sauvignon und ist immer einen Versuch wert.

Es ist eine sehr dominante, charakterstarke Sorte, die selbst in geringen Dosen das stilistische Profil einer Cuvée, also eines intelligenten Verschnitts, bestimmen kann. Die Beeren sind klein und dickhäutig, ausgestattet mit viel Farbpigmenten, Tanninen und Säure. Es ist eine Rebsorte für den Winzer: anpassungsfähig, formbar und gut verträglich mit neuem Holz. Die besten Vertreter sind enorm alterungsfähig und verfügen dabei über einen sehr langen, ausgedehnten Trinkkorridor. Sie präsentieren sich im Alter in der Nase komplex und am Gaumen zart und elegant.

Cabernet Sauvignon aus Europa

Europäischer Cabernet Sauvignon präsentiert sich im Vergleich zu Vertretern aus Übersee stets kühler, schlanker und reservierter. Sein Aromaprofil weist neben intensiver Johannisbeerduftigkeit vor allem Noten von Schwarzkirschen, Grafit, Tabak und Zedernholz auf. Sein Gaumenauftritt fällt tanninbetont, kraftvoll und eher mittel- als schwergewichtig aus. In der Mehrzahl der Fälle benötigen die Weine eine gewisse Reifezeit, um die rauen, noch ungeschliffenen Seiten ihrer Jugend abzurunden und ein harmonisches Ganzes zu verkörpern.

Die Heimat von Cabernet Sauvignon ist *Bordeaux*, vor allem die Areale westlich der Flüsse Gironde und Garonne, die Weinbaugebiete Médoc und Graves. Dort sind es vor allem die kieshaltigen Böden, die mit ihrem guten Wasserabzug und der Fähigkeit, Wärme zu speichern, für optimale Reifungsbedingungen sorgen. Aber Cabernet Sauvignon wird hier in der Regel immer mit anderen Sorten verschnitten. Das geschieht einmal aus Vorsicht, um die Risiken in einem klimatisch sehr wechselhaften Gebiet zu minimieren, mehr jedoch noch aus dem Grund, weil hier die Cuvée die besseren Resultate erbringt. Cabernet Sauvignon allein ergäbe speziell im Médoc zu karge, strenge und uncharmante Weine, so dass die sehr viel weichere, fleischigere und alkoholreichere Merlottraube als balancierender Faktor willkommen ist. Daneben bringen oftmals Cabernet Franc zusätzliches Aroma und Würze und Petit Verdot Kraft und Tannin in die Cuvée.

Es ist in den vergangenen Jahren sicherlich etwas schwerer geworden, ansprechende und zugleich bezahlbare Médoc-Weine zu finden. Insbesondere die klassifizierten Gewächse sind sehr teuer geworden. Wer jedoch abseits der ausgetretenen Pfade sucht, trifft noch immer auf Weine, die ihren Preis wert sind. Es lohnt sich vor allem, einige sehr vorzügliche Zweitweine der großen Châteaux sowie zahlreiche Gewächse der Kategorie Cru Bourgeois zu probieren.

Im nördlichen Médoc liegt das kleine Anbaugebiet St. Estèphe. Dort wachsen auf meist lehmigen Böden sehr fruchtige, zugleich aber schwere, robuste und sich relativ langsam entwickelnde Weine. Weiter südlich entstehen in Pauillac die vielleicht typischsten Cabernet-Weine: schwarze Johannisbeeren und Grafit in der Nase, reich, muskulös, tanninhaltig, erdig und enorm würzig am Gaumen. Die zedernholzduftigen Weine von St. Julien gedeihen auf feinem Kies und repräsentieren den wohlproportionierten, mittelgewichtigen Médoc. Sehr delikate und enorm duftige, an Veilchen erinnernde Gewächse wachsen wiederum auf den feinen Sand- und Kiesböden im Gebiet Margaux.

Im Süden der Stadt Bordeaux offeriert das Graves-Gebiet geschmeidigere, zugänglichere und nicht ganz so dicht strukturierte Weine wie das Médoc, die in ihrer Duftigkeit nicht selten an einen Margaux erinnern, aber gelegentlich auch mineralische Komponenten enthalten. Die Gebiete im Osten der Gironde, allen voran die Top-Appellationen St. Émilion und Pomerol, haben sehr viel geringere Anteile Cabernet Sauvignon gepflanzt: Hier dominiert Merlot die Rotweincuvées.

Die größten französischen Cabernet-Sauvignon-Flächen außerhalb von Bordeaux befinden sich im *Languedoc*, wo immer mehr Erzeuger diese Rebe entdecken. In den Departements Aude, Gard und Hérault sind insgesamt schon fast 12 000 Hektar mit Cabernet Sauvignon bestockt. Die meisten Weine fallen hier in die Kategorie Vin de Pays und sind eher einfach und rustikal.

Sehr verbreitet ist Cabernet Sauvignon auch in den *südwestfranzösischen Gebieten* Bergerac, Buzet, Frontonnais, Cahors und Madiran, er wird dort jedoch kaum reinsortig ausgebaut. Hier entstehen viele Varianten des „Bordeaux für den kleinen Mann“. An der *Loire* ist Cabernet Sauvignon zwar zugelassen, reift jedoch selten optimal aus und spielt deshalb keine allzu große Rolle (Ausnahme: Domaine des Rochelles). Auch in der *Provence* ist die Zahl der interessanten Cabernet Sauvignon-Weine gering. Die Domaine de Trévallon offeriert jedoch eine interessante Cuvée mit Syrah, während das Château Routas mit dem Agrippa die Partnerschaft mit Grenache bevorzugt.

Außerhalb Frankreichs trifft man Cabernet Sauvignon fast überall an. Sicherlich ist der Sorte das Klima in so manchem Anbaugebiet zu kühl, aber das hält die Winzer keineswegs davon ab, es mit ihr zu probieren. So wächst sie auch in *England*, *Deutschland* und *Österreich*, ohne jedoch richtig zu überzeugen. Einige Länder in Osteuropa verfügen über ein interessantes Potential, werden aber noch einige Jahre brauchen, bis sie den Markt in größerem Umfang mit verlässlichen Qualitäten bereichern können. *Bulgarien* ist bislang am weitesten vorangekommen, dicht gefolgt von *Rumänien*. Gelegentlich tauchen recht interessante Exemplare aus *Moldawien* auf.

Italien liefert einige hochwertige und prestigeträchtige Cabernets, vor allem in der Toskana und im Piemont, die von Gesetzes wegen lange Zeit als *Vino da Tavola* bezeichnet werden mussten, bevor sie dann Ende der 1990er Jahre in der Kategorie IGT (Indicazione Geografica Tipica) eine neue weingesetzliche Heimat gefunden haben. Auch im Friaul und in Südtirol entstehen zunehmend interessantere Qualitäten. Als Verschnittpartner ist Cabernet Sauvignon über ganz Italien verbreitet, und in manch angesehenem Qualitätswein wird die Sorte zur Stärkung mitverarbeitet (Carmignano, Chianti Classico).

In *Spanien* wird Cabernet Sauvignon schon seit dem 19. Jahrhundert gepflanzt: im Rioja-Gebiet von Marqués de Riscal, in Ribera del Duero von der legendären Bodega Vega Sicilia. Heute ist die Sorte auch in einigen Qualitätswein-Appellationen offiziell zugelassen, unter anderem in Ribera del Duero, Priorato und Navarra, wo sie in Verbindung mit anderen Sorten verwendet wird (Tempranillo, Garnacha), während sie in Rioja offiziell nicht erlaubt ist. Gute reinsortige Cabernets sind in Spanien deshalb selten. Die Besten kommen aus Katalonien und Toledo. In Priorato entstehen aus dem Verschnitt von Garnacha und Cabernet Sauvignon einige der interessantesten spanischen Rotweine überhaupt (siehe Kapitel 14).

Cabernet Sauvignon aus der Neuen Welt

Cabernet Sauvignon aus der Neuen Welt kommt sehr viel generöser, zugänglicher, fülliger und geschmeidiger daher als die europäischen Pendants. In der Nase finden sich ebenfalls schwarze Johannisbeeren, Pflaumen und Schwarzkirschen, Bleistiftmine und Zigarrenkiste, nur alles wirkt etwas reifer, etwas intensiver. Die Tanninbetontheit der Sorte bleibt auch in der Neuen Welt stets erkennbar, dennoch ist der Gaumenauftritt geschmeidiger, das Mundgefühl runder und weicher. Die meisten dieser Weine können bereits kurze Zeit nach der Freigabe mit viel Freude genossen werden, die Besten überstehen mehrere Jahrzehnte.

Die attraktivste Quelle für guten Cabernet Sauvignon in der Neuen Welt ist *Kalifornien*. Hinsichtlich der Anbaufläche hat der US-amerikanische Bundesstaat mit 25 500 Hektar fast zu Bordeaux aufgeschlossen, doch die Mehrzahl der kalifornischen Cabernets wird rebsortenrein ausgebaut: Im Gegensatz zu den meisten französischen Anbaugebieten kann die Rebsorte hier so gut ausreifen, dass sie keine Partner braucht. Die Weine sind ungemein konzentriert und dicht, dabei zugleich weich und geschmeidig, generös und süß. Gute Qualitäten findet man fast überall, das südliche Napa Valley ragt jedoch heraus. Dry Creek Valley, Sonoma Mountain und Sonoma Valley haben große Fortschritte gemacht, und auch Mendocino County zeigt großes Potential. Zu den etablierten Bereichen gehören der Stags Leap District, aus dem runde, geschmeidige, aber dennoch gut strukturierte Weine mit Schwarzkirschfrucht kommen, sowie außerdem Oakville und Rutherford mit mehr schwarzen Johannisbeeren in der Nase und einer festen, präsenten Tanninstruktur.

Sehr interessante Cabernet-Gewächse kommen aus *Washington State* im Nordwesten der USA. Es sind meist sehr konzentrierte Weine, niemals jedoch wuchtig oder fett. Ihre Aromen wirken etwas kühler als die der kalifornischen Pendants, aber die Tannine sind von stets hoher Güte, überaus saftig und mit angenehmer Süße. Sie verfügen zudem über eine ungeheuer attraktive Textur.

Auch *Chile* mit seinem kühlen, maritimen Klima hat einige hervorragende Cabernets zu bieten, die genau wie die nordamerikanischen reinsortig ausgebaut werden. Noch sind die durchschnittlichen Erträge zu hoch, um das große Potential des Andenlandes bereits heute umzusetzen. Die Besten sind kräftige, sehr ausgewogene Weine mit einem mittleren Tanningehalt und kommen aus dem Maipo-Tal. Das Klima in *Argentinien* ist kontinental, heiß und in manchen Gegenden wüstenartig. Seine Cabernets sind oft üppig konzentriert, sie haben eine wundervoll weiche, fleischige Textur und ein süßlich-reifes, an schwarze Johannisbeere erinnerndes Aroma – vorausgesetzt der Kellermeister malträtiert seine Weine nicht mit allzu viel Neuholz.

Die Stilistik der Cabernets aus *Australien* ist sehr vielfältig. Als Verschnittpartner schätzt man hier den Shiraz höher als Merlot. Doch so manches Gewächs kommt auch rebsortenrein auf die Flasche. Aus Coonawarra kommen die elegantesten und finessenreichsten Vertreter mit einem Hauch Terroir. Die Cabernets aus Victoria sind trockener und kühler, vor allem aber energischer und kraftvoller, stets mit etwas Pfefferminze im Aroma. Von

Mudgee kommen wahrscheinlich die besten Cabernets der Region New South Wales, die im Allgemeinen sogar besser ausfallen als die schon sehr attraktiven Shiraz des Gebiets: weich, rund, harmonisch und ausgestattet mit satter, süßer Maulbeerfrucht. Aus Westaustralien kommen einige hochwertige Cabernets, deren Stil jedoch sehr heterogen ist. Diese Weine altern prächtig und mit Würde.

Cabernet Sauvignon ist im kühlen Klima *Neuseelands* eine große Herausforderung, weshalb hier in den meisten Fällen auf Merlot als Partner zurückgegriffen wird. Doch zunehmend gelingen auch erstklassige reinsortige Cabernets. Im besten Fall sind es enorm frische, elegante und delikate Weine, die sich wohltuend von den Schwergewichten anderer Zonen abheben und ungeheuer viel Trinkgenuss bereiten. Hochwertige Rotweine auf Cabernet Sauvignon-Basis kommen vor allem aus Hawke's Bay, aber auch aus Northland und Waiheke Island.

Südafrika hat bislang nur wenige Cabernets von internationalem Rang hervorgebracht, aber man beginnt aufzuholen. Weit vorangekommen sind vor allem die Winzer in Stellenbosch und in Constantia. Sensationell präsentiert sich der Neuling Mont du Toit.

Zum Essen

Lamm in allen Variationen, Rinderschmorbraten, Kaninchen und Wildgeflügel

Empfehlenswerte Vertreter

Frankreich

Haut-Médoc: Potensac, Tour-de-By, Charmail

St. Estèphe: Pagodes de Cos, Dame de Montrose, Lavillotte

Pauillac: Latour's Pauillac, Carruades de Lafite, Tournelles de Longueville, Pibran

St. Julien: Reserve de Léoville-Barton, Lady Langoa, Amiral de Beychevelle, Fiefs de Lagrange, Du Glana, Lanessan

Margaux: Pavillon Rouge, Cantemerle, d'Angludet, Labégorce-Zedé

Graves: Clémentin de Pape-Clément, Parde de Haut-Bailly, La Louvière, Bouscaut
Preise: 3–5

Italien

Satta, Capezzana (Toskana), Lageder, Kellerei Kaltern, Tiefenbrunner (Südtirol)
Preise: 3–5

Spanien

Marqués de Riscal (Rioja), Bodega Vega Sicilia (Ribera del Duero), Raimat, Enate, Jean León, Miguel Torres (Katalonien) und Marqués de Grignón (Toledo)
Preise: 2–5

Kalifornien

Unteres bis mittleres Preissegment: Estancia, Rodney Strong, Beringers Knights Valley und Beaulieu Vineyards
Mittleres Preissegment: Phelps, St. Supéry, Niebaum Coppola, Shafer und Ridge Santa
Topsegment: Beringer's Abfüllung Private Reserve, Silver Oak
Preise: 3–5

Washington State

Mittleres Preissegment: Staton Hills, Hedges, Covey Run und Château Ste-Michelle
Gehobenes Preissegment: Red Willow der Columbia Winery, No 41 von L'Ecole und Canoe Ridge von Woodward Canyon
Preise: 2–5

Chile

Carmen, Errazuriz, Concho y Toro, Casablanca, Casa Lapostolle
Preise: 2–4

Argentinien

Catena, Infinitus, Altos de Temporada
Preise: 2–4

Australien

Coonawarra: Wynn's Black Label, Orlando's St Hugo, Chapel Hill

Victoria: Mount Langi Ghiran, Goldstream Hills, Yarra Yering No 1

Mudgee: Montrose, Thistle Hill, Huntington

West-Australien: Moss Wood, Vasse Felix, Cullens, Leeuwin, Plantagenet, Howard Park

Preise: 2–5

Neuseeland

Te Mata's Awatea, Vidal, Brookfields Vineyards, Matua Valley Wines, Villa Maria Estate, Montana's Church Road, Goldwater, Te Motu, Stoneridge

Preise: 2–5

Südafrika

Kanonkop Estate, Saxenburg, Warwick Estate, Simonsik Estate, Groot Constantia, Klein Constantia, Mont du Toit

Preise: 2–4

Zum Weiterprobieren

Merlot, Syrah, Nebbiolo und Sangiovese, Chinon

Napa Valley Cabernet Sauvignon 11

Noch vor wenigen Jahren wäre es eine leichte Übung gewesen, die Stilistik eines typischen Cabernet Sauvignon aus dem kalifornischen Napa Valley zu beschreiben. Gelungene Exemplare präsentierten sich selbstbewusst extrovertiert: in dichtem Schwarzrot, beeindruckender Aromenintensität mit Noten schwarzer Oliven, reifer Brombeeren, schwarzer Johannisbeeren, Kirschen, Pflaumen, einem Hauch Eukalyptus, mit süßen Gewürzen, Röstaromen sowie Mokka- und Schokoladentönen; am Gaumen bestach ein opulenter Körper mit mächtigem Alkoholgehalt, kräftigen Tanninen, mittlerer Säure und einer angenehm cremig-samtigen Textur.

Doch die Weine aus dem Napa Valley sind stilistisch sehr viel differenzierter und eigenständiger geworden, Lagenunterschiede werden immer stärker herausgearbeitet und der Einsatz der kleinen, getoasteten Eichenholzfässer geschieht zunehmend feinfühliger und bedachter. So wie heute Bordeaux-Weine mit der früher nur in der Neuen Welt bekannten Fülle entstehen, begegnet man umgekehrt in Kalifornien immer öfter Weinen, die die kühlere stilistische Handschrift des alten Europa tragen.

Nur eines ist geblieben: Das Napa Valley ist der Inbegriff des amerikanischen Weinwunders und Cabernet Sauvignon sein perfekter Botschafter. Dabei waren die Besten schon in den 1970er Jahren nur sehr schwer von ihren französischen Vorbildern zu unterscheiden. Im Jahr 1976 wurden in einer Blindverkostung in Paris französische Spitzenweine mit ihren kalifornischen Konkurrenten verglichen. Veranstaltet wurde sie von dem Weinhändler und Publizisten Steven Spurrier. Das Ergebnis schlug ein wie ein Blitz, und das Ereignis entpuppte sich als ein Meilenstein der Weingeschichte, denn den ersten Platz errang der 1973er Cabernet Sauvignon von Stag's Leap Wine Cellars aus dem Napa Valley – und die meisten der anwesenden Experten hatten ihn für einen Bordeaux gehalten.

Auch spätere Verkostungen zeigten immer wieder, wie schwer es ist, Bordeaux-Weine und Napa-Cabernets in einer verdeckten Probe zu unterscheiden. Wenn die Weine jung sind, fällt die Unterscheidung leichter, wenn sie gereift sind, fällt sie schwerer. Im Mai 2006 hat Steven Spurrier die Weine des Paris-Tastings von 1976 noch einmal gegeneinander antreten lassen: Wieder waren die renommiertesten Verkoster dies- und jenseits des Atlantiks versammelt, und wieder waren die kalifornischen Cabernets ihren französischen Gegenspielern überlegen.

Große Weine wurden im Napa Valley eigentlich schon seit Mitte des 19. Jahrhunderts gemacht, Reblaus und Prohibition haben es jedoch gemeinsam fast geschafft, die Weinindustrie in diesem Gebiet komplett zu zerstören. Der Wendepunkt kam im Jahr 1966, als Robert Mondavi entschied, sein Weingut hier zu errichten.

Die kleine Stadt nördlich von San Francisco gibt dem Napa County und dem Weinbaugebiet, dem Napa Valley, seinen Namen. Obwohl dieses Küstengebiet später als andere kalifornische Regionen für den Weinbau erschlossen wurde, hat es doch für dessen größtmöglichen Ruhm gesorgt. Landschaftlich erstreckt sich dieses etwa 40 Kilometer in nordsüdlicher Richtung verlaufende und von zwei Hügelketten eingefasste Tal in einem weit geschwungenen Bogen, wobei das eine Ende an der Bay von San Francisco, das andere am Mount St. Helena liegt. Die natürlichen Voraussetzungen sind ideal, doch wenn man nach einem gemeinsamen Nenner sucht, sieht man sich enttäuscht. In der Nähe der Bucht dringen Nebelbänke herein, die Sonnenschein und Temperaturen so stark mäßigen, dass dieser Teil kühlstes Weinbauklima aufweist. Im mittleren Teil, der von Yountville über Rutherford und St. Helena etwa bis zur Freemark Abbey reicht, machen sich die Nebel erst später am Nachmittag bemerkbar, weshalb sich hier die durchschnittlichen Temperaturen in der Wachstums- und Reifeperiode auf einem mittleren Niveau befinden. Allein im nördlichen Napa Valley gehen die Einflüsse der Bay so stark zurück, dass von einem warmen Klima im eigentlichen Sinne gesprochen werden kann.

Die südlichste und kühlste Zone ist besonders geeignet für Pinot Noir und für Weißweine. Einige der besten Chardonnays stammen von hier. Weiter das Tal hinauf nach Norden findet Cabernet Sauvignon die besten klimatischen Bedingungen, besonders wenn er auf den unteren Hanglagen steht und von der Morgensonne profitieren kann. Im oberen Tal mit der stärkeren Sonneneinstrahlung erlangen Cabernet, Zinfandel und Petite Syrah eindrucksvolle Reife und Kraft. Die Böden sind hier überall gut wasserdurchlässig und meist von lockerer, kiesiger Art, wenngleich sie sich im Detail doch recht stark unterscheiden.

Seit einigen Jahren treten die vielschichtigen Kombinationen von Lage, Bodendurchlässigkeit, Nebeleinwirkung und Bodentyp in den Vordergrund. Die feinen Unterschiede und subtilen Schattierungen zwischen den einzelnen Herkünften zeigen sich immer deutlicher, und jede Teilregion wird nunmehr mit einer ganz bestimmten Cabernet-Stilistik in Verbindung gebracht. Die tanninbetonten Rutherford-Weine unterscheiden sich von den milden Cabernets aus dem Steag's Leap District, so wie sich ein Pauillac von einem Margaux unterscheidet. Weine aus der Gegend östlich von Rutherford und Oakville schmecken meist kräftiger nach Kräutern als solche aus dem Westen. Und Calistoga-Weine geben sich mit ausgesprochen tanninharten Exemplaren zu erkennen.

Das alles hat zu einer immer ausgefeilteren Differenzierung der Herkünfte geführt. Neben dem AVA-Hauptbereich (*American Viticultural Area*) Napa Valley, der generellen Appellation des Gebietes, sind mit der Zeit mehrere Sub-AVAs entstanden:

- Rutherford: ausgewogene, rassige, feinwürzige, dichte Cabernets der Weltklasse;
- Oakville: hochwertige, finessenreiche Cabernets;
- Stag's Leap District: opulente Cabernets mit weichen, geschmeidigen Tanninen, die aufgrund ihrer markanten Fruchtintensität leicht zu unterscheiden sind;
- Mount Veeder: vergleichsweise „kühle", fruchtbetonte, wildwürzige, feste Cabernets;
- Spring Mountain: kraftvolle, intensive Cabernets;
- Diamond Mountain: konzentrierte Cabernets mit intensiver Fruchtaromatik und ausgeprägten Tanninen;
- St. Helena: dichte, volle, tanninreiche Cabernets mit reifer Fruchtaromatik;
- Calistoga: opulente, geschmeidige, runde Cabernets;
- Howell Mountain: dichte, reiche Cabernets.

Zum Essen

Lamm aller Art, gebratenes und gegrilltes Fleisch, Schmorgerichte mit kräftigen Saucen

Empfehlenswerte Vertreter

Die Top-Produzenten: Joseph Phelps Vineyards, Stag's Leap Wine Cellars, Navarro, Garry Farrell, Au Bon Climat, Gloria Ferrer, Freemark Abbey, Hess Collection

Die Tempomacher: Morgan, Buena Vista, Firestone, Trentadue

Die Preis-Leistungs-Besten: Fetzer, Sutter Home, Kendall-Jackson, Hess Select, Jewell, McManis, Canyon Road

Zum Weiterprobieren

Cabernet aus Bordeaux, der Toskana, Coonawarra und Margaret River in Australien

Preise: 3 – 5

Kalifornischer Zinfandel

12

Aus der Rebsorte Zinfandel entsteht eine ungeheuer große Vielfalt an Weinstilen und -qualitäten. Diese reicht von den rosefarbenen Blush oder White Zinfandel, die in einfachster Qualität millionenfach produziert werden, über die süffig-bekömmlichen, simpel-fruchtigen Weine im Beaujolais-Stil bis zur Super-Schwergewichtsklasse der konfitüreartig-fruchtigen Monster, die an den Gang durch einen arabischen Gewürzbasar erinnern und wegen ihres hohen Alkoholgehalts fast likörartig wirken. Die Sorte wird weltweit kultiviert, in Nord- und Südamerika, Südafrika, in Australien und Neuseeland sowie in Italien und Kroatien. Aber allein den kalifornischen Produzenten ist es bislang überzeugend gelungen, originelle und unverwechselbare Gewächse auf hohem Niveau aus dieser Rebsorte zu keltern.

Was die Pioniere der 1980er Jahre angedeutet hatten, Paul Draper von Ridge Vineyard in den 1990ern mit seinen „Super-Zins" Geyserville und Lytton Springs (meist in Verbindung mit etwas Petite Syrah) weiterentwickelte, wird nun von Turley Wine Cellars, die sich ganz dem Zinfandel verschrieben haben, noch übertrumpft. Hier entstehen verblüffende Weine mit einem Alkoholgehalt von oft über 16 Prozent, die man in ihrer Art kaum für möglich halten würde. Vollkommene Dichte, unglaubliche Konzentration und Komplexität und vollreife Frucht markieren das sensorische Profil dieser Giganten. Die Aromenpalette ist reich und vielschichtig, von konfitüreartigen Noten von Erdbeeren, Brombeeren und Cassis bis hin zu Dörrfrüchten und Karamell. Die Frucht ist ohne Zweifel genau so extrem reif wie sie extrem vielfältig ist. Am Gaumen zeigen die Weine im Auftakt oft eine geradezu unglaubliche Süße, die an einen port-ähnlichen Dessertwein erinnert. Doch die Süße kommt allein aus dem Zusammenspiel von Fruchtintensität und hohem Alkohol – dies zeigt sich beim Abgang mit den sich dann bemerkbar machenden mächtigen, reifen Tanninen.

Natürlich sind diese Weine für Liebhaber und Hedonisten gedacht, die bei der Begegnung mit solch barocker Fülle ins Schwärmen geraten. Wer dagegen einen dieser stilistisch so ganz besonderen „Zin-Riesen" an den Klassikern aus Bordeaux oder Burgund misst, dem drohen beim Verkosten alle Maßstäbe verloren zu gehen, dem werden die laszive Freizügigkeit und Üppigkeit viel zu aufdringlich und exotisch erscheinen.

Das Besondere und zugleich ungemein Problematische an der Zinfandel-Traube ist ihre späte und zugleich ungleichzeitige Reifung. Selbst an ein und derselben Traube reifen die Beeren unterschiedlich schnell aus. Wichtig ist deshalb eine lange Vegetationsperiode mit viel Wärme und Sonne, ausreichend kühlen Nächten und eine späte Lese, so dass möglichst auch die letzten Beeren reif geerntet werden können. Wartet ein Winzer den optimalen Reifepunkt auch noch der letzten Beeren ab, sind Alkoholgradationen von 16 bis 17 Vol. % möglich.

Der Zinfandel gehört heute zu den wenigen Sorten, die in allen Anbauregionen Kaliforniens ein gutes Qualitätspotential haben, vom nördlichen Mendocino über Sonoma County bis zum südlichen Santa Barbara County. Auch im ehemaligen Goldgräber-Mekka Sierra Foothills erbringt der „Zin" – wie er gelegentlich verniedlichend genannt wird – erstaunliche Ergebnisse. Von allen Appellationen ist sicherlich das Dry Creek Valley im Sonoma County die mit Abstand renommierteste Zinfandel-Herkunft in Kalifornien. Es bietet optimale Voraussetzungen für diese eigenwillige Rebsorte. Das Klima ist geprägt von heißen Tagen und kühlen Nächten, was einerseits für gute Reifebedingungen sorgt, andererseits dem Stock jedoch die nötigen Erholungspausen beschert und damit hilft, die so wichtige Säure zu erhalten.

Früher wurden die Reben überwiegend bei geringer Pflanzdichte in Buschform erzogen, was meist zu deutlich überhöhten Stockerträgen führte. Mittlerweile hat sich dieses Problem in vielen Fällen von selbst gelöst: Ein Großteil der kalifornischen Zinfandel-Anlagen ist 50 Jahre alt oder älter, und somit in einem Alter, in dem die Reben sich von selbst auf einen Ertrag einpendeln, der der Qualität sehr viel zuträglicher ist. Jüngere Anlagen werden am Drahtrahmen im Cordon erzogen, mit dessen Hilfe sich der Ertrag gut regulieren lässt.

Das weltweite „Zin-Fieber" ist vor allem durch eine enorme Qualitätssteigerung im Preissegment zwischen 20 und 30 Euro ausgelöst worden. Eine besondere Stellung nehmen dabei der Napa Valley Zinfandel von Robert Mondavi sowie der Geyserville Zinfandel und der Lytton Springs Dry Creek Valley Zinfandel von Ridge Vineyard ein. Von diesen drei ausgezeichneten Weinen werden inzwischen jährlich an die 100 000 Flaschen produziert. Das ist natürlich immer noch nichts gegen den pinkfarbenen, leicht restsüßen White Zinfandel, von dem allein die Sutter Home Winery im Jahr 1998 immense 60 Millionen Flaschen verkauft hat. Aber es gibt eben keine andere rote Traubensorte, die gleichermaßen an beiden Enden der Qualitätsskala auf so spektakuläre Weise präsent ist.

Zum Essen

Wild, kräftiges Fleisch vom Grill (zum Beispiel Spareribs), frische Leber, Currygerichte oder reifer Hartkäse

Empfehlenswerte Vertreter

Rabbit Ridge Winery, Renwood Winery, Beringer, Arciero Winery, Gallo, Laurel Glen (alle im Preissegment unter 20 US-Dollar), Ridge Vineyard, Paul Draper, Turley Wine Cellars, Nalle Winery

Zum Weiterprobieren

australische Weine aus den Sorten Syrah und Grenache, Shiraz aus dem Barossa Valley, Châteauneuf-du-Pape, Priorato, klassischer Amarone, Castel del Monte

Preise: 2–5

Amarone della Valpolicella 13

Der Amarone ist einer der großen italienischen Rotweinklassiker und zugleich einer der weltweit konzentriertesten, mächtigsten Rotweine überhaupt. Optisch präsentieren sich diese Superweine in einem mittleren, warmen Rot. Die Nase ist betörend und komplex mit viel Kirschenfrucht, balsamischen Noten, Trockenfrüchten und Beerenmarmelade, gelegentlich gesellen sich süße Sirup- und Likörnoten dazu. Der Gaumenauftritt ist geprägt von einer deutlich überdurchschnittlichen Konzentration, enormer Tiefe, viel rundem, gutem Tannin und saftiger Fruchtsüße; der Säurelevel ist meist höher, als man beim Trinken sensorisch vermutet, und gelegentlich ist auch etwas Restsüße im Spiel. Diese Massen an Inhalts- und Geschmacksstoffen zu balancieren, ist die eigentliche Kunst der Amaronebereitung.

Seine Heimat ist das Valpolicella (siehe Kapitel 23), eine Anbauzone im Norden von Verona und östlich des Gardasees, mit seinen beiden Unterzonen Classico und Valpantena. Die Dolomiten schützen das bis auf 400 Metern über NN ansteigende Gebiet vor kalten Nordwinden und der nahe gelegene See bringt wohltuenden Temperaturausgleich. Die Kalk- und Tuffsteinböden sind enorm mineralienreich und sorgen für guten Wasserabzug. Die Reberziehung erfolgt entweder traditionell in der Pergola oder – immer häufiger – am Drahtrahmen.

Gekeltert wird der Amarone aus autochthonen Rebsorten, vor allem Corvina und Rondinella. Das Herstellungsverfahren besteht darin, speziell selektionierte Trauben einige Monate im „Fruttaio", einem Speicher mit vielen Fenstern, in Kisten oder auf Strohmatten antrocknen zu lassen. Die Tradition dieser so genannten „Passito-Weine" geht auf die Griechen zurück, welche die Stiele der Trauben so verdrehten, dass die Mittelmeersonne den Trauben innerhalb weniger Tage enorm viel Wasser entzog und die reifen Trauben am Rebstock zum Eintrocknen brachte. Ob nun aber die Trocknung unter der Sonne stattfindet oder in gut belüfteten Räumen – das Ergebnis ist jedes Mal ein außerordentlich konzentrierter und reichhaltiger Most.

Der Zucker darin ist so konzentriert, dass es nie sicher ist, wie viel davon die Hefen in Alkohol umwandeln können. Wenn die Hefen gewinnen, weil sie vital genug sind, um selbst unter der Bedingung hoher Alkoholgradation weiterarbeiten zu können, entsteht die trockene Passito-Variante namens Amarone della Valpolivella. Wenn der Fruchtzucker obsiegt, entsteht der süße Recioto della Valpolicella – wenngleich heute selbstverständlich Mittel und Wege bereit stehen, diesen Prozess nicht ganz dem freien Spiel der Naturkräfte zu überlassen.

Der Amarone ist also ein trocken beziehungsweise fast trocken ausgebauter Recioto, denn etwas Restsüße wird gelegentlich belassen. Aufgrund des hohen Zuckergehalts der angetrockneten Beeren fällt der Alkoholgehalt im fertigen Wein mit Werten zwischen 14,4 und 16,5 Vol.% stets überdurchschnittlich aus. Erst einige Jahre Flaschenreifung lassen ein harmonisches Produkt entstehen. In der Praxis zeigt sich, dass im Falle der wirklich guten Amarone-Weine bereits die geernteten Trauben eine außergewöhnlich hohe Konzentration aufweisen: Die weit verbreitete Annahme, der Eintrocknungsprozess werde die erforderliche Konzentration von Zucker, Aroma und Geschmacksstoffen schon bringen, geht in die Irre.

Manche Vertreter präsentieren sich pechschwarz, extrem dicht und konzentriert, mit Alkoholwerten um die 17 Vol.% und Polyphenolgehalten nahe der Schmerzgrenze. Sehr trinkige und generöse Weine sind das sicherlich nicht. Zum Glück scheint die Attraktivität dieser Superschwergewichte wieder rückläufig zu sein und Konzentration nicht mehr alles zu bedeuten. Der Amarone muss per Gesetz auf mindestens 14 Vol.% Alkohol kommen, und erfreulicherweise tauchen am Markt immer öfter Exemplare auf, die sich auf eben diese 14 Vol.% beschränken. Gelegentlich werden sogar Stimmen laut, die eine Reduzierung des gesetzlichen Mindestalkoholgehalts fordern. Letztlich ist es eine Frage individueller Vorliebe und des Anlasses, welche Stilistik man bevorzugt.

Zwei Winzer haben in den vergangenen Jahren das wachsende Ansehen des Amarone in der ganzen Welt nachhaltig bestimmt. Guiseppe Quintarelli ist der Schutzpatron des Amarone. Vor ihm verneigen sich alle anderen Produzenten im Gebiet, selbst wenn sie – wie im Falle Dal Forno oder Allegrini – andere Wege zum Erfolg eingeschlagen haben. Sein Amarone ist warm und von beeindruckender Kraft und Tiefe, ausgestattet mit einem Geschmacksreichtum, der keinen Verkoster unberührt lässt. Wenn die Appellation einen Klassiker hat, einen Repräsentanten, der das Potential des Gebietes nahezu idealtypisch vertritt, dann ist es der Amarone von Guiseppe Quintarelli.

Den stilistischen Gegenpol zu Quintarelli verkörpert Romano Dal Forno. Er ist ein Extremist und Purist, einer, dem kein Aufwand zu groß ist, keine Konzentration zu dicht, keine Ausbauzeit zu lang und keine Investition zu teuer, um seine Weine besser zu machen. Sein Amarone präsentiert sich so konzentriert, reich und gerbstoffbetont, dass er am Gaumen fast schmerzt. Kein anderer Amarone bringt so viel Alkohol, Trockenextrakt und Säure auf die

Waage, und kein anderer Amarone braucht so lange, um trinkreif zu werden, wie der von Romano Dal Forno.

Die Zukunft wird zeigen, welchen Weg die Winzerschaft als Ganze einschlägt und wie der Amarone beschaffen sein wird, der den Wein und seine Herkunft in der Welt als Botschafter vertreten wird. Eine gemeinschaftsstiftende Identität wird das Gebiet auf Dauer jedoch nur über die beständige Weiterentwicklung ihres Basisweins, des gemeinen Valpolicella generieren.

Zum Essen

kräftige Wildgerichte, gereifter Bergkäse und Studentenfutter (Nüsse und Rosinen)

Empfehlenswerte Vertreter

Guiseppe Quintarelli, Romano Dal Forno, Tommaso Bussola, Bertani, Allegrini, Guerrieri Rizzardi, San Rustico, Raimondi, Tedeschi, Zenato, Trabucchi, Masi, Corte Sant'Alda

Zum Weiterprobieren

die Weine in der Kategorie der Extrovertierten, Valpolicella Ripasso, Valtellina Sfurzat

Preise: 3–5

14 Priorato

Priorato, katalanisch „Priorat“ – das bedeutet Wein mit viel Kraft und Struktur, Feuer und einer gewissen Erhabenheit. Die großen Weine, die nur in kleinsten Mengen hergestellt werden, erscheinen mit fast schwarzer Farbe. Opulente, reife Aromen von Beerenfrüchten und Pflaumen sind im Bouquet verwoben mit Düften von Kaffee, Port, Leder und feinstem Tabak. Am Gaumen wiederholen sich diese Eindrücke verbunden mit viel feinstem, reifem Tannin, großartiger Frucht und einer unglaublichen Menge von Zwischentönen. Viel Extrakt und Tiefe sorgen für einen langen Abgang.

Das Priorato ist nach dem Kloster Priorato de Scala Dei benannt, welches 1163 von Kartäusermönchen gegründet wurde. Es ist eine abgelegene Region in Katalonien, landeinwärts von Tarragona. In dieser kleinen, zerklüfteten Bergregion liegen elf Dörfer, die bekanntesten sind Scala Dei und Gratallops. Die meist terrassierten Weinberge befinden sich in einer Höhe zwischen 100 und 700 Metern. Das Muttergestein besteht aus einer Schieferschicht, genau wie am Douro (Portwein). Der magere, felsige Oberboden mit Quarzit und Glimmerschiefer, hier Llicorella genannt, bringt auch für spanische Verhältnisse nur sehr geringe Erträge hervor: In den teils steilen Hängen liegt der Ertrag bei 5-6 hl/ha. In den Tälern besteht der Mutterboden aus Schwemmland. Das mediterrane Klima wird hier heißer und extremer.

Bis in die 1980er Jahre lag das Gebiet in einem Dornröschenschlaf. Wegen der schwierigen Bedingungen – fast alles musste in Handarbeit verrichtet werden, die Erträge waren gering und die Preise niedrig – war der Rebbestand für Weine auf unter 600 Hektar gefallen. In dieser Zeit des Rückgangs und der Stagnation beschloss eine Gruppe Winzer, acht Weinbergsparzellen auf Schieferböden im Siuranatal zu kaufen und mit bestem Pflanzmaterial zu bestücken. Sie hatten das ungeheure Potential dieser Gegend erkannt und wollten mit moderner Weinbereitung und niedrigen Erträgen große Weine machen. Zu den bis zu 100 Jahre alten Weinreben der Garnacha- und der Carinenatraube kamen nun Neuanpflanzungen von Cabernet Sauvignon, Merlot, Syrah und etwas Pinot Noir. Die Weinbereitung fand in einer alten Genossenschaftskellerei statt. Als Unterscheidung zu den traditionellen Weinen der Region sollten alle Weine der Gruppe ein „Clos“ im Namen tragen – zum Beispiel der Clos Magador von René Barbier, der Clos de l’Obac von Costers del Siurana oder der Clos Martinet von Mas Martinet. Die Weinwelt wurde auf die neuen Weine aufmerksam, und schon Ende der 1990er Jahre war das Priorat ein Hochpreisgebiet und hatte Kultstatus erreicht. Viele kleinere Erzeuger schlossen sich diesem Qualitätsdenken an.

Die meistangebauten Rebsorten sind Garnacha und Carinena (Carignan). Hier im Priorat wurde zweifelsfrei nachgewiesen, dass man aus diesen Rebsorten komplexe Rotweine von höchster Qualität herstellen kann. Die französischen Sorten Carbernet Sauvignon, Merlot und Syrah tauchen oft in den Verschnitten der Weingüter auf. Es gibt inzwischen auch Cuvées, in der Tempranillo die Hauptrolle spielt. Ein leichter Rosado Joven wiederum wird meist aus Garnacha gekeltert.

In der Kombination von mediterraner Sonne und kargen, steilen Hängen entsteht ein hochqualitatives, reifes und gesundes Traubengut. Die entscheidenden Neuerungen für die Renaissance des Priorats waren die Einführung der Tröpfchenbewässerung, die temperaturgesteuerte Gärung, der Ausbau der Weine in französischen Barriques und ein hoher Hygienestandard. Es werden aber auch noch traditionell in Betonbottichen vergorene Rotweine mit einem Alkoholgehalt von 15 Vol. % und höher hergestellt, die einen kleineren Kreis von Liebhabern mächtiger Weine bedienen. Ein weiterer außergewöhnlicher Wein des Priorats ist der in alter, katalanischer Tradition hergestellte Dolc de l'Obac von Costers del Siurana. Der süße, leicht aufgespritete Rotwein aus Garnacha, Cabernet Sauvignon und Syrah liegt zwölf Monate in Eiche.

Bedingt durch die sehr niedrigen Erträge der Weinberge und die kostenintensive Produktion der Weine ist das Priorat eine hochpreisige Region. Der Kultstatus vieler Weine tut sein übriges dazu. Es ist recht schwierig, einen guten Rotwein unter 10 Euro zu bekommen. Im Preissegment zwischen 15 und 50 Euro gibt es viele hervorragende Rotweine, und es ist nicht schwierig, noch sehr viel mehr Geld auszugeben.

Zum Essen

kräftige Gerichte, herzhafte Eintöpfe, Gegrilltes, Sonntagsbraten, Hartkäse, dunkle Saucen, aromatisches Fleisch, aber auch als Solist

Empfehlenswerte Vertreter

Alvaros Palacios, Costers del Siurana, René Barbier, Cellers de Scala Dei, Clos & Terrasses, Masia Barril, Masia Duch, Mas Martinet, Vinicola del Priorat

Zum Weiterprobieren

Châteauneuf-du-Pape, Syrah/Shiraz von der nördlichen Rhône und aus Australien, Zinfandel, Brunello

Preise: 3 – 5

Die Klassiker – Weine mit ehrwürdiger Tradition

Pauillac

15

Roter Bordeaux, so wie ich ihn am liebsten mag, kommt aus Pauillac. Es ist kein Wein, den man jung trinkt. Wenn er im Alter von etwa drei Jahren auf den Markt kommt, präsentiert er sich mit strahlender, dunkler, rubin- bis purpurroter Farbe, im Aroma meist noch sehr verschlossen und am Gaumen enorm tanninreich und adstringierend, insgesamt sehr zurückhaltend. Die eigentliche Faszination geht von diesen Gewächsen erst mit zunehmender Flaschenreifung aus, wenn sie sich allmählich öffnen und von Mal zu Mal in hellerem Lichte erscheinen. Dann entstehen ungemein anspruchsvolle, komplexe, finessenreiche und ausgesprochen langlebige Weine. Die Lebenserwartung guter Jahrgänge übertrifft alles, was andere Tischweine der Welt bieten können, und selbst weniger begünstigte Jahrgänge brauchen fünf bis acht Jahre, um ihre Trinkreife zu erreichen.

Pauillac aus erstklassiger Quelle entwickelt mit der Zeit ein enorm facettenreiches Bouquet, und seine Art, unseren Gaumen zu berühren, nimmt an Feinheit, Eleganz und Finesse beständig zu. Erst mit der Trinkreife zeigt sich der ganze Glanz und Reichtum ihres aristokratischen, stets auf vornehme Art zurückhaltenden Charakters. Das Aromenspektrum fächert sich auf, es bietet zunächst süße, rauchige und mineralische Komponenten mit Noten von schwarzen Johannisbeeren, Cassis, Tabak, Bleistift, Schokolade und Zedernholz; später gesellen sich erdige Komponenten hinzu und es finden sich Trüffel-, Herbstlaub- und Lederaromen. Dann verbreitet Pauillac ein Mundgefühl, das intensiv und zart zugleich ist, perfekt balanciert und von feinster ästhetischer Ordnung.

Pauillac gilt als Mekka für alle, die Bordeauxweine verehren. Die kleine Hafenstadt und die dazugehörige kommunale *Appella-*

tion Contrôlée im Weinbaubereich Médoc genießt den einmaligen Vorzug, in ihren Grenzen drei von fünf Weingütern zu beherbergen, die in der berühmten Klassifikation der Château von Bordeaux aus dem Jahre 1855 als Premiers Crus eingestuft sind: Lafite, Latour und Mouton-Rothschild.

Die besondere Art des Pauillac wird in erster Linie geprägt von den verwendeten Rebsorten, die hier in der Regel im doppelten Guyot-System bei sehr hohen Pflanzdichten (bis zu 10 000 Stöcke pro Hektar) angebaut werden. Einen Rebstock im doppelten Guyot-System zu erziehen, bedeutet zwei Fruchtruten mit jeweils fünf bis sechs Augen und zwei Zapfen, an denen sich die Fruchtruten des kommenden Jahres ausbilden, anzuschneiden. Durch die Erfahrung mehrerer hundert Jahre haben die Produzenten gelernt, genau diejenigen Rebsorten anzupflanzen, die auf dem Boden des jeweiligen Guts am besten gedeihen. Cabernet Sauvignon ist hier stets die erste Wahl. Auf den sehr leichten, stark wasserdurchlässigen Kiesböden von Pauillac gedeiht er besser als Merlot. Ein typisches Verschnittverhältnis gestaltet sich hier wie folgt: Cabernet Sauvignon (65 bis 75 Prozent), Merlot (15 bis 20 Prozent), Cabernet Franc (5 bis 15 Prozent) und Petit Verdot (3 bis 10 Prozent). Jede Rebsorte bringt besondere stilistische Merkmale ein. Cabernet Sauvignon macht den Wein tiefdunkel, tanninreich und streng; Merlot bringt Milde, Vollmundigkeit und Geschmeidigkeit ein und bildet damit ein willkommenes Gegengewicht zur härteren Art des Cabernet Sauvignon; und Cabernet Franc wird als Quelle für aromatische Komplexität (Minze, Kräuter, Gewürze) sehr geschätzt, während die rassige Petit Verdot als zusätzlicher Gerbstofflieferant eine gewisse Bedeutung hat. Diese Rebsorte reift noch später als der Cabernet Sauvignon, ein Grund, weshalb immer mehr Güter dazu übergehen, die Sorte in Form der qualitätsfördernden, belichtungsintensiven Lyra-Erziehung anzubauen – also mit geteilter Laubwand, so dass ein Lyra-ähnliches Aussehen entsteht. Petit Verdot ist resistent gegen Fäule und ergibt bei voller Reife dunkle, tanninstarke und recht würzige Weine. Da jedes Château sein ganz individuelles Mischungsverhältnis pflegt, ist für eine gewisse stilistische Bandbreite gesorgt.

Das Klima ist in ganz Bordeaux ausgesprochen mild, denn sowohl die nahe Gironde als auch der Atlantische Ozean jenseits der

Kiefernwälder üben einen mäßigenden Einfluss aus. Zugleich gewähren die Wälder des Landes den Weinbergen Schutz gegen die starken Meereswinde und tragen zur Mäßigung der Sommertemperaturen bei. Durchschnittstemperatur und Regenmenge liegen etwas höher als beispielsweise im Burgund, weshalb hier später reifende Rebsorten angepflanzt werden können. Allein im Médoc können die Winzer jedoch einigermaßen sicher sein, dass ihre Cabernet-Sauvignon-Trauben mit einiger Regelmäßigkeit zur Reife gelangen.

Die Landschaft in der Gegend um Pauillac ist unspektakulär und weist wenig charakteristische Merkmale auf. Ein Geheimnis der hohen Weinqualität liegt denn auch bezeichnenderweise nicht in den topografischen, sondern in den unterirdischen Besonderheiten des Gebietes begründet. Das Gebiet besteht vor allem aus sandigem Schwemmlandkies, der vor Millionen Jahren in sanften Erhebungen von geschmolzenen Gletschern aus dem Zentralmassiv und den Pyrenäen abgesetzt wurde. Der hohe Kiesgehalt bringt physikalische Eigenschaften mit sich, die im feuchten Klima für leichten Wasserabzug sorgen, tiefe Wurzelbildung fördern und als guter Wärmespeicher wirken. Diese Bedingungen finden sich vor allem in den Weingärten in Sichtweite zur Gironde. Die besten Pauillac-Weine stammen von Reben, die an solchen Stellen wachsen.

Die Weinbereitung weist gegenüber anderen Anbaugebieten in der Welt wenig Besonderheiten auf, wenn man vielleicht einmal davon absieht, dass die Weine zum Reifen regelmäßig in 225-Liter-Fässer, so genannte Barriques, gegeben werden. Die Trauben werden entrappt und anschließend in großen Gärbehältern aus Zement, Edelstahl oder Holz über fünf bis zehn Tage vergoren. Die Gärtemperatur liegt bei etwa 30 °C und damit höher als in der neuen Welt. Danach bleibt der junge Wein noch eine Woche auf den Schalen, um Farb- und Gerbstoffe zu extrahieren. Die malolaktische Gärung erfolgt vor oder während der Fassreifung. Das typische Barriquefass besteht aus Limousin-Eiche, die Füllmenge beträgt 225 Liter und wird bei den führenden Erzeugern selten länger als zwei Jahre verwendet. Im ersten Jahr wird der Wein alle drei Monate vom Geläger (Lagerrückstände am Fassboden) getrennt und mit Eiweiß geschönt. Dann erfolgt die Verlegung in den Keller, wo er bis zum Verschneiden, das unmittelbar vor der Abfüllung (Frühsommer) stattfindet, ruhen kann. Manche Weine reifen bis zu 24 Monate im Fass.

Aber auch in Pauillac haben in den vergangenen Jahren die Errungenschaften der modernen Kellertechnik (Mostkonzentratoren, Umkehrosmose, künstliche Tannine und so weiter) Einzug erhalten. In der Folge lässt sich hinsichtlich der Weinstilistik seit etwa Mitte der 1990er Jahre ein Paradigmenwechsel beobachten. Brauchten diese Weine früher in der Regel mindestens ein ganzes Jahrzehnt, um ihre Trinkreife zu erreichen, werden heute selbst von den großen klassischen Erzeugern des Gebietes früh reifende, leicht zu trinkende Weine produziert. Es scheint, als seien die altehrwürdigen Châteaux aus Pauillac und anderen Gegenden im Bordelais der verführerischen Faszination geschmacklicher Moden und kurzfristiger Markterfolge erlegen. Eigentlich schade, denn der große Zauber von Feinheit und Harmonie, Komplexität und Finesse, den allein die Zeit beschert, wird sich der neuen Weingeneration möglicherweise niemals bemächtigen.

Zum Essen

geschmacklich schlichte Speisen, einfache Fleisch- und Kartoffelgerichte, Filet Mignon, gebratenes Milchlamm, gebratene und gegrillte Steaks

Empfehlenswerte Vertreter

Die Preis-Leistungs-Besten: Pontet Canet, Grand-Puy-Ducasse, Grand-Puy-Lacoste, Haut Bages Libéral

Die Eleganten: Lafite-Rothschild, Pichon Longueville Comtesse de Lalande, Grand-Puy-Ducasse, Duhart-Millon

Die Schnellentwickler: Haut-Batailley, Pichon-Longueville Comtesse de Lalande, d'Armailhac, Clerc Milon, Grand-Puy-Ducasse

Zum Weiterprobieren

St. Julien, Margaux, Pessac-Leognan; Cabernet Sauvignon aus dem Napa Valley, Coonawarra und der Toskana

Preise: 3–5

Vosne-Romanée

16

Vosne-Romanée und seine Weine sind ein Mythos in der Weinwelt. Nicht wenige Kenner schwören darauf, dass ein Pinot Noir aus den besten Rebbergen dieser Gemeinde in Burgund von keinem anderen Rotwein der Welt an Komplexität, Fülle und Ausdruck übertroffen wird. Bereits das Aroma des jungen Weins ist hinreißend, dabei ungemein subtil und gelegentlich leicht verdeckt durch den Einfluss neuer Eiche. Im Kern ist es geprägt von reicher Fruchtigkeit mit Noten reifer, roter Kirschen, manchmal auch Schwarzkirschen, Himbeeren und Erdbeeren. Das würzige Parfüm des Eichenholzes ist spürbar, sollte aber stets im Hintergrund agieren und die einmalige Fruchtigkeit des Pinot Noir fein unterstreichen. Am Gaumen präsentiert sich junger Vosne-Romanée überaus lebendig, geprägt von einer angenehm erfrischenden, mundwässernden Säure, kräftigem, niemals schwer wirkendem Körper und einer perfekt balancierten, aber für Pinot Noir überdurchschnittlich festen Tanninstruktur. Schon in den ersten Jahren verfügt der Wein über eine ungemein attraktive Textur – geschmeidig, mit saftiger Säure und feinkörnigem Tannin.

Ein Vosne-Romanée ist jedoch mit erheblichem Reifepotential ausgestattet. Sicherlich schmeckt er bereits in den ersten zwei bis drei Jahren nach seiner Flaschenfüllung, wenn er den ganzen Charme und die Vitalität seiner Jugendlichkeit versprüht, äußerst delikat. Lässt man diesen Weinen hingegen Zeit, sich in der Flasche zu entwickeln, werden außergewöhnliche Begegnungen möglich. Um die Merkmale der Reife auszubilden, muss ein Vosne-Romanée seine Jugendlichkeit abstreifen und erwachsen werden. Diese Adoleszenzphase, die mehrere Jahre andauern kann, beschert dem Weingenießer wenig Trinkfreude. Die vitale und fruchtige Art der Jugend ist bereits vergangen, die Harmonie und Komplexität der Reife jedoch noch nicht erreicht. Wichtig für den erfolgreichen Reifeprozess ist, dass der Alkoholgehalt weder zu hoch noch zu niedrig ausfällt. Zu hoher Alkoholgehalt lässt nämlich die Frucht austrocknen und dominiert dann das Aroma, ein zu geringer Alkoholgehalt hingegen bringt leicht ein wenig Härte in den Wein und betont mehr seinen Extrakt als die Geschmeidigkeit.

Zum Glück für jeden Burgunderfreund geht diese schwierige Phase vorüber, und spätestens nach neun bis zehn Jahren haben sich die Merkmale der Reife ausgebildet. Das Bouquet ist nun geprägt von einer komplexen Würzigkeit mit gleichermaßen frischen und altehrwürdigen Komponenten. Man erkennt Noten, die an Unterholz, Leder, verrottetes Laub und Champignons erinnern; es gesellen sich geröstete und rauchige Elemente hinzu, Anklänge an gebackene rote Früchte und Wildgeschmack. Am Gaumen präsentiert sich der Wein nun ausgesprochen zart und seidig, dabei stets saftig und animierend und von großer Persistenz. Wohl kein anderer Rotwein in der Welt kann ein so überwältigend attraktives Mundgefühl ausbilden.

Wenn Vosne-Romanée die Apotheose Burgunds bildet, so bilden zwei Weinberge die Apotheose von Vosne-Romanée: die Grands Crus La Tache (6 Hektar) und Romanée-Conti (1,8 Hektar), beide Lagen im Alleinbesitz der Domaine de la Romanée-Conti. Diese Lagen stellen den Gipfel dessen dar, was Burgund und die Pinot-Noir-Traube zustande bringen können – Weine, die Opulenz, Tiefe und Feinheit gleichermaßen vereinen. Aber auch die anderen Grands Crus von Vosne-Romanée bieten Großartiges: Richebourg, La Romanée, Romanée St. Vivant, La Grande Rue, Grands Echézeaux und – die nicht ganz so einheitliche Lage – Echézeaux. In der Hierarchie folgen auf knapp 60 Hektar zunächst 16 Premiers Crus, darunter so bekannte Lagen wie Les Suchots, Les Beaux Monts und Les Chaumes. Immer noch ungemein vorzügliche Gewächse entstehen auf den Village-Lagen (100 Hektar).

Das Geheimnis der Güte all dieser Weine, so zumindest die feste Überzeugung im Gebiet selbst, liegt in den Besonderheiten des Terroirs begründet. Darunter versteht man die gesamte natürliche Umgebung einer Weinbergslage, also das Zusammenspiel von Boden, topografischen und klimatischen Gegebenheiten. Die berühmten Terroirs von Vosne-Romanée sind ausnahmslos von wertvollem Kalkgestein geprägt. Die Kalk-Lehm- und Kalk-Mergel-Böden sind dadurch entstanden, dass immer wieder neue Schichten des Hochplateaus aus Jura-Kalkgestein, das die Côte d'Or überragt, zum Hang und ins Tal hin abbrachen. Aus diesem Grund finden sich dort auf engstem Raum unterschiedliche Terroirs, deren Eigenarten sich im Geschmack der Weine widerspiegeln. Von größter Bedeutung ist die Wechselwirkung einer guten Entwässerung in den Gesteinsanteilen mit dem Wasserhaltevermögen des lehmigen, tonigen oder mergeligen Substrats.

Die Topografie der Weinberge ist weit weniger spektakulär als andernorts. Steilheit und Südexposition stehen nicht so sehr im Vordergrund: Die Grands Crus sind nach Osten orientiert und weisen eine vergleichsweise geringe Hangneigung auf. Die Höhenlagen bewegen sich zwischen 200 und 300 Metern. Das Klima ist weder besonders warm noch besonders trocken. Der Winter ist kalt und kann bis in den späten Frühling hinein mit Spätfrost wiederkehren. Der Sommer ist kontinental warm, aber weitaus unbeständiger als in den südlicheren Weinbauzonen. Vor allem zur Blüte und zur Lese bedrohen Niederschläge das Ergebnis. Also kommt der risikobereiten Ertragsdisziplin des Winzers durch kurzen Anschnitt (beim winterlichen Rebschnitt werden wenige Augen zum späteren Austrieb stehen gelassen) höchste Bedeutung zu. Die Jahrgangsschwankungen sind dementsprechend unvermeidlich größer als in klimatisch gemäßigten Gebieten. Dennoch: Der Schlüssel zum Einkauf eines guten Burgunders liegt im Wissen um die seriösen und zuverlässigen Erzeuger. Es ist letztlich der Mensch, der die natürlichen Potentiale ausschöpfen und dafür sorgen muss, dass ein möglichst schmackhafter und faszinierender Wein entstehen kann.

Zum Essen

gebratenes Hirschrückensteak, geschmortes Wildschwein, Kalbsnieren in Rotwein, Wildragout

Empfehlenswerte Vertreter

Robert Arnoux, Jack Confuron-Cotetidot, René Engel, Forey, Jean Grivot, Anne Gros, Jean Gros, J.-P. Et M. Guyon, Francois Lamarche, Leroy, Frédéric Magnien, Méo-Camuzet, Mugneret-Gibourg, De la Romanée-Conti, Jean Tardy

Zum Weiterprobieren

Chambolle-Musigny, Gevrey-Chambertin, Pinot Noir, Barolo, Valtellina

Preise: 3–5

17 Côte Rôtie

Anders als die Anbaugebiete der Neuen Welt produziert die klimatisch gemäßigte, nördliche Rhône die „kühleren“ Shiraz-Weine: weniger alkoholreich und fett. Die Besten zeigen große Dichte und Frucht und kleiden ihr Tanningerüst mit Eleganz, Finesse und Profil. Sie sind in der Regel fester in der Säure und meist mit einer merklichen Mineralität ausgestattet. Die meisten können schon jung mit Genuss getrunken werden, und die besten Vertreter entwickeln sich über zehn bis 20 Jahre hervorragend in der Flasche.

Ein perfekter Côte Rôtie ist ein zugleich ungemein eleganter, geheimnisvoller, tiefer, exotischer, aufregender und sinnlicher Wein. Sein jugendliches Erscheinungsbild zeigt ein strahlendes, kräftiges, meist dichtes Rubin- bis Purpurrot. Die Nase ist sehr aromatisch mit Noten von Veilchen, schwarzen Beeren, Rauchfleisch, Speck, Pfeffer, Wacholderbeeren, Oliven und Kaffee; der Gaumenauftritt ist schmeichelhaft mit meist moderatem Alkoholgehalt und mittlerem Volumen, manchmal muskulös, mit mittlerer Säure, präsenter, feinkörniger Tanninstruktur und einer sehr angenehmen, samtigen Textur. Die guten Vertreter präsentieren sich erstaunlich trinkig, aber zugleich anspruchsvoll und sehr flexibel zum Essen – wenn sie weder von der Würze neuer Eiche noch von zu strengen Tanninen belastet sind.

In diesem Teil Frankreichs herrscht – ganz anders als in den Weinbaugebieten der südlichen Rhône – der Einfluss kontinentalen Klimas. Am Westufer der Rhône, etwa 30 Autominuten südlich von Lyon, sind die Winter relativ kalt und die Sommer warm. Es bläst viel nördlicher Wind, die Jahrgangsunterschiede sind dabei markant. Mit diesen Bedingungen kommt vor allem die Rebsorte Syrah beziehungsweise Shiraz (siehe Kapitel 8) ausgezeichnet zurecht. Früher spielte auch die Viognier-Traube in so manchem Côte Rôtie eine gewisse Rolle, doch neuerdings entsteht das Gros der Weine ausschließlich aus Syrah. Stilunterschiede sind heute also weniger den verwendeten Rebsorten, sondern vor allem den Besonderheiten der Lagen (Mikroklima, Böden, Ausrichtung, Hangneigung) und Vinifizierungstechniken geschuldet.

Der erste Blick auf die Côte Rôtie (wörtlich: „gerösteter Hang") ist unvergesslich. Hinter dem Ort Ampuis erheben sich die steil abfallenden terrassierten Hänge – das Gefälle beträgt stellenweise 55 Grad – der Côte Rôtie. Außer in Banyuls und an der Mosel finden sich in ganz Europa keine derart steilen und gewaltigen Weinberge. Die terrassierten Steilhänge sind so angelegt, dass sie jeden Sonnenstrahl einfangen. Die besten Lagen befinden sich an den steilen, nach Südosten ausgerichteten Schieferhängen der Côte Brune und der Côte Blonde. Die Côte Brune (lehmiger Boden) erbringt mächtigere, tanninbetontere Weine als die charmanteren, früher reifenden Gewächse der Côte Blonde (Sand, Kalkstein).

Einige Einzellagen sind weltbekannt. Der La Landonne erbringt von einem extrem steilen Hang mit einem Gefälle bis zu 63 Grad am Nordrand der Appellation der Côte Brune einen der konzentriertesten, extraktreichsten und kraftvollsten Weine der Welt hervor. Sie sind sehr dicht und fest gebaut, so dass sie stets länger als andere Côte Rôtie brauchen, um sich zu öffnen – aber sie altern prächtig. Vom La Turque, einem konvex geformten Hang mit südlicher Ausrichtung, kommen ungeheuer dichte und konzentrierte, aber zugleich immer auch elegante und feine Weine; La Mouline an der Côte Blonde hingegen ist traditionell mit einem höheren Anteil Viognier bestockt und ergibt deshalb – wenig überraschend – sehr aromaintensive, üppige und ausgewogene Weine, die etwas früher ermüden als die Vertreter der Côte Brune.

Die Syrah-Traube ist enorm reich an Polyphenolen, an färbenden Anthozyanen gleichermaßen wie an Tannin. Sie kann deshalb Gärtemperaturen zwischen 30 und 35 °C ebenso vertragen wie kurze und lange Mazerationszeiten (die Phase, in der der Wein Kontakt mit den Traubenschalen hat). Traditionell bevorzugten die Winzer der Côte Rôtie eine intensive Maischung mit den Rappen, was meist ziemlich tanninbetonte Weine ergab. In den vergangenen Jahren ist es jedoch üblich geworden, die Trauben zu entrappen und ohne Stiele weiterzuverarbeiten. Auch hinsichtlich der Wahl der Gär- und Lagerbehälter haben sich Veränderungen ergeben. Früher fand die alkoholische Gärung im ganzen Gebiet in großen, zum Teil sehr alten Holzfässern statt, und mit der Hygiene stand es nicht immer zum Besten. Immer weniger Winzer halten an dieser Tradition fest, während die Vergärung in temperaturregulierten

Edelstahltanks heute zur Regel geworden ist. Die Zahl der Weine, die zur weiteren Reifung in Barriquefässer gegeben werden, ist ebenfalls in den vergangenen Jahren angestiegen.

Zum Essen

Provenzalische Lammkeule, Wildragout, Rinderfilet Wellington, Leber, Pilzgerichte

Empfehlenswerte Vertreter

Château d'Ampuis, Gilles Barge, Bonnefond, Burgaud, Chapoutier, Clusel-Roch, Delas Frères, Guigal, Jamet

Zum Weiterprobieren

Hermitage, Crozes-Hermitage, Cornas, Syrah/Shiraz aus dem Languedoc, aus Australien und Kalifornien

Preise: 3–5

18 Châteauneuf-du-Pape

Der Name „Neues Schloss des Papstes" stammt aus der Verlegung des päpstlichen Hofs nach Avignon im 14. Jahrhundert, vor allem aus dem Bau einer päpstlichen Sommerresidenz nördlich der Stadt in einem Dorf, das damals nach seinen Kalksteinbrüchen Calcernier hieß; heute heißt der Ort Châteauneuf-du-Pape. Papst Klemens V. traf 1309 in Avignon ein und soll damals die Anpflanzung von Reben angeordnet haben, aber erst seinem Nachfolger Johannes XXII. wird die Einrichtung eines päpstlichen Weinbergs in Châteauneuf-du-Pape zugeschrieben.

Ein guter Châteauneuf-du-Pape ist einer der wunderbarsten Weine überhaupt. Sein herrlicher Duft, der an den Wochenmarkt einer Stadt in den provenzalischen Hügeln erinnert, sein ausladender, üppiger Geschmack, seine opulente Struktur und sein berauschender Alkoholgehalt lassen mich immer wieder ins Schwelgen geraten. Ähnlich wie Hunger, Angst und Lust spricht ein großer

Châteauneuf-du-Pape in fast süchtig machender Weise die menschlichen Urinstinkte an.

Die besten Vertreter präsentieren sich in rubinrotem Gewand, dessen Rand sich schon bald Richtung Granattönen aufhellt, und mit einer stets hohen Viskosität. Es sind intensive, aromatische Weine mit Noten von roter Beerenmarmelade, Vogelkirsche, Garrigue, Lebkuchen, süßen Gewürzen und Himbeeren. Ihr Gaumenauftritt ist trocken, aber stets kraftvoll, üppig und feurig. Ihre Tanninstruktur ist mild und abgerundet, die Textur cremig und geschmeidig. Der Châteauneuf-du-Pape symbolisiert den Lebetyp unter Frankreichs Rotweinen mit warmer, üppig-verschwenderischer Art. Die Besten präsentieren sich generös, sinnlich und verführerisch zugleich. Bei all dem bewahren sich die Weine eine ungemeine Trinkigkeit, sie sind unkompliziert süffig und bereits nach drei bis fünf Jahren gut zu trinken.

Es gibt zwei Faktoren, die die charakteristische Art dieser Weine und die Einzigartigkeit der Appellation begründen: Da sind zunächst die Rebsorten, aus denen der Châteauneuf-du-Pape erzeugt wird. Die gelegentlich geschmähte Grenache-Traube läuft hier zur Hochform auf. Sie nimmt 80 Prozent der Rebflächen ein und bestimmt das Aroma, den Geschmack und die Struktur der meisten großen Châteauneufs. Trotzdem werden hier keine rebsortenreinen Weine erzeugt. Insgesamt zugelassen sind 13 Rebsorten, neben dem Grenache noch die rote Mourvèdre, Syrah, Cinsault, Vaccarèse, Counoise, Muscardin, Terret Noir und Picpoul Noir.

Der zweite Faktor ist das Terroir. Die Geografie der gesamten südlichen Rhône ist geprägt vom Fluss-Delta. Das gilt ganz besonders für Châteauneuf-du-Pape. Die Topografie des Gebietes zwischen Orange und Avignon ergibt relativ flache Weinberge in unterschiedlichen Höhen und Ausrichtungen. Die Böden sind recht karg und erlauben nur sehr niedrige Erträge (35 hl/ha). Die besten Weine entstehen auf einem Teppich aus zum Teil riesigen rostroten Steinen (galets roulés); die roten Lehm- und Tonböden wiederum ergeben mächtigere und strukturiertere Weine. Die leichtesten und feinsten Châteauneufs-du-Pape wachsen auf Schwemmlandböden aus Sand und Kies.

Das Klima im Gebiet ist mediterran mit relativ hohen Durchschnittstemperaturen, geringen Niederschlägen und viel Wind.

Das Durchschnittsalter der Rebstöcke ist extrem hoch. Sie werden durch regelmäßigen Zapfenschnitt bewusst sehr niedrig gehalten, weil der grimmige Mistral-Wind, der von den Alpen herunter nach Süden weht, durchschnittlich 125 bis 150 Tage im Jahr durch die Weingärten bläst. Er sorgt jedoch für geringe Fäulnisgefahr und bietet beste Voraussetzungen für den biologischen Weinbau.

Der Châteauneuf-du-Pape wird heute in den unterschiedlichsten Stilen erzeugt. Den größten Einfluss übt dabei die jeweilige Rebsortenzusammensetzung aus. Die besten Produkte entstehen zumeist aus 65 bis 70 Prozent Grenache und jeweils zu etwa 10 bis 15 Prozent Mourvèdere und Syrah. Mourvèdre verleiht den Weinen etwas mehr Struktur, Festigkeit und ein komplexeres Aroma, während Syrah mehr Farbe, einen Duft nach reifen schwarzen Beeren und zusätzliche Komplexität gibt. Allerdings verwendet Beaucastel, einer der Spitzenbetriebe, einen untypisch niedrigen Grenache-Anteil und setzt stark auf Mourvèdre; Rayas, ein weiterer Top-Betrieb, füllt dagegen einen fast reinsortigen Grenache-Wein ab, während Château Fortia mit einem ausgesprochen hohen Syrah-Anteil arbeitet .

Stilunterschiede ergeben sich in Châteauneuf-du-Pape jedoch auch aufgrund der jeweils zum Einsatz kommenden Vinifizierungstechniken:

a) Traditionalisten (als Rebsorte vor allem Grenache, kein Entrappen, große Holzfässer, späte, ungefilterte, oftmals mehrmalige Abfüllungen) erzeugen mächtige, tanninbetonte, alterungsbedürftige Weine;
b) Modernisten (entrappen, oft wird unter CO_2 vergoren, sanfte Pressung) bringen leicht zugängliche, fruchtige, nicht so schwere Weine hervor;
c) Individualisten (individuelle Rebsortenzusammensetzung, traditionelle, aber konsequentere Vinifizierung) präsentieren sich qualitätsversessen, aber stilistisch ungemein heterogen.

Zum Essen

weiche Vertreter mit wenig Tannin und Alkohol: pikante indische Speisen, gegrilltes Fleisch, gefüllte Paprikaschote und Auberginen

körper- und tanninreiche Vertreter: Lamm, Rinderbraten, Fasan, Ente sowie würzige Schmorgerichte

Empfehlenswerte Vertreter

Traditionalisten: Le Vieille Donjon, La Vieille Julienne, Pégau, Les Caillou, Clos des Papes, La Janasse, Marcoux, Tardieu Laurent

Modernisten: Cabrières, Clos de l'Oratoire des Papes, Nalys, Paul Jaboulet-Ainé, Roger Perrin

Individualisten: Beaucastel, Beaurenard, Fortia, Mordorée, La Nerthe, Rayas, Vieux-Télégraphe

Zum Weiterprobieren

Gigondas, Vacqueyras, Côte du Rhône-Villages, Grenache aus Kalifornien und Australien, Priorato, Syrah/Shiraz, Zinfandel

Preise: 3 – 5

Rioja 19

Der Klassiker aus Spanien ist in Bestform traditionell ein leicht- bis mittelgewichtiger Wein mit feiner Säure- und Tanninstruktur und einem sehr zarten Gaumenauftritt. Nicht Kraft, sondern Eleganz und Feinheit sind seine Stärken. Vor allem die Gran Reserva-Abfüllungen entwickeln große Komplexität und Finesse. Sie betören durch eine ungemein originelle Aromenpalette mit rauchigen und würzigen Noten, Tabak und Kräuter, Brombeeren und Maulbeeren. Es sind vielleicht die ausgewogensten Weine überhaupt: mit stets moderatem Alkoholgehalt, feiner, balancierter Säure und zarten, feinkörnigen Tanninen. Und was nicht immer gebührend gewürdigt wird: Sie gehören weltweit zu den alterungsfähigsten Weinen. Stilistisch repräsentieren sie den Antitypen zu all den modernen, dunklen, konzentrierten und fruchtbetonten Trendweinen, wie sie mittlerweile in der ganzen Welt produziert werden – nun auch in Teilen der Rioja.

Seinen Namen hat der Wein von dem Gebiet, dem er entstammt. Die Rioja erstreckt sich über 120 km von Nordwesten nach Südosten um die nordspanischen Städte Logroño und Haro, wo auch der Rio Oja in den Ebro mündet. Es ist das berühmteste Weinbaugebiet

Spaniens, in dem seit über 150 Jahren hochwertige Rotweine erzeugt werden. Erst mit Beginn der 1990er Jahre hat die Rioja ernsthafte Konkurrenz aus anderen spanischen Regionen erhalten. Dies wirkt sich aber alles in allem recht positiv aus, denn es spornt die alteingesessenen Bodegas zu neuen Anstrengungen an, und lässt neben den Klassikern des Gebietes immer öfter auch solche Weine entstehen, die sich auf dem Parkett der internationalen Modeweine sicher und erfolgreich bewegen.

Die Rioja ist aus verschiedenen Gründen für die Erzeugung herausragender Weine prädestiniert. Klimatisch steht die Region sowohl unter atlantischen als auch mediterranen Einflüssen. Dieses sensible meteorologische Gleichgewicht mit gemäßigten Temperaturen, ausreichenden Niederschlägen und gelegentlich empfindlichen Frösten schafft die Voraussetzungen für feine und elegante Weine. Die besten Bedingungen herrschen im Nordwesten in den Teilgebieten Rioja Alta und Rioja Alavesa. Hier wachsen die Trauben an höher gelegenen Hängen, die Temperaturen sind niedriger und die Niederschläge zahlreicher. Generell hat das Gebiet aber stets mit großen Jahrgangsschwankungen zu kämpfen.

Die mengenmäßig bedeutendste und zugleich hochwertigste Rebsorte in Rioja ist die rote Tempranillo-Traube, die auf den Ton- und Kalksteinböden von Rioja Alta und Rioja Alavesa gut zur Reife gelangt und die Grundlage für die besten Weine des Gebietes liefert. Daneben spielt die Garnacha-Traube die zweitwichtigste, aber dennoch nur eine untergeordnete Rolle. Sie wird vor allem verwendet, um der Tempranillo-Traube, die in kühleren Jahren für sich allein allzu dünn schmecken würde, mehr Körper und Alkohol zu verleihen. Eine noch geringere Bedeutung spielen die Sorten Mazuelo und Graciano, obwohl letztere über ein großes Qualitätspotential verfügt.

In der Region selbst sehr beliebt, aber auf den Exportmärkten so gut wie unbekannt ist ein Weinstil, der hinsichtlich der Herstellungsart (*macération carbonique* oder Ganztrauben-Maischung) dem Beaujolais (siehe Kapitel 28) ähnelt. Dieser frische, fruchtige und recht trinkige Rioja-Stil mit deutlicher Erdbeernote ist alles in allem ein einfacher Alltagswein. Die hochwertigeren Stile werden im Gebiet traditionell einer mehr oder weniger langen Fassreifung unterzogen. In den gesetzlichen Produktionsbestimmungen wird die Größe dieser Fässer (225 Liter) ebenso festgelegt wie die Dauer der Lagerzeiten.

Für Crianza und Reserva ist ein Jahr vorgeschrieben, für Gran Reserva sind es zwei Jahre. Anschließend muss eine Crianza ein Jahr, eine Reserva zwei Jahre und eine Gran Reserva drei Jahre im Tank oder in der Flasche ruhen, bevor sie für den Markt freigegeben werden. Diese Praxis hat den unschätzbaren Vorteil, dass ein Rioja stets trinkreif ist, wenn er in den Handel gelangt. Die Besten bleiben über mehrere Jahrzehnte genießbar, und selbst nach 20 und mehr Jahren bilden sie keinen Bodensatz; sie brauchen daher nicht dekantiert werden, denn die Trübstoffe haben sich bereits in den Fässern abgelagert. Allerdings zeigt sich in der jüngeren Vergangenheit eine allmähliche Abkehr von der traditionellen Nomenklatura der Crianza, Reserva und Gran Reserva zugunsten einer größeren Freiheit der Produzenten bei der Wahl der Fassgrößen und Lagerzeiten.

Wie in anderen spanischen Anbaugebieten ist auch in Rioja amerikanische Eiche das bevorzugte Material. Neue Fässer dieser Art verleihen dem Wein ein sanftes Vanillearoma, das für den Rioja als typisch gilt. Ein ähnlicher Effekt kann jedoch auch durch langsamen, oxidativen Ausbau in älteren Fässern erzielt werden. Seriöse und qualitativ ambitionierte Produzenten haben jedoch stets großen Wert darauf gelegt, den Holzeinfluss so dezent wie möglich zu halten und deshalb haben sie nur dem allerbesten Traubenmaterial längere Fasslagerung zugemutet.

Relativ jung ist dagegen die Praxis, die Weine für kürzere Zeit in neue französische Eiche zu geben, um dann farbintensivere, fruchtbetontere und konzentriertere Produkte in die Flasche zu bekommen. Doch kaum eine Bodega setzt alles auf die Karte dieser modernen Weine. Dafür ist die Rioja letztlich eine den Traditionen zu sehr verhaftete Region, die eben genau daraus auch einen Großteil ihres Selbstbewusstseins und ihrer Identität schöpft. Der Königsweg wird deshalb von den meisten Produzenten in einer Art friedlicher Koexistenz gesehen: das eine tun, ohne das andere zu lassen. Mit dieser Strategie geht die Rioja also einen anderen Weg als Bordeaux, sein berühmter Nachbar im Norden. Dort hat der neue Stil seit Mitte der 1990er Jahre zunehmend die Bereitung der legendären Premiers Crus beeinflusst.

Zum Essen

gebratenes Hirschrückensteak, geschmortes oder gebratenes Lamm, Geflügel, Pilzgerichte, Trüffel

Empfehlenswerte Vertreter

Artadi, CVNE, Fernando Remírez de Ganuza, Finca Allende, López de Heredia, Marqués de Cáceres, Marqués de Griñón, Marqués de Murrieta, Marqués de Riscal, Martínez Bujanda, Muga, Palacio, Remelluri, La Rioja Alta, Bodegas Riojanas, Viña Salceda

Zum Weiterprobieren

Ribera del Duero, Navarra, Valdepeñas, Toro

Preise: 2–5

20 Barolo

Der Barolo ist ein wahres Monument in der Welt des Weines. Ein gelungenes Exemplar ist ein stets unvergleichlicher und faszinierender, aber tendenziell strenger und keineswegs leicht zugänglicher Wein. Sein Aroma- und Geschmacksprofil ist eigenwillig, komplex und fordernd. Die Nase versprüht Noten von Rosen und Teer, Damaszenerpflaumen und Maulbeeren, Lakritz und Backobst. Am Gaumen verschafft sich ein Gemisch aus hohem Alkohol, fester Tanninstruktur und vitaler Säure nachdrücklich Geltung. Das ist fürwahr gewöhnungsbedürftig und weit ab vom aktuellen stilistischen Mainstream – ein Barolo ist ein Produkt für selbstbewusste Genießer.

Mehr als andere erfordern diese stolzen und zugleich geheimnisvollen Weine die Aufmerksamkeit und Geduld des Liebhabers. Sie taugen nicht für die flüchtige Begegnung und offenbaren nur dem ihre Größe und Schönheit, der aktiv um sie wirbt. Wer sie aber einmal in sein Herz geschlossen hat, bleibt auf ewig ihrer Faszination erlegen. Sie sind wie große Literatur, große Musik und große Kunst: anspruchsvoll, spannend und verführerisch, aber nicht jedermanns Sache. Sie besitzen eine zeitlose, von jeder Mode losgelöste Schönheit. Ihnen ist eine Spannung eigen, die uns förmlich fiebern lässt, während sich die Aromen langsam im Glas entfalten und unsere Sinne Minute für Minute tiefer in ihren Bann ziehen.

Barolo entsteht in einem relativ kleinen Landstrich im norditalienischen Piemont südlich von Turin in den Hügeln der Langhe und wird hier aus der Rebsorte Nebbiolo gekeltert. Das wenige hundert Einwohner zählende Dorf Barolo liegt 15 Kilometer südlich der bekannten Trüffel-Metropole Alba und bildet das Herz der gleichnamigen DOCG-Zone, zu der auch die Ortschaften La Morra, Castiglione Falletto, Serralunga d'Alba und Monforte d'Alba gehören. Das Klima ist kontinental, die Landschaft hügelig und der Horizont von aufragenden, auch im Sommer schneebedeckten Hochgebirgen geprägt. Die Wachstumsperiode ist relativ heiß, die Erntezeit im Herbst nebelig und die Winter regenreich und kalt. Im Westen des Anbaugebietes prägen Kalkmergelböden, im Osten weniger fruchtbare Sandsteinböden die Szenerie.

Um gleich zu Beginn mit einem immer wieder gern gepflegten Vorurteil abzurechnen: Der „alte" oder „traditionelle" Barolo war keineswegs immer ein guter und auch nicht stets ein alterungsfähiger Wein. Zu der Zeit, da es generelle Praxis war, die Trauben 30 bis 60 Tage in geschlossenen Holzbottichen zu vergären und den Wein anschließend vier bis acht Jahre in großen Holzfässern reifen zu lassen, entstanden nicht selten Gewächse, die bereits ihre Frische und Vitalität verloren hatten, wenn sie auf den Markt gebracht wurden. Andere präsentierten sich noch Jahre nach ihrer Flaschenabfüllung so hart und verschlossen, dass es oftmals aussichtslos schien, dass sie jemals ihren Tanninpanzer abstreifen würden. Stets war es ein Wettlauf mit der Zeit, und wenn man Pech hatte, war die Zeitspanne der Trinkbarkeit eines Barolo so knapp bemessen, dass es zu einer verbreiteten Erfahrung wurde, sie verpasst zu haben.

Nur auf der Basis allerbesten Ausgangsmaterials können Weine entstehen, die in der Lage sind, den langen oxydativen Fassausbau schadlos zu überstehen. Zweifelsfrei hat das Gebiet in guten Jahren wie 1958, 1961, 1971 und 1978 und aus den Händen begnadeter Winzer und Kellermeister solche Exemplare hervorgebracht, darunter einige der größten und alterungsfähigsten Gewächse Italiens überhaupt. Doch in Anbetracht der vielen großen Enttäuschungen, die damals eher die Regel als die Ausnahme waren, im Nachhinein aber oftmals im Bild von der guten alten Zeit verklärt werden, war es nur folgerichtig, dass eine zunächst kleine Winzerschar um die Pioniere Renato Ratti, Enrico Cordero di Montezemolo und Angelo Gaja nach Möglichkeiten suchte, mehr Fruchtfrische, weichere Tannine und eine generell bessere Trinkbarkeit des Barolo zu realisieren.

Viel von dem, was den Zeitgenossen der Pioniere noch revolutionär erschien, hat sich längst als Standard durchgesetzt: optimal reifes Lesegut, temperaturkontrollierte Gärführung sowie biologischer Säureabbau. In der Folge sind die Qualitäten – von Jahrgangsschwankungen einmal abgesehen – deutlich angestiegen, und die Trinkbarkeit hat sich enorm verbessert. Selten muss man heute noch zehn Jahre oder länger warten, bis ein Barolo Trinkfreude bereitet. Frühere Trinkbarkeit geht jedoch keineswegs automatisch mit einem geringeren Entwicklungspotential einher. In dieser Hinsicht ergibt sich ein differenzierteres Bild.

Wann ein Barolo seine Trinkreife erreicht und über welche Zeitspanne er dann trinkbar bleibt, bevor er allmählich abbaut, ist von verschiedenen Faktoren abhängig: von der Weinbergslage, dem Jahrgang, vor allem aber von der Art der Vinifizierung. Kleinere Jahrgänge wie 1991 und 1992 ergeben meist leichtere Weine, die früher trinkbar und weniger lange haltbar sind. Große Jahrgänge wie 1985 und 1990, aber auch 1996, 1998 und 1999 ergeben alkohol- und tanninreichere Weine mit enormer Kraft und Fruchtkonzentration, die etwas länger brauchen, bis sie trinkfertig sind. Dann jedoch können sie in der Spitze über mehrere Jahrzehnte Trinkfreude bereiten. Etwas aus der Reihe fallen die Weine des Jahres 1997, weil hier in einem großen Jahrgang relativ früh reifende und voraussichtlich nicht ganz so langlebige Gewächse entstanden sind.

Nicht selten allerdings treten jahrgangsbedingte Unterschiede hinter kellertechnischen Einflüssen zurück. Wer die Trinkreife eines bestimmten Barolo abschätzen will, muss mehr noch als die Jahrgangscharakteristik die Vinifizierungsmethoden des Produzenten zur Kenntnis nehmen. Da gibt es zum einen die „Traditionalisten“, die neuen Einsichten und Techniken keineswegs generell ablehnend gegenüberstehen, in zwei zentralen Fragen jedoch grundsätzlich andere Positionen vertreten als die Gruppe der „Modernisten“. Was den einen ein absolutes Tabu ist, betrachten die anderen als den Schlüssel zum Erfolg: extrem verkürzte Gärzeiten und der Einsatz von Barriquefässern. Dadurch reift moderner Barolo sehr viel schneller als traditioneller.

Dagegen ist allerdings das Entwicklungspotential dieser modernen Vertreter fraglich, vor allem solcher Weine, die auf der Basis sehr kurzer Mazerationszeiten für den schnellen Genuss bereitet werden. Ob sie jemals jene ungemein feine und zugleich komplexe Aromatik, jenen fein texturierten, subtilen und finessenreichen Gaumenauftritt eines großen Barolo werden haben können, darf derzeit als ungewiss gelten. In einigen Jahren, wenn die Reifeentwicklung der Jahrgänge seit Mitte der 1990er Jahre vorangekommen ist, werden wir schlauer sein. Doch jedes Alter hat seine Besonderheiten und Vorzüge: Während junge Weine sich oft frisch, lebendig, kraftvoll, stürmisch und begeisternd präsentieren, meist aber auch noch etwas eckig und kantig, ungeschliffen und rau, weniger komplex, nuancenreich und subtil sind, zeigen sich reife Weine dagegen wie gealterte Menschen: im positiven wie im negativen Sinne vom Leben gezeichnet.

Zum Essen

kräftige und substantielle Gerichte wie *bollito misto* (verschiedenes gekochtes Fleisch mit Kräuter-Knoblauch-Sauce), Hasenpfeffer und überhaupt Wild, herzhafte Schmorgerichte wie *brasato al barolo* (ein großes Stück Rindfleisch, das in Barolo weich geschmort wird)

Empfehlenswerte Vertreter

Die Traditionellen: Alessandria Fratelli, Barale, Brezza, Brovia, Cavalotto, Oddero, Poderi Colla, Bartolo Mascarello, Mauro Mascarello

Die Modernen: Elio Altare, Ceretto, Clerico, Conterno Fantino, Sandrone, Roberto Voerzio

Zum Weiterprobieren

Barbaresco, Nebbiolo d'Alba, Nebbiolo Langhe, Valtellina Superiore, Brunello di Montalcino, Chianti Classico Riserva, Pinot Noir aus dem Burgund

Preise: 3 – 5

21 Brunello di Montalcino

Noch vor wenigen Jahren präsentierte sich ein Brunello aus Montalcino in der Toskana in seiner Jugend meist verschlossen, kraftstrotzend und unzugänglich. Massen von Tannin, eine eherne Säure und ein explosiver Alkoholgehalt stellten die aristokratische Strenge des Brunello in den Vordergrund. Dagegen trat seine Frucht deutlich zurück, blieb genau so verhalten und dezent im Hintergrund wie auch seine Aromen: eine Spur Holunder, etwas Weichselkirschen und Veilchenduft. Eleganz, Tiefe und Komplexität kamen erst mit der Reife. Dann fächerten sich die Aromen auf: Dem Glas entströmten wiederum Kirschen, Holunder, Veilchen, aber auch Brombeeren, Leder, Tabak, schwarze Schokolade, das Tannin war mürber geworden, die Säure weniger forsch, aber der Wein frisch geblieben. Noch lange, nachdem man ihn hinuntergeschluckt hatte, blieb er sensorisch präsent.

Moderner Brunello von heute ist meist schon trinkfertig, wenn er auf den Markt kommt – frühestens 48 Monate nach der Ernte. Die Weine sind runder und dichter, mit charmanterer Textur und feineren Tanninen; die Säure ist immer noch da, doch die Fruchtkonzentration lässt sie nicht mehr so stark hervortreten. Alles in allem sind es zugänglichere, generösere Weine, aber damit haben sie auch ein bisschen von ihrer Originalität und Unverwechselbarkeit eingebüßt – was dem einen missfällt, den anderen aber begeistert.

Die Geschichte des Brunello di Montalcino ist sicherlich eines der faszinierendsten Kapitel der italienischen Weinchronik. Berühmter als er ist kein anderer italienischer Wein. Der Brunello ist gefragt, rar und teuer – ein wahrer Kultwein. Seine Erfolgsgeschichte lässt sich bereits an den einschlägigen Daten ablesen: Die Zahl der abfüllenden und selbstvermarktenden Betriebe ist von elf im Jahr 1960 auf 49 in 1982 und 87 zu Beginn der 1990er Jahre angestiegen. Zurzeit gibt es 200 Weingüter, darunter 135 mit eigenem Etikett, die über circa 1 500 Hektar eingetragene Rebberge verfügen. Im Jahr 1960 betrug die mit geeigneten Reben bestockte Fläche lediglich 63 Hektar. Gleichzeitig stieg die Flaschenproduktion von wenigen Hunderttausend auf durchschnittliche 4,5 Millionen Einheiten.

Am Anfang dieser bewegenden Geschichte war Biondi Santi. Die Leistungen dieser Familie für den Brunello sind enorm. Ferruccio Biondi Santi stellte diesen Wein 1888 der Öffentlichkeit zum ersten Mal vor und zog mit seinem Geschöpf größte Aufmerksamkeit auf sich. Früher als andere hatte dieser Mann erkannt, dass Montalcino über außergewöhnliche natürliche Voraussetzungen für den Qualitätsweinbau verfügte. Also mussten auch alle anderen Aspekte der Weinbereitung an sehr hohen Qualitätsmaßstäben ausgerichtet werden, denn nur dann konnte es gelingen, das exzellente Klima und die Böden optimal zu nutzen.

Was Ferruccio tat – mit Konsequenzen, die heute spürbar sind – war, alle Mosaiksteine, einschließlich der wertvollen Vorarbeiten seines Großvaters, zu einem Bild zusammenzusetzen. Zunächst selektierte er einen besonders guten Klon der Rebsorte Sangiovese, einen mit dickerer Beerenhaut und kräftigerer Farbe, der dem Wein Festigkeit und eine gute Statur geben sollte: Sangiovese Grosso oder auch Brunello genannt. Die Erträge wurden gedrosselt, um extraktreiche und konzentrierte Trauben zu erhalten. Dann ging er dazu über, die Sangiovese-Trauben getrennt zu vinifizieren, ohne die anderen roten und weißen Traubensorten wie Cannaiolo, Trebbiano und Malvasia, die damals im Gebiet verwendet wurden. Eine ganz wichtige Entscheidung war, auf den *governo alla toscana* zu verzichten: die zweite Gärung, die durch die Zugabe von Most aus zu Rosinen geschrumpften Trauben in Gang gesetzt wurde, die die Säure verminderte und so den Wein früher trinkbar machte. Stattdessen ließ er seinen Wein lange im Fass reifen, um seine Struktur zu vertiefen.

Aus heutiger Sicht sicherlich alles Selbstverständlichkeiten, damals aber kam es in dem Gebiet einer Revolution gleich. Biondi Santi hatte einen ganz anderen Wein vor Augen, keinen gefälligen, für den raschen Konsum geeigneten, sondern einen mit fester Struktur und großer Langlebigkeit. Auch die Abfüllungspraxis war rigoros. Nur die allerbesten Jahrgänge kamen in die Flasche, was bis 1945 insgesamt nur viermal geschah: 1888, 1891, 1925 und 1945. Die äußerst geringen Mengen, der hohe Preis und der Mythos, der sich allmählich um diesen Sangiovese mit ausgezeichneter Alterungsfähigkeit entwickelte, machten den Brunello zu einem legendären Wein. Und ebenso legendär wurde die Familie Biondi Santi, für 60 Jahre die alleinigen Erzeuger.

Allmählich wurde dann aber aus einer Privatmarke der Wein eines ganzen Anbaugebietes, wie es später geschah für Vega Sicilia in Ribera del Duero. Eine wichtige Rolle spielte zunächst der Sieneser Rechtsanwalt Giovanni Colombini, der in den 1960er Jahren auf seinem Gut bei Barbi den ersten ernsthaften Konkurrenzwein erzeugte. Einige auch heute noch bekannte Namen folgten schnell: Argiano, Il Poggione, Col d'Orcia, Poggio alla Mura und noch einige andere. Sie alle sprangen auf den Erfolgszug auf und brachten das bis dahin eher verschlafen wirkende Montalcino in kreative Unruhe. Im Jahre 1966 gehörte der Brunello zur ersten Gruppe von acht italienischen Weinbauzonen, welche die Anerkennung als Denominazione di Origine Controllata (kontrollierte Ursprungsbezeichnung) erhielten.

Der Hügel von Montalcino, der sich in unterschiedlichen geologischen Zeitaltern geformt hat, weist in Zusammensetzung und Struktur extrem wechselnde Bodeneigenschaften auf, weswegen allgemeine Aussagen nur beschränkt möglich sind. Die niedrigsten Zonen bestehen aus relativ lockeren Böden, die durch den Transport von Geröll des Quartärs entstanden sind. Nach oben wird der Boden skelettreicher. Die Böden sind durchschnittlich tonhaltig, kalkreich, mit umfangreichen Tuffsteinschichten vermischt und überwiegend mager.

Das eigentliche Geheimnis der überragenden Qualität des Brunello ist aber das Klima. In dieser Hinsicht ist Montalcino enorm bevorzugt. Natürlich herrscht auch hier das typische Mittelmeerklima mit Niederschlägen hauptsächlich im Frühjahr und Herbst. Wegen der größeren Nähe zum schützenden Monte Amiata und zur heißen Maremma ist es hier jedoch im Vergleich zum nahen Montepulciano oder Chianti deutlich wärmer und trockener. Das führt zu höheren Mostgewichten und zu relativ niedrigen Säurewerten, sodass sich der gelegentlich strenge und karge, von Sangiovese gewonnene Wein in Montalcino viel geschmeidiger zeigt, mit feinem Schmelz und verführerischer Fruchtsüße.

Feine stilistische Unterschiede ergeben sich dann aufgrund der jeweiligen Höhenlage (zwischen 250 und 550 Metern) und Sonnenausrichtung der Weinberge. Die höher gelegenen Weinberge ebenso wie die mit Nordausrichtung begeistern meist durch Rasse und Eleganz, während die tiefer gelegenen und am Südhang befindlichen dies durch Wärme, Kraft und Struktur wettzumachen versuchen. Doch trotz aller Unterschiede im Detail: Die gemeinsamen Besonderheiten, die das Terroir von Montalcino von anderen toskanischen Gebieten unterscheiden, schaffen eine unverwechselbare Identität dieser abgegrenzten Zone, und im Zusammenspiel mit dem hier kultivierten Sangiovese Grosso ideale Voraussetzungen für die Erzeugung eines hochwertigen und unverwechselbaren Weins mit bemerkenswerter Alterungsfähigkeit.

Zum Essen

bistecca alla fiorentina (riesiges gegrilltes T-Bone-Steak), gebratenes oder geschmortes Fleisch, Wild, Leber, Steinpilze, herzhafte Pasta-Gerichte und fast alles, was mit Tomatensauce serviert wird, reifer Pecorino

Empfehlenswerte Vertreter

Argiano, Biondi Santi, Cerbaiola, Conalicchio di Sopra, Costanti, Ciacci Piccolomini d'Aragona, Collosorbo, Il Marroneto, Il Palazzone, La Gerla, Le Ragnaie, Palagetto, Poggio Antico, Tornesi, Vitanza

Zum Weiterprobieren

Andere Sangiovese-Weine: Chianti Classico, Vino Nobile di Montepulciano; Barolo, Barbaresco, Aglianico del Vulture, Châteauneuf-du-Pape, Zinfandel

Preise: 3 – 5

Vintage Port

22

Vintage Port ist ein gigantischer Wein, dem hinsichtlich Konzentration, Alkohol, Süße und Tanningehalt kein anderer Wein das Wasser reichen kann. Der jeweilige Typ hängt vom Jahrgang, vom Alter und von der Stilistik des Produzentenhauses ab. Junger Vintage ist eine optische Augenweide: feurig-rot, undurchdringlich dicht, strahlend wie ein Opal; in der Nase lässt er seine große Fruchtfülle ahnen, zeigt sich pfeffrig und alkoholreich, bleibt aber im Ganzen noch eher zurückhaltend. Am Gaumen schließlich hinterlässt er einen mächtigen Eindruck: sehr süß, körperreich, fruchtig und mit kräftiger Tanninstruktur.

Mit zunehmender Reife geht die Farbintensität etwas verloren, aber sehr viel langsamer als bei den meisten anderen Rotweinen. Die Nase legt mächtig zu; sie besitzt likörhafte Obertöne, die die fruchtigen Merkmale der Jugend ganz allmählich verdrängen. Es treten Noten hinzu, die an karamellisierte Rosinen, Backpflaumen und Gewürznelken erinnern, manchmal auch an Schokolade, Haselnüsse und Lakritz. Der reifende Wein schmeckt von Mal zu Mal trockener und leichter, vor allem aber komplexer, weicher und harmonischer.

Port entsteht im wilden und unwirtlichen Douro-Tal im Norden Portugals und nicht, wie landläufig gerne behauptet wird, in oder um die Hafenstadt Porto. Dort beziehungsweise am gegenüberliegenden Ufer in der Stadt Vila Nova de Gaia haben die berühmten Portweinfirmen ihre Büros und Lagerstätten. Die Reben wachsen jedoch weit ab von hier an den steilen, felsigen und terrassierten Hängen des oberen Douro, jenes Flusses, den die Spanier innerhalb ihres Territoriums Duero nennen. Es ist ein beeindruckendes Naturerlebnis, diese majestätischen, unheimlich mächtigen Terrassenweingärten zu betrachten und dazu die Stille des vom Tourismus nahezu unentdeckten Gebietes zu genießen.

Das Klima ist trotz der relativen Nähe zum Atlantik weitgehend kontinental geprägt, da vier Gebirgszüge die Weinberge vor kühlem und feuchtem Meereseinfluss schützen. Im Norden sind es die Serra do Alvão, die Serra de Padrela und die Serra de Bornes, die den Douro zum kühleren Klima des Minho (Vinho Verde) hin abgrenzen. Im Westen fungiert die Serra do Marão, die bis auf 1 400 Meter reicht, als zuverlässige Wetterscheide. Die Hitze im Douro ist oft unerträglich – tagsüber erreicht sie nicht selten zwischen 40 und 50 °C – und liegt damit zwischen 15 und 25 °C über dem verhältnismäßig kühlen Porto, das sich aufgrund dieser natürlichen Gegebenheiten schon immer als ideale Lagerstätte für den reifenden Port empfohlen hat. Im Winter können die Temperaturen im Douro Frostnähe erreichen und in Ausnahmejahren fällt sogar Schnee. Die besten klimatischen Bedingungen für den Weinbau finden sich im mittleren Bereich, dem so genannten Cima Corgo. Hohe durchschnittliche Temperaturen (19 °C) paaren sich mit ausreichend Niederschlägen (700 Millimeter), weshalb sich hier so gut wie alle berühmten Portweinfirmen niedergelassen haben. Einfache Produkte kommen in der Mehrzahl aus dem weiter westlich gelegenen, kühleren und regenreicheren Baixo Corgo. Weinbaulich noch wenig erschlossen ist das Douro Superior ganz im Osten des Anbaugebietes.

Die Reben wachsen im Douro auf Schieferterrassen. Da das harte Gestein in vertikaler Richtung aufbricht, gelingt es den Wurzeln, weit in die mineralienreiche Tiefe zu treiben. Eigentlich herrschen in Nordportugal Granitböden vor. Doch zwischen Barca d'Alva und Régua durchschneidet der Douro ein Schiefermassiv und schafft damit die Voraussetzungen für den Weinbau im Gebiet: soweit der Schiefer reicht, gedeihen Reben. Der jeweils angrenzende Granit setzt dem Weinbau eine natürliche Grenze. Etwa 40 000 Hektar sind heute mit Reben bepflanzt, davon gut die Hälfte mit einer Hangneigung von mehr als 30 Prozent. Diese steilen, steinigen Hänge sind schwierig und kostspielig in der Bearbeitung.

Der Tradition nach sind die Weinberge gemischt gepflanzt, sodass man heute in alten Anlagen durchaus bis zu 20 verschiedene Rebsorten nebeneinander findet. Erst in den 1980er Jahren begann man, sich mit dem Qualitätspotential der einzelnen Sorten zu beschäftigen, und auf Basis der Forschungsarbeit des portugiesischen Weinverbands ADVID wurden davon fünf Rebsorten selektioniert (*top-cinco*), die für zukünftige Pflanzungen empfohlen werden: Touriga Nacional, Touriga Francesa, Tinta Barroca, Tinta Roriz und Tinto Cão.

Vintage ist die teuerste und seltenste Portart. Er wird nur dann produziert, wenn verschiedene Voraussetzungen gegeben sind: hohe Weinqualität, ausreichend verfügbare Menge und hohe Nachfrage. Das kommt im Durchschnitt dreimal in einem Jahrzehnt vor. Dann werden die besten Fässer eines Jahrgangs als Vintage deklariert und noch als Jungwein im Alter von zwei bis drei Jahren abgefüllt und vermarktet. Im Vergleich zu anderen Portstilen, die zum

Teil über mehrere Jahrzehnte vom Produzenten gepflegt werden, bevor sie zum Verkauf bereit stehen, ist die Bereitung von Vintage einfach und wenig aufwendig.

Er und auch die anderen Portstile werden gewonnen, indem man den höchstens halbausgegorenen Rotwein in ein zu einem Viertel mit 77-prozentigem Branntwein („Aguardiente") gefülltes Fass gibt. Der Branntwein stoppt die Gärung, so dass die Mischung alkoholreich (19-21 Vol.%) und süß (40-60 Gramm unvergorener Restzucker) zugleich ist. Da der Port also – im Gegensatz zu den hochwertigen trockenen Rotweinen – nur eine vergleichsweise kurze Gärung durchläuft (zwischen 24 und 48 Stunden), ist die Farb- und Tanninausbeute fraglich. Die Produzenten müssen sicherstellen, dass die Polyphenole (Farbe und Tannine) frühzeitig, möglichst schon vor der alkoholischen Gärung, extrahiert werden können. Dazu gibt man die frisch geernteten Trauben in 3 mal 4 Meter große und 1,3 Meter tiefe Granitbecken, so genannte „Lagares", und lässt sie dort mit bloßen Füßen einstampfen.

Meistens befinden sich gut 20 Personen im Lagar, wenn der „Corte", der erste Teil des Tretens, beginnt: Die ArbeiterInnen stehen in einer (oder mehreren) Reihen, die Arme über die Schultern des Nachbarn gelegt, und sie marschieren auf Kommando (oft begleitet von Trommelschlag oder rhythmischem Gesang) Schritt für Schritt nach vorne und nach hinten. Nach zwei bis drei Stunden ist der Corte abgeschlossen. Nun folgt die „Liberdade", bei der sich die ArbeiterInnen frei bewegen können und oft auch tanzen.

Nachdem die Trauben gequetscht sind, erwärmt sich die Masse, denn die wilden Hefen, die sich auf den Häuten befinden, treten nun in Kontakt mit dem Zucker aus dem Traubensaft: Die Gärung beginnt. Dabei wird auch mehr und mehr Farbe aus den Beerenhäuten extrahiert. Im Lagar steigen nun die Häute, Stiele und Kerne auf und bilden den Tresterhut, der immer wieder untergetaucht werden muss, um die weitere Auslaugung zu ermöglichen. Nach etwa 24 bis 36 Stunden Gärung ist ein Teil des Zuckers vergoren, der Saft wird von den festen Teilen getrennt und mit 77-prozentigem Weinbrand versetzt (etwa ein Fünftel). Der Alkohol tötet die restlichen Hefen ab, die Gärung stoppt und der junge Portwein wird in Fässer zum Reifen gefüllt.

Jetzt ist der Zeitpunkt gekommen, um zu entscheiden, welcher Grundwein welchen Entwicklungsweg einschlagen soll. Während sich die Tawny-Stile auf eine längere Fassreifung einstellen können, erfolgt die Flaschenfüllung für alle Ruby-Typen bereits nach wenigen Monaten. Im Falle des Vintage obliegt es den Konsumenten und Liebhabern, für die nötige Reifung selbst zu sorgen. Diese kann mehrere Jahrzehnte in Anspruch nehmen. Gereifter Vintage hat meist eine dicke Kruste gebildet und muss deshalb unbedingt vorsichtig dekantiert werden.

Zum Essen

Schokolade, Schokoladendessert, Blauschimmelkäse, Nüsse, als Aperitif

Empfehlenswerte Vertreter

Dow, Graham, Nieport, do Noval, de la Rosa, do Crasto, Ramos-Pinto, Taylor, Croft, Delaforce

Zum Weiterprobieren

Banyuls, Maury, Rivesaltes, Recioto della Valpolicella, Port-Ähnliches aus Australien, Kalifornien und Südafrika

Preise: 4–5

Die Vergnügten – Weine zum ausgelassenen Feiern

23 Valpolicella

Guter Valpolicella ist ein herrlich frischer, fruchtiger und überaus lebendiger Wein. Optisch präsentiert er sich in – fast schon unzeitgemäßem – leuchtend hellrotem Gewand, wenngleich im Gebiet ein Trend zu farbkräftigeren Produkten erkennbar ist. In der Nase zeigt er Noten von süßen Kirschen, Beeren- und Holundermarmelade, gelegentlich auch Marzipan, Rumtopf und Tabak. Sein Gaumenauftritt ist stets von einer lebhaften, aber niemals dominierenden Säure geprägt, der Körper ist mittelgewichtig, selten üppig konzentriert, vielmehr rund, geschmeidig und ausgewogen. Der Tanningehalt eines Valpolicella ist eher unterdurchschnittlich, sein Mundgefühl deshalb zart und fein. Es sind in der Mehrzahl Weine, die jung getrunken werden wollen und nur in besonderen Fällen mehrere Jahre Flaschenreifung schadlos überstehen.

Es ist wirklich beeindruckend, wie die Qualität des Valpolicella in den letzten Jahren gestiegen ist. Nicht allein die Topproduzenten bieten auf konstant hohem Niveau Vorzügliches, jedes Jahr überraschen auch immer wieder Newcomer mit neuen, oft hervorragenden Produkten. Begeisternd ist zudem, dass sich selbst die Großproduzenten im Gebiet vom Qualitätsfieber haben anstecken lassen und sich gelegentlich sogar anschicken, das Tempo zu bestimmen.

Der Valpolicella kommt aus dem gleichnamigen Gebiet in der norditalienischen Provinz Veneto. In den Bergen nördlich von Verona, nicht weit entfernt vom Gardasee inmitten einer lieblichen Gartenlandschaft, liegt das klassische Herzstück des Anbaugebietes, *classico* genannt. Als günstige Weinbaugegend ist Verona schon seit den Zeiten der Etrusker bekannt. Hier wachsen die Reben auch heute noch wie schon seit Jahrhunderten auf Pergolen. Das Klima ist günstig, die vulkanischen Böden sind fruchtbar und die Erträge in der Regel hoch – meist zu hoch.

Bei der Schaffung des DOC-Systems im Jahre 1968 wurde die Produktionszone für den Valpolicella stark erweitert, sodass heute auf das Classico-Gebiet weniger als die Hälfte der Gesamtproduktion entfällt. Hier finden die Winzer die besten natürlichen Voraussetzungen für den Weinbau vor. Durch die Dolomiten und die Monti Lessini vor den kalten Nordwinden geschützt, wachsen die Reben auf einer Höhe von 70 bis 400 Metern. Der nahe gelegene Gardasee sorgt für einen wohltuenden Temperaturausgleich. Um die berühmten Weinorte Negrar, Fumane, Marano, Sant'Ambrogio und San Pietro in Cariano sind die Böden reich an Mineralien, Kalk und Tuffstein. Dennoch ist es keineswegs so, dass gute Gewächse nur von hier kommen und alles Minderwertige seinen Ursprung im Nicht-Classico-Bereich hat. Es stammen ebenso exzellente Tropfen aus den neuen Produktionszonen wie auch allerlei Plunder aus dem klassischen Kernbereich. Der entscheidende Parameter für Qualität ist ein anderer: ob hohe oder moderate Erträge angestrebt werden.

Die besten Vertreter kommen heute unter der Bezeichnung *Superiore* auf den Markt. Diese müssen einen Alkoholgehalt von mindestens 12 Vol.% (gegenüber 11 Vol.% für die normale Version) aufweisen und eine obligatorische Reifezeit von einem Jahr absolvieren. Der überwiegende Teil der Superiore-Abfüllungen trägt die Zusatzbezeichnung *Ripasso*. Das bedeutet, dass der junge Valpolicella im Spätwinter auf die abgetropften Trester des Amarone und des Recioto – zwei Valpolicella-Varianten auf der Basis teilgetrockneter Beeren – gegeben wird und deren Überbleibsel an Alkohol, Extrakt-, Aroma- und Gerbstoffen aufnehmen darf. Wenn alles gut geht, entsteht auf diese Weise ein konzentrierterer und komplexerer Wein. Die attraktivsten Weine im Gebiet sind jedoch stets das Resultat von Trauben allerhöchster Güte, die von sich aus so viel Tiefe und Konzentration einbringen, dass sie der Hilfe des Ripasso-Verfahrens gar nicht bedürfen.

Corvina ist die für Valpolicella in jeder Hinsicht bedeutendste Rebsorte. Es ist eine aromaintensive, säurebetonte und tanninarme Rebsorte, die im Gebiet noch immer mehrheitlich in der Pergola, das auch in Südtirol und im Trentino verbreitete Dachlauben-Hocherziehungssystem, erzogen wird. Die Winzer haben im Umgang mit ihr eine Besonderheit zu berücksichtigen: Die Basalaugen, das heißt die Augen an der Basis, tragen keine Frucht. Man muss daher eine lange Fruchtrute anschneiden und den Trieben ausreichend Raum zur Entfaltung lassen.

Die spät reifende Corvina wird von der früher reifenden Rondinella begleitet, einer robusteren und tanninbetonteren, aber weniger aromatischen und eleganten Sorte. In die Valpolicella-Cuvée geht darüber hinaus eine Rebsorte namens Corvinone ein, von der man lange Zeit annahm, es handele sich um eine Subvarietät von Corvina. Sie trägt Frucht an den Basalaugen und bildet intensivere Farbpigmente, mehr Tannin und höhere Zuckerwerte als Corvina aus. In vielen Rebanlagen des Gebietes befinden sich beide Sorten nebeneinander, ohne dass die Winzer dies bislang überhaupt zur Kenntnis genommen haben.

Molinara und Negrara, zwei weitere einheimische Valpolicella-Rebsorten, werden immer seltener verwendet, während die Bordeaux-Varietäten Cabernet und Merlot – trotz ihrer gesetzlichen Limitierung auf maximal 5 Prozent – zunehmend zum Einsatz kommen, vor allem zur Intensivierung von Farbe, Konzentration und Extrakt.

Zum Essen

Leichte Vertreter: italienische Antipasti, Pasta, Bressaolo, Linsenpastete, Würste
Kräftige Vertreter: Pilzgerichte, Schmorbraten, gebratener Fasan, Ochsenschwanz

Empfehlenswerte Vertreter

Quintarelli, Viviani, Tommasi, Tezza, Sant'Antonio Colonola, Dal Forno, Corte Sant'Alda, Accordini, Brunelli, Boscaini, Allegrini

Zum Weiterprobieren

Leichter sind Bardolino und Vernatsch/St. Magdalener; schwerer ist Amarone; interessant sind sicherlich auch Beaujolais, St. Laurent und Spätburgunder aus Deutschland

Preise: 1–3

Dolcetto

24

Dolcetto ist eine Rebsorte, die überaus trinkige Weine ergibt. Die meisten Exemplare präsentieren sich in intensivem, dichtem Rubin- bis Purpurrot, mit markanter Aromatik und einem ausgewogenen, wohlgefälligen Gaumenauftritt. In der auffallend lebendigen Nase finden sich Noten reifer schwarzer Kirschen, dunkler Beerenfrucht, Zwetschgen, getrockneter Bananen und Holunder, aber auch gelegentlich Anklänge an Minze, Leder und Gebäck. Die besten Vertreter gefallen am Gaumen durch eine angenehme Fülle, gute Konzentration und Fruchtsüße. Eine milde Säure und präsente, aber meist recht feinkörnige Tannine runden das attraktive, ungemein geschmeidige Mundgefühl ab. Dolcetto möchte jung getrunken werden, wenngleich zwei bis drei Jahre Flaschenreifung den wenigsten schadet.

Mag auch der Name klingen wie süßer Weißwein oder eine italienische Eis-Creme, Dolcetto (der „kleine Süße“) ist eine rote Rebsorte, aus der im nordwestitalienischen Piemont trockene Weine erzeugt werden. In nicht weniger als sieben verschiedenen Ursprungsgebieten (DOC) kämpfen dutzende engagierter Winzer um größtmögliche Anerkennung: Dolcetto d'Alba, di Diano d'Alba, delle Langhe Monregalesi, d'Asti, di Dogliani, d'Acqui und di Ovada. Doch Alba, Ovada und Dogliani gelten seit je als die vielversprechendsten Quellen. Außerhalb des Piemonts kommt die Sorte noch ganz vereinzelt in Kalifornien und Australien vor.

Da der Dolcetto der unkomplizierteste und zugänglichste Rotwein des Piemont ist, haben ihn die Menschen dort besonders ins Herz geschlossen. Er wird getrunken, so sagt man, wie Wasser, er eröffnet fast jede Mahlzeit und begleitet sie bis zum Schluss – zumindest wenn auf große Opulenz in der Speisenfolge verzichtet wird, die nämlich wäre des Nebbiolo ideale Bühne. Aber auch die Winzer mögen die Sorte: Sie benötigt weder die besten Standorte noch allzu intensive Pflege, vor allem aber reift sie früh und kann deshalb lange vor den anderen piemonteser Varietäten geerntet und weiterverarbeitet werden. Nur die im Piemont häufig auftretenden Septemberregen sind für die Dolcetto-Trauben in manchen Jahren eine ernste Gefahr. Bei aller Anspruchslosigkeit der Sorte herrscht im Gebiet die verbreitete Auffassung, dass die weißen Mergelböden auf dem rechten Ufer des Flusses Tanaro weit bessere Resultate erbringen als die schweren Böden auf der anderen Flußseite.

Die Vinifizierung hält neben Vorteilen auch Tücken bereit. Ein Vorteil ist, dass die Schalen der Dolcettobeeren reich an Anthozyanen (Farbpigmenten) sind, und so genügt bereits eine kurze Mazerationszeit, um die charakteristische Farbintensität der Sorte zu erzielen. Da die Extraktion des Tannins erst später beginnt, kann der Gerbstoffgehalt durch frühes Abpressen der Schalen auf recht einfache Art und ohne Farbeinbußen begrenzt werden. Auf diese Weise entstehen die typisch fruchtigen, tanninarmen und einfach zu trinkenden Dolcetto-Versionen. Sehr viel seltener werden auf der Basis starker Ertragsbegrenzung und extensiver Mazeration konzentriertere und tanninbetontere Vertreter erzeugt, die sich nicht nur über eine Zeitspanne von fünf bis sieben Jahren wunderschön entwickeln, sondern sogar mit einem mehrjährigen Reifungsbedarf auf den Markt kommen.

Die Sorte neigt jedoch leicht zu aromatischen Fehltönen. Wer nicht in allen Phasen – von der Ernte bis zur Abfüllung – peinlich auf Sauberkeit achtet, wem die Gärtemperaturen zu hoch geraten und wer den Jungwein nicht ausreichend belüftet, läuft große Gefahr, sich unreine, im schlimmsten Fall übel riechende Aromen einzufangen. Früher mussten die Weine in der Ausbauzeit mehrmals von einem Fass ins andere abgestochen werden, um immer wieder Sauerstoff zuzuführen und Reduktion zu vermeiden. Heute begegnen immer mehr Produzenten der Reduktionsgefahr mit der Technik der Mikrooxidation, das heißt, sie führen dem jungen Wein in regelmäßigen Abständen gezielte Sauerstoffinjektionen zu. Dadurch wird nicht nur der Entstehung reduktiver Fehlaromen vorgebeugt, sondern gleichzeitig wird auch die Polymerisation der Tannine und die Bildung von Polymerpigmenten begünstigt, sodass die Weine einen weicheren Geschmack und mehr Farbstabilität bekommen.

Was noch bis vor wenigen Jahren undenkbar schien, ist zunächst im Gebiet Dogliano und seither zunehmend auch in den anderen Ursprungsgebieten Normalität geworden: Der Dolcetto wird im kleinen Holzfass (Barrique) ausgebaut und seine stilistische Performance mehr oder weniger von dieser Behandlung geprägt. Einigen Kellermeistern gelingt es, so dezent mit dem neuen Holz umzugehen, dass Charakter und Frucht des Dolcetto nicht gestört, sondern hervorgehoben werden. Die Resultate sind durchaus beeindruckend, aber die von mir so geschätzte Trinkigkeit bleibt meist auf der Strecke.

Und gelegentlich wird der Dolcetto sogar in der Cuvée mit anderen Rebsorten vermählt. Zusammen mit 15 Prozent Nebbiolo entsteht auf der Poderi Colla der im großen Holzfass gereifte Bricco del Drago, ein beeindruckendes, geheimnisvolles Unikat. Das Weingut Trinchero in Agliano d'Asti füllt einen charmanten und geschmeidigen Dolcetto-Merlot-Verschnitt auf die Flasche.

Zum Essen

Eiernudeln mit Trüffeln, Geflügel, Schweinefilet, Kalbfleisch

Empfehlenswerte Vertreter

Alba: Ca' Viola, Colla, Marcarini, Oberto, Pasquero Elia, Pelissero, Vajra

Dogliani: Chionetti, Einaudi, Pecchenino, Manfredi, Francesco Boschis, Anna-Maria Abbona, Del Tufo

Diano: Alario, Bricco Maiolica

Ovada: Abbazia di Vallechiara, Castello di Tagliolo, La Guardia, Ratto, Verrina

Zum Weiterprobieren

Beaujolais, Merlot, Zweigelt,

Preise: 1 – 3

Vernatsch 25

Der Wein aus der Rebsorte Vernatsch ist hellrubin- bis granatrot. Die Farbstoffbildung ist gering, weshalb er für einen Rotwein relativ hell ist. Er weist ein eher dezentes Bouquet nach roten Früchten, vor allem Himbeeren und Erdbeeren, und einer Spur Veilchenduft auf. Im Geschmack ist er leicht bis mittelschwer, gerbstoffarm, mit einer milden Säure und Anklängen an Bittermandel. Am besten wird er jung getrunken. Er besticht mehr durch Zurückhaltung als durch Wucht, weshalb er sich nicht nur als Wein für zwischendurch empfiehlt, sondern auch ein idealer Speisenbegleiter ist.

Die feinen Eigenschaften des Vernatsch lassen für das optimale Gleichgewicht der Weine wenig Spielraum, und es erfordert sehr viel Erfahrung und Feingefühl, ihre filigrane Zartheit zu managen. Das kostet Zeit und Mühe und macht die Weine teuer, zu teuer für einen Markt, der seit geraumer Zeit mit derart hellen und leichten Gewächsen nicht allzu viel anzufangen versteht. Deshalb werden immer mehr mit Vernatsch bestockte Anlagen gerodet und mit aussichtsreicheren Sorten bepflanzt. Oder der Winzer beschränkt sein Wirken auf das Nötigste und es entsteht auf der Basis hoher Erträge einfacher, dünner und nichts sagender Rebensaft.

Vernatsch wird vor allem in Südtirol angepflanzt und kommt in nennenswerter Menge noch im Trentino und (als Trollinger bezeichnet) in Württemberg vor. Der Name Vernatsch kann nicht eindeutig hergeleitet werden. Mit größter Wahrscheinlichkeit kommt er aus dem Lateinischen (*vernacius* oder *vernaculus*) und bedeutet „heimisch", also jener Wein, der (nur) eine lokale Bedeutung hat. Die größte Verbreitung hat Vernatsch innerhalb Südtirols im Überetsch, insbesondere im milden Mikroklima des Kalterersees. Im Norden von Bozen wird auf den skelettreichen Böden des St. Magdalener-Hügels die gehaltvollste Ausbaustufe von Vernatsch gekeltert – nicht zuletzt, weil hier der Zusatz von bis zu 15 Prozent Wein der Sorten Lagrein oder Blauburgunder erlaubt ist. In Bestform präsentieren sich die Weine von dort mit einer einmaligen Frucht und großer Eleganz. Weitere Gebiete mit intensiverem Vernatschanbau sind die an St. Magdalena angrenzenden Hänge, genannt „Bozner Leiten", das Unterland südlich vom Kalterersee, die Hänge bei Terlan, die Steilterrassen bei Meran und im Vintschgau.

Die wichtigsten Spielarten dieser Rebsorte, die früher in den Südtiroler Weinbergen stets im Mischsatz vertreten waren, sind:

- Großvernatsch (Synonym: Edelvernatsch): Er hat die höchste wirtschaftliche Bedeutung, ist sehr ertragreich, blühsicher und spätreifend; die Beere ist groß, mit kräftiger Schale. Ideale

Standorte für den Großvernatsch sind frostfreie, windgeschützte warme Berglagen mit tiefgründigen Böden.

- Mittervernatsch (Synonyme: Gemein- oder Kleinvernatsch): Er ist schwachwüchsiger und früher reifend; die Beerenschale ist dünner als beim Grauvernatsch, weshalb die Weine etwas heller und feiner ausfallen. Die Anfälligkeit für Botrytis ist groß. Seit vor einigen Jahren neue Klone verfügbar sind, wird der Mittervernatsch verstärkt angepflanzt. Die neuen Klone bringen bei zuverlässigen Erträgen höhere Traubenqualitäten als der Großvernatsch.
- Grauvernatsch: Den Namen hat er von der starken Wachsschicht, mit der die Beerenhaut überzogen ist und die sie grau schimmern lässt. Er liefert aufgrund des kleinen Ertrages wahrscheinlich die qualitativ hochwertigsten Vernatschweine.

In den vergangenen Jahren ist der Bestand an ertragreichem Großvernatsch deutlich zugunsten der höherwertigen Vernatsch-Klone zurückgegangen.

Die Vernatschrebe wird überwiegend auf der so genannten Pergel gezogen. Das ist ein Holzgerüstvorbau, an dem die Reben nach wenigen Jahren ein dichtes Laubdach bilden. Die Erstellung ist zwar aufwendig, bringt jedoch eine optimale Besonnung und Belichtung der Reben und einen Schutz des Bodens vor Wasserverlusten. Das Ausmaß von Hagelschäden wird reduziert, und die Arbeitsbedingungen der Weinbergarbeiter werden verbessert (Arbeit im Stehen und im Schatten). Da sich jedoch die Trauben unterhalb des Laubdachs im Schatten befinden, ist eine optimale Ausreifung fraglich und so gilt dieses Erziehungssystem unter Qualitätsaspekten als problematisch. Die konkurrierenden Guyot-Systeme können sich jedoch trotz eindeutiger Vorteile (bessere Traubenreife, praktischere Bearbeitung, Nutzung der Bodenwärme) bei der Vernatschrebe nicht richtig durchsetzen.

Dennoch sind die Weinqualitäten in den vergangenen Jahren merklich angestiegen. Das gilt vor allem für das Gebiet des St. Magdalener. Das Produktionsdisziplinar setzt hier eine Höchstgrenze von 12,5 Tonnen Traubenertrag pro Hektar und einen natürlichen Mindestalkoholgehalt von 11,5 Vol. % voraus. Wer jedoch einen charaktervollen Wein auf die Flasche füllen will, muss anders kalkulieren. Übereinstimmend erklären Kellermeister und ambitionierte Winzer im Gebiet, dass der Hektarertrag für einen bemerkenswerten Magdalener 8 bis 9 Tonnen nicht überschreiten dürfe. Die Trauben sollten zudem mindestens 90 Öchslegrade Mostgewicht mitbringen, über mindestens 25 Gramm Extrakt und eine Säure von 4,4 bis 4,5 g/l verfügen. Dies kann nur erreichen, wer die Erträge stark begrenzt.

Damit hat das Gebiet St. Magdalener einen auch für andere Vernatsch-Herkünfte richtungsweisenden Weg eingeschlagen, der zumindest mittelfristig zu einem deutlichen Imagegewinn führen und damit den dramatischen Rückgang der mit Vernatsch bestockten Fläche begrenzen dürfte. In einer Welt, die speziell im Rotweinsegment in der Vergangenheit allzu sehr auf internationale Rebsorten und Stilistiken gesetzt hat, sind die heiteren und leichten Vernatsch-Weine eine wundervolle Bereicherung. Es sind Weine für unkomplizierte, fröhliche Anlässe, gemacht für Weintrinker, die entgegen aktueller Moden diese eigenartigen, säure- und tanninarmen Gewächse lieben.

Zum Essen

Tiroler Brettljause, Vorspeisen, Nudelgerichte, Pizza, Speckknödel, sowie helles Fleisch, gegrillter Fisch und asiatische Speisen.

Empfehlenswerte Vertreter

Baron Widmann, Baron di Pauli, Brigl, KG Burggräfler, KG Girlan, Gumphof, Ansitz Waldgries, Glögglihof, Fliederhof, KG Nals & Magreid-Entiklar, KG St. Pauls, KG St. Michael-Eppan, Untermoserhof

Zum Weiterprobieren

Bardolino, leichter Valpolicella, leichter Spätburgunder, Trollinger, Beaujolais

Preise: 1–3

Montepulciano d'Abruzzo

26

Die besten Montepulciano d'Abruzzo kommen in dichtem, leuchtendem Purpur daher. Es sind herrlich fruchtige, an Kirschen und Holunder erinnernde Gewächse, die sich am Gaumen voll, warm und konzentriert präsentieren. In der Mehrzahl sind es einfache, aber ungemein trinkige und unbeschwerte Rotweine, die weder mit allzu viel Tannin im Gepäck, noch allzu säurereich daherkommen und vor allem durch ihre runde, geschmeidige Art gefallen. Die Top-Vertreter präsentieren sich dagegen deutlich maskuliner, strukturierter und in der Jugend vom Tannin geprägt. Speziell diese reifungsbedürftigen, aber stets ausgewogenen und kompletten Gewächse dürfen ohne Abstriche zu den großen italienischen Rotweinen gezählt werden.

Ihre Heimat ist der Landstrich, der von Latium im Westen, von Umbrien und den Marken im Norden sowie von Molise im Süden begrenzt wird. Vor sich die Adria, im Rücken den mächtigen Apennin mit der San-Sasso-Gruppe, erzeugt die Region Abruzzen aus der Rebsorte Montepulciano einen Wein, der nichts gemein hat mit den Produkten der gleichnamigen toskanischen Stadt, die den Vino Nobile aus der Sorte Sangiovese hervorbringt. Die Namensgleichheit hat immer wieder zu Verwechslungen, aber auch zu Spekulationen über die Herkunft der Sorte Anlass gegeben. Moderne ampelografische Forschungen haben jedoch wiederholt darauf hingewiesen, dass das Trennende der beiden Sorten Sangiovese und Montepulciano die Gemeinsamkeiten bei weitem überwiegt.

Montepulciano ist eine spät reifende Rebsorte, die selten vor Ende September oder Anfang Oktober zur vollen Reife gelangt. Die Schalen der Beeren sind reich an Polyphenolen. Vor allem die Konzentration an Farbpigmenten ist so hoch, dass Roséweine, die im Gebiet *Cerasuolo* genannt werden, völlig ohne Mazeration auskommen, um ihr prachtvolles Pink zu erreichen. Opakes Rubin entsteht im Falle der Rotweinbereitung bereits nach wenigen Tagen, sodass man die Schalen zeitig abpressen kann, wenn die Tanninausbeute begrenzt werden soll. Dann entsteht die vor allem von den hier verbreiteten Genossenschaften angebotene Variante des Montepulciano d'Abruzzo: tieffarben, fruchtig, leicht und weich.

Auf der Basis niedrigerer Erträge und längerer Mazeration können dagegen ausgesprochen strukturierte, komplexe und überaus langlebige Gewächse entstehen.

Da die Winzer in den Abruzzen sehr unterschiedliche Standortbedingungen für den Weinbau vorfinden, bleibt es nicht aus, dass die Weinstilistik je nach Lage und Herkunft variiert. Das Klima ist generell warm, aber dennoch stark von Temperaturgefällen geprägt: Zwischen Küste und Hochgebirge, zwischen Tag und Nacht und zwischen Sommer und Winter liegen hier große Unterschiede.

Rebstöcke finden sich fast überall: in den mal steileren, mal breiteren Gebirgstälern, deren Flüsse geradewegs aufs Meer zuströmen, in den lehmreichen Küstenebenen, in den niedriger gelegenen Tälern und auf den Hochebenen. Der größte Teil der Rebflächen liegt jedoch in den kegeligen Hügeln auf kalkreichen Lehmböden entlang der Adria, wo auch während der üblichen Sommertrockenheit Luftbewegung herrscht. Da immer noch vor allem Wert auf Massenproduktion gelegt wird, drängen sich die Weinfelder im sanften Küstenhügelland der Provinz Chieti im Südosten, wo bewässerte Weinlauben im warmen Klima üppig gedeihen. Hier werden die Reben meist im klassischen, abruzzischen Tendone-System erzogen, der südtiroler Pergola vergleichbar.

Die Rebe prägt heute entscheidend das Landschaftsbild und das Einkommen der meisten Bauern. Das war aber nicht immer so. Bevor in den 1960er Jahren der intensive Weinbau mit staatlichen Subventionen massiv aufgerüstet wurde, bot Abruzzen ein weitaus farbenprächtigeres Bild. Das Land wurde wie anderorts in Italien von Halbpächtern bestellt. Die Bauernfamilien waren auf Selbstversorgung angewiesen und bauten ein bißchen von allem an. Bis in die 1970er Jahre hinein herrschte diese Gemischtwirtschaft mit Feldern, Obstbäumen, Gemüsegärten und langen Zeilen von Oliven und Weinpflanzen. Selbstverständlich hielt man alle Arten von Groß- und Kleinvieh, buk sein Brot und knetete seine Pasta.

Damit ist es heute vorbei, die *mezzadria* (Halbpacht) ist abgeschafft. Die Landbesitzer müssen das Land auf eigene Rechnung bearbeiten, und mit Angestellten lässt sich beim besten Willen keine Gemischtwirtschaft betreiben. Als Monokultur bot sich außer den Oliven nur der Wein an, und dieser eroberte in der Folge Hügel und Täler.

Die Nordprovinz Teramo bietet mit ihren kalk- und eisenhaltigen, sandigen Lehmböden beste Voraussetzungen für die Montepulciano-Traube. Die Weine aus den Bergen zwischen dem Tronto- und Vibrata-Tal um Torano und Torano Nuovo, Controguerra, Ancarano, Colonella, Corropoli und Nereto sind meist in Farbe, Körper, Alkoholgehalt und Tanninstruktur kräftiger und reifen langsamer. Die Berge zwischen Teramo und Roseto degli Abruzzi um Notaresco und Morro d'Oro bringen etwas leichteren Montepulciano hervor. Niedergeschlagen haben sich die besonderen Lagenpotentiale dieser Gebiete in der Einrichtung der neuen Unter-Appellation *Colline Teramane*, und seit 2003 können sie sogar als eigenständige DOCG-Weine mit geringerem Hektarertrag, höherem Alkoholgehalt und längerer Fasslagerung abgefüllt werden. Auch die Berghänge um Città Sant'Angelo und die höheren Lagen von Penne haben viel Lob für ihre Weine verdient, und selbst in der Provinz Chieti gibt es natürlich gute Lagen und vorbildliche Erzeuger. Aber die wirklichen Spitzenlagen für Montepulciano befinden sich weiter nördlich in der schon erwähnten Provinz Teramo.

Entgegen der verbreiteten Vorstellung hat die Montepulciano-Traube in diesen Spitzenlagen eine relativ späte Reife. Wer bereits Ende September erntet, darf nur Mittelmäßiges erwarten; Dino Illuminati (Controguerra) ist überzeugt, daß das Traubengut für große Weine erst nach dem 20. Oktober wirklich reif ist. Die Traubenqualität bestimmt auch die Mazerationszeit. Ein einfacher Montepulciano d'Abruzzo wird in der Regel nach drei bis vier Tagen abgepresst, anspruchsvollere Qualitäten dürfen sieben bis zehn Tage mazerieren, während große Riserve zwischen 15 und 20 Tagen auf den Schalen bleiben. Wer solche Weine im Glas hat, mag sicher nicht bestreiten, dass der Montepulciano zusammen mit Nebbiolo, Aglianico und Sangiovese zu den wertvollsten roten Traubensorten Italiens gehört. Aber genau wie bei den anderen ergibt er nur in den besten Lagen große Weine. In der großen Mehrzahl ist der Montepulciano jedoch ein heiterer, unkomplizierter Alltagswein geblieben.

Zum Essen

Lasagne, Kaninchen mit Paprikaschoten, Hähnchen mit Oliven, Spaghetti Bolognese, Pizza

Empfehlenswerte Vertreter

Edoardo Valentini, Camillo Montori, Dino Illuminati, Bruno Nicodemi, Stefania Pepe, Barone Cornacchia, Gianni Masciarelli, Cantina Sociale Tollo, Bove, Casal Thaulero, Duchi di Castellucio, Filomusi Guelfi

Zum Weiterprobieren

Rosso Conero, Rosso Piceno, Molise, Biferno, Pentro, Lacrima di Morro d'Alba, Valpolicella

Preise: 1–3

27 Lambrusco

Echter, ursprungstypischer Lambrusco ist ein genialer Wein: schäumend, rot, duftig, trocken und ungemein erfrischend. Es ist ein Wein zum Trinken, nicht zum Nippen – ähnlich wie Prosecco. Lambrusco steht für Heiterkeit, nicht für andächtige Meditation: Er ist kein intellektueller Wein für Weinsnobs, sondern vinifizierte Lebensfreude für Genießer, die auch mal bereit sind, die Scheuklappen abzunehmen. In bestimmten kulinarisch-klimatischen Situationen ist Lambrusco ein Genuss. Seine Leichtigkeit, prickelnde Frische, Aromatik, Unkompliziertheit und auch Erschwinglichkeit haben seinen weltweiten, allerdings zweiseitigen Erfolg begründet.

Der Markt für diesen beliebten Wein ist in der Tat riesig, wie diese Zahl belegt: Schätzungsweise 300 Millionen Liter Lambrusco werden jährlich produziert und auf der ganzen Welt getrunken. Doch nur ein kleiner Teil davon ist Lambrusco mit Ursprungsbezeichnung, also gewissermaßen ein Qualitätswein, und ein verschwindend kleiner Teil davon wiederum ist Lambrusco, der wirklich Spaß macht. Die Erträge sind zu hoch, den Weinen fehlt es an Charakter und Frische: Sie sind dünn, oft ohne jedes Aroma und klebrig süß. Sein Image ist auf den Hund gekommen, sein Name steht für Billig-Perlwein, und kaum jemand im Ausland weiß, wie

Lambrusco wirklich schmecken könnte. Das hat er nun von seiner Beliebtheit.

Der größte Teil des heutigen Lambrusco ist ein eher ausdrucksschwaches, standardisiertes Produkt, mehr das Resultat seines Herstellungsprozesses als ein Kind besonderer geographischer Ursprünge. Hergestellt wird er in industriellen Qualitäten von Großkellereien und Genossenschaften nach dem Charmat-Verfahren (Tankgärung) unter kräftigem Einsatz modernster kellertechnischer Verfahren. Der größere Teil der Trauben wird kurz (24 bis 72 Stunden) mazeriert, dann abgepresst und kühl vergoren (die restlichen Trauben dienen der Herstellung der Süßreserve). Einige Spitzen-Lambrusco werden während mehrerer Tage mittels Kaltmazeration mit den Aromastoffen der Traubenhäute angereichert. „Echter" Lambrusco, bei dem die zweite Gärung in der Flasche stattfindet, ist leider höchst selten, in der jüngeren Vergangenheit aber erstaunlicherweise wieder öfter zu finden.

Die Heimat des typischen Lambrusco sind die drei Zentralprovinzen der Emilia: Modena, Parma und Reggio und die lombardische Provinz Mantua. Weit über 90 Prozent der jährlichen Produktion entfällt auf die Provinzen Reggio und Modena. Aber es ist die Rebsorte mit ihren unterschiedlichen Spielarten, die den Weinen ihren Namen verleiht. Alle Weine, die aus der Lambrusco-Rebe gekeltert werden, dürfen sich nach ihr benennen: Weine mit kontrollierter Ursprungsbezeichnung und solche ohne, Weine aus der Emilia und solche von anderswo, die Guten wie die Banalen. Der gleiche Weinname bezeichnet also die unterschiedlichsten Qualitätskategorien, von hocherfreulichen, charaktervollen, gebietstypischen Erzeugnissen bis hin zum entfärbten, sirupartigen, weißen Lambrusco für die Engländer. Das ist alles andere als konsumentenfreundlich.

Vier verschiedene Ursprungsbezeichnungen (DOC) gibt es für emilianischen Lambrusco. In der Provinz Modena gibt es den Lambrusco Salamino di Santa Croce, den Lambrusco di Sorbara und den Lambrusco Grasparossa di Castelvetro; und der Lambrusco Reggiano aus der Provinz Reggio schließlich entsteht aus einem Mischsatz verschiedener Lambrusco-Klone. Die vier Lambrusco-Typen können sehr unterschiedlich sein, ihre Besonderheiten sind jedoch während der vergangenen Jahrzehnte der Massenproduktion zum Opfer gefallen. Erfreulicherweise finden sich heute wieder in allen Zonen Erzeuger, die diese Eigenständigkeiten in ihren Weinen zu unterstreichen verstehen.

Der Sorbara und der Grasparossa sind die zwei extremsten Pole der geschmacklichen Lambrusco-Landschaft. Grasparossa bringt bei relativ niedrigen Erträgen in den Hügeln um Castelvetro, südlich von Modena, brombeerfruchtige, dunkle, robuste Lambrusco mit reichlich Tannin, Körper, tiefer Säure und dezenter Süße hervor, während Sorbara im Nordosten von Modena helle, schlanke, säurereiche, dafür sehr aromatische, himbeerduftige Weine ergibt, die die deftigen emilianischen Schweinewürste und -gerichte ebenso perfekt begleiten wie der tanninbetontere Grasparossa.

Der Salamino di Santa Croce (DOC im Norden von Modena) besitzt weniger stark ausgeprägte Charaktereigenschaften. Seine reich tragenden Rebstöcke ergeben in der Regel einen dunklen Wein, der geschmacklich zwischen einem Sorbara und einem Grasparossa liegt und im Falle der besten Vertreter von ausgeprägter Fruchtigkeit ist. Reggiano ist die mengenmäßig bedeutendste Lambrusco-Herkunft; hier dominiert Salamino die Cuvées, in die neben den beiden anderen Lambrusco-Varietäten auch die einheimische Färbertraube Ancellotta Eingang findet.

Der Rest ist kurz zusammengefasst: Die Welt des Lambrusco wird immer reicher. Neben der Masse einfacher, gut gemachter Standardabfüllungen gibt es eine größer werdende Schar selbstbewusster Weingüter, die handwerklich erzeugten Lambrusco auf höchstem Niveau in die Flasche füllen. Aber auch die Genossenschaften und Großkellereien offerieren eine zunehmende Zahl bemerkenswerter Prestigeprodukte und reihen sich somit ein in das Projekt einer ganzen Region, das heißt: Zukunftsfähigkeit. Leider gibt es nördlich der Alpen noch viel zu wenig selbstbewusste Weinhändler, die sich trauen, einen typischen Lambrusco in ihr Sortiment aufzunehmen, um den Konsumenten die Chance zu eröffnen, an der Renaissance des emilianischen Traditionsproduktes teilzuhaben.

Zum Essen

zur reichen, emilianischen Küche mit Butter, Eiernudeln, Tortellini, Parmigiano Reggiano, Parmaschinken und Mortadella, aber auch zu Schweinshaxe, Käsefondue, kräftig gewürzten exotischen Gerichten und Innereien

Empfehlenswerte Vertreter

Einzelabfüllungen von Genossenschaften und Großkellereien: Cavicchioli, Ceci, Chiarli, Riunite, Medici Ermete

Weingüter: Bellei Francesco, Corte Manzini, Vezelli Francesco, Virgili, Zucchi

Zum Weiterprobieren

andere perlende Rotweine: Bonarda, Barbera oder Freisa aus Italien, Sparkling Shiraz aus Australien

Preise: 1–3

Beaujolais 28

In Bestform bildet Beaujolais das große Vorbild für alle Bemühungen auf der ganzen Welt, rote Erfrischung in Flaschen zu füllen. Der Wein ist außerordentlich charmant und zugänglich. Verhüllt in strahlend-lebhaftes Purpur, zeigt er ein betörend frisches Aroma mit Noten von Erdbeeren und Himbeeren, Bananen und Fruchtbonbons und gefällt mit einem saftigen, von feiner Säure getragenen Gaumenauftritt. Ein Beaujolais ist niemals farbintensiv, konzentriert, schwer und tanninbetont, sondern – wenn alles gut geht – leicht, erfrischend und elegant. Er ist der Prototyp eines fröhlichen, unendlich süffigen Weins.

Seine leichte Art ist heute nicht unbedingt in Mode, doch jedes Jahr im November erwacht die Erinnerung, und er ist in aller Munde. Als Beaujolais Nouveau (auch *Primeur*) erobert der junge, gerade abgefüllte Wein im Flug die ganze Welt, wird für ein paar Wochen zum Lieblingsgetränk von Jung und Alt. Doch wie alles, das auf die Schnelle entsteht, geht auch der Beaujolais Nouveau schnell wieder zugrunde. Schon zum Jahreswechsel beginnen die meisten ihre Frische und aromatische Intensität wieder zu verlieren, und spätestens zu Beginn der Fastenzeit sollten die letzten Flaschen geleert sein.

Es ist der Nouveau, der dem Weinbaugebiet Beaujolais im südlichen Burgund kommerziellen Erfolg beschert, seine Reputation als Quelle seriöser, auch langlebiger Rotweine gründet jedoch auf anderen Produkten. Immerhin haben Beaujolais Nouveau und seine – mehr oder weniger – feinen Brüder zwei elementare und identitätsstiftende Aspekte gemein: Sie werden aus ein- und derselben Rebsorte nach ein- und demselben Herstellungsverfahren bereitet. Die Rebsorte des Beaujolais heißt Gamay, das besondere Herstellungsverfahren *macération carbonique* oder Kohlensäuremaischung.

Gamay, die im gemäßigten Klima der Region Beaujolais eng gepflanzt und im Gobelet-System (Reben werden in Buschform an alleinstehenden Pfählen hochgebunden) erzogen wird, bringt erfrischende Leichtigkeit und lebhafte Fruchtigkeit in so gut wie jeden Wein. Und eben diese Merkmale werden durch die spezielle Art der Bereitung nochmals hervorgehoben. Beim Verfahren der Kohlensäuremaischung werden zunächst ganze, unzerkleinerte Trauben, die immer per Hand gelesen sein müssen, in einen geschlossenen Gärbehälter gefüllt. Die Trauben im unteren Fassbereich werden durch den Druck der darüber liegenden Schichten zerquetscht, und der dabei austretende Saft wird auf natürliche Weise vergoren. Das dabei frei werdende Kohlendioxid umspült die Trauben in den oberen Schichten und schützt sie vor Sauerstoffeinfluss. Im Inneren der unverletzten Beeren setzt dann ein recht schnell verlaufender, intrazellulärer Gärprozess ein, der den Duft und Geschmack der Frucht besonders zur Geltung bringt und den Gehalt an Tannin und Apfelsäure auf ein Mindestmaß beschränkt. Nach drei bis vier Tagen Maischezeit werden die Trauben gepresst, und der Gärprozess läuft ohne Schalen in einem anderen Behälter weiter; auch dadurch wird die Herbheit eingeschränkt. Knapp einen Monat nach der Lese ist der Wein fertig zum Filtern, Abfüllen, Etikettieren – und zum Trinken.

Dass dennoch nicht ein Beaujolais wie der andere schmeckt, hat seine Ursachen in der topografischen und geologischen Vielfalt des Gebietes. Das Beaujolais umfasst eine 55 Kilometer lange, aus Granit bestehende Bergkette südlich von Mâcon bis hin zum flacheren Land nordwestlich von Lyon. Das Tal des Flüsschens Nizerand nördlich der Hauptstadt Villefranche bildet für den Boden eine scharfe Trennungslinie. Südlich davon liegt das Bas-Beaujolais, auf dessen kalten Lehmboden die Trauben nicht zu großer Geschmacksfülle heranreifen und deshalb ein eher einfacher Beaujolais entsteht. Die Namen der Orte bleiben auf den Flaschenetiketten unerwähnt, als Herkunft wird allein Beaujolais angegeben. Aus dieser Quelle strömen jährlich 70 Millionen Liter einfacher, nicht lange haltbarer Qualitäten in durstige Kehlen.

Der nördliche Teil der Region, das Haut-Beaujolais, liegt auf Granit, der zusammen mit einem mehr oder weniger sandigen, trockenen und warmen Oberboden für ideale Reifebedingungen sorgt. 39 der Orte dieser Region haben Anrecht auf die Appellation Beaujolais-Villages. Die feinsten Bereiche des nördlichen Teils stellen die so genannten Beaujolais Crus dar: Das sind zehn Orte, deren Weine als so charaktervoll und gut gelten, dass ihnen jeweils eine eigene Appellation zuerkannt worden ist. Manche haben wunderschöne, wohlklingende Namen, aber sie können bei Novizen unter den Weinliebhabern doch recht viel Verwirrung stiften, weil auf ihren Etiketten das Wort Beaujolais nur selten in Erscheinung tritt.

Unter ihnen ist Brouilly der größte und am weitesten südlich gelegene Cru. Die Weine, die von dort kommen, sind gemeinhin leicht und fruchtig mit einer dezent erdigen Note. Die Côte de Brouilly bringt von wärmeren und sonnigeren Hängen reifere, vitalere und kraftvollere Weine hervor. Chénas ist der kleinste Cru, doch seine Gewächse gelten als besonders fein und edel. Nach zwei bis drei Jahren Flaschenreifung, die sie zur Entfaltung ihrer wahren Größe unbedingt benötigen, kommen sie der Stilistik eines Pinot Noir sehr nahe. Chiroubles wiederum liefert überaus aromatische, leichte Weine für den baldigen Trinkgenuss. Fleurie verführt nicht nur mit seinem wohlklingenden Namen, sondern mehr noch durch seine überaus runde, zärtliche und an pflückfrische Kirschen erinnernde Art. Juliénas vereint Körper und Struktur mit würzigen und schokoladigen Aromen und lohnt es allen, die bereit sind, ihm mindestens vier Jahre Flaschenreife zuzugestehen. Auch der kraftvoll gebaute Morgon entwickelt sich über mehrere Jahre sehr positiv in der Flasche, kommt aber an das Volumen, die Tanninstruktur und das Entwicklungspotential des mächtigsten aller Beaujolais-Crus, den Moulin-à-Vents, nicht ganz heran. Régnié ergibt fruchtigen, recht gefälligen, aber definitiv den schwächsten Cru, während St. Amour fein balancierten, kompletten, aber stets recht teuren Wein hervorbringt.

Zum Essen

Wurst- und Vesperplatten, Antipasti, kalte Braten, Schweinekotelett, Pilzgerichte

Empfehlenswerte Vertreter

Noel Aucoeur, Ghislaine Belicard, Berrod, Paul Boutinot, Nicole Chanrion, F. Charvet, Fernand Coudert, Joseph Drouhin, Georges Duboeuf, Marc Dudet, Château des Jacques, André Large, Château du Moulin-à-Vent, Louis Tête, Thivin

Zum Weiterprobieren

Die Beaujolais-Stilistik ist ungemein originell, weshalb sie recht oft kopiert, aber selten auch nur annähernd erreicht wird. Ähnliche Stilistik bieten in Italien: Vernatsch, Marzemino, Bardolino, Valpolicella und Dolcetto

Preise: 1–3

29 Zweigelt

Zweigelt fällt zuallererst durch sein intensives, einnehmendes Purpur auf. Doch es ist nicht allein seine imposante Erscheinung, die einnehmend wirkt, auch seine aromatische und geschmackliche Performance präsentiert sich ungemein attraktiv. Die Palette der Aromen reicht von pflückfrischen Kirschen über rotbeerige Früchte, leichte Gewürznoten und Pfeffer bis hin zu erdigen Noten, die gelegentlich an Rote Bete erinnern. Es sind in der Regel körperreiche Weine mit weichem Tannin und nicht allzu hoher Säure, die meist jung getrunken werden können, aber im Falle der Spitzenvertreter von mehrjähriger Lagerung profitieren.

Zweigelt wird seit etwa 1960 angebaut und ist seit 1988 die wichtigste rote Rebsorte in Österreich. Sie ist eine Neuzüchtung, 1921 an der Weinbaufachschule Klosterneuburg unter maßgeblicher Beteiligung von Professor Fritz Zweigelt (1886-1965) aus den beiden alten Rebsorten St. Laurent und Blaufränkisch (siehe Kapitel 32) gekreuzt. Die Sorte wurde lange als Massenträger missbraucht, bis sich dann in den späten 80er Jahren des 20. Jahrhunderts die Erkenntnis durchsetzte, dass Zweigelt große Qualitätspotentiale birgt, wenn sie in Weinberg und Keller dementsprechend behandelt wird. Vielleicht hat man sie deshalb lange nicht so ernst genommen, weil sie eine ungemein unkomplizierte Sorte ist: ertragreich, frostfest, spät blühend, früh reifend und relativ unanfällig gegenüber Fäulnis und Pilzkrankheiten.

Als man Zweigelt noch als Massenträger einsetzte, waren die durchschnittlichen Hektarerträge sehr hoch und die Sorte wurde auch nicht an den besten Lagen gepflanzt. Sicherlich ist es keine Traube mit besonderen Bodenansprüchen, aber generell sollten die Lagen nicht zu trocken und kalkhaltig, dafür warm und sonnig sein. Auch darf der Boden nicht zu fruchtbar und nährstoffreich sein, da Zweigelt dann zu üppigem Wachstum neigt. Eine gute Balance erhält man mit älteren Rebstöcken oder schwach wüchsigen Unterlagsreben, damit die Beeren nicht zu groß werden.

Im Falle der besten Vertreter werden Erträge von etwa 50 bis 60 hl/ha angestrebt. Die Winzer in den verschiedenen österreichischen Anbaugebieten gehen zurzeit davon aus, dass das Potential der Sorte noch längst nicht zu 100 Prozent ausgeschöpft worden ist. Große Möglichkeiten scheinen noch im Ausbau zu liegen. Derzeit geht der Trend zu längeren Lagerzeiten in großen Holzfässern – nicht zuletzt, um die intensive Fruchtausprägung etwas abzuschwächen.

Vor allem im Burgenland hat man in den vergangenen Jahren verstärkt nach Lagen gesucht, die das Potential des Zweigelt optimal zur Geltung bringen. Entgegen früheren Annahmen hat sich zum Beispiel für die Lagen am Neusiedlersee herausgestellt, dass Zweigelt von der Parndorfer Platte bessere Resultate erbringt als von den angrenzenden Hanglagen. Die Winzer führen das darauf zurück, dass die Parndorfer Platte über eine bessere Humus-Decke und eine moderatere Wasserversorgung verfügt. Vor allem die

Weine vom Weingut Heinrich geben Zeugnis dieser besonderen Verhältnisse.

In Carnuntum, dem jungen Weinbaugebiet östlich von Wien, vor allem in dessen südlicher Ecke rund um Göttlesbrunn, findet Zweigelt ideale Bedingungen auf tiefgründigen, schweren Lehmböden, auf denen sich die Rebsorte äußert wohl fühlt und wo sie bei entsprechend strikter Ertragsreduktion sehr gute Ergebnisse bringt. Ein Prototyp für den Stil dieser Region ist zum Beispiel der Zweigelt Dornenvogel von Walter Glatzer: eine Best-of-Selektion aus seinen Zweigeltlagen, die zwölf Monate in Barriques gelagert wurde, davon etwa ein Drittel der Zeit in neuen Fässern.

Angesichts von Mangelerscheinungen in den Weinbergsböden (Zweigeltkrankheit oder Versalzung) steht für viele Winzer die Verbesserung der Böden ganz oben auf der Agenda. Immer mehr Top-Zweigelt-Produzenten – die Golser Pannobile-Winzer, Josef Umathum aus Frauenkirchen, Albert Gesellmann und Weninger im Mittelburgenland sowie Uwe Schiefer im Südburgenland – greifen zu diesem Zweck auf die Prinzipien der strengsten aller Biolandbau-Philosophien zurück: die Biodynamie. Nach den Theorien Rudolf Steiners werden Pflanzen und Böden mit natürlichen Mitteln wie Kräuterextrakten, Mineralien, Tees oder Kompostpräparaten gestärkt, auf dass sie Stresssituationen besser aushalten. Erlaubt sind auch Schwefel und Kupfer, der bei echtem Mehltau nach wie vor als einziges Mittel wirkt. Kupfer ist allerdings als Schwermetall, das sich im Boden anreichert, sehr umstritten – am Ersatz wird deshalb intensiv geforscht. Für das ganze Weinbaugeschehen werden auch Mondphasen und Gestirnkonstellationen miteinbezogen, die in einem Kalender zusammengefasst sind, der Frucht-, Wurzel- und Erdtage festlegt, an denen bestimmte Arbeiten besonders effizient sein sollen.

Neben dem rebsortenreinen Ausbau hat sich Zweigelt zunehmend auch als ein perfekter Cuvéepartner bewährt, der Frucht, weiche Tannine und eine gewisse Saftigkeit in die Gemeinschaft einbringt. Vor allem in der Verbindung mit dem maskulineren und tanninbetonteren Blaufränkisch werden die runden, milden Eigenschaften des Zweigelt sehr geschätzt. Manchen gilt er deshalb als der Merlot Österreichs.

Zum Essen
Nudelgerichte, gebratene Blutwurst, Kurzgebratenes, Gans, Wildente, Wildschmorgerichte, Majorangewürz

Empfehlenswerte Vertreter
Umathum, Heinrich, Achs, Preisinger, Iby, Kirnbauer, Nittnaus, Schwarz, Pöckl, Renner

Zum Weiterprobieren
Dolcetto, Montepulciano d'Abruzzo, Blaufränkisch, St. Laurent, Beaujolais Cru

Preise: 1–3

Die Rassigen – Exzellente Speisenbegleiter

30 Chinon

Zugegeben, der Chinon ist ein hierzulande wenig bekannter Wein, aber er verfügt über einen so köstlich frischen, verlockenden Duft und eine so feine, weiche und sanfte Textur, dass man ihm ein größeres Publikum wünscht. Himbeeraromen paaren sich mit dem Duft von Erdbeeren, schwarzen Johannisbeeren, pikanter Kräuterwürze, Pfeffer, Bleistift und der blitzenden Frische reinen Quellwassers. Am Gaumen begegnen sich Extreme: Ein kühler, distinguierter Geschmacksauftakt mündet in ein wildes, leidenschaftliches Finale – Eleganz und Intensität finden sich perfekt vereint. Aber es ist eben ein Rotwein von der Loire und die nimmt man in Deutschland weniger zur Kenntnis.

Chinon ist eine vergleichsweise kleine Wein-Appellation. Das Gebiet liegt in der Touraine im Pariser Becken, dem Land der berühmten Loire-Schlösser, die aus demselben weißlichen Tuffstein gebaut sind, auf denen auch die Reben wachsen. Hier treffen atlantische und kontinentale Klimaeinflüsse aufeinander. Im Allgemeinen herrschen milde bis moderate Temperaturen im Winter und eine mittlere, gut über das Jahr verteilte Niederschlagsintensität. Die Weinberge sind meist nach Süden ausgerichtet und bieten somit optimalen Schutz vor kalten Nordwinden.

Das Kernstück der Appellation befindet sich am Nordufer der Vienne östlich der Stadt Chinon. Einst wurde der Wein aus dieser wundervollen Gegend mit dem berühmten Margaux gleichgesetzt. An Charme, wenn auch nicht so sehr an Kraft oder Struktur, kommt er ihm heute noch erstaunlich nahe. Den Chinon gibt es in zwei verschiedenen Stilen: Der vollere, strukturiertere, entwicklungsfähigere Typ kommt aus Lagen von Tuff- und Kalksteinhängen, während die leichteren, süffigeren Weine auf Sand- und Kiesböden in Flussnähe wachsen und stilistisch ähnlich ausfallen wie die Weine aus dem benachbarten Anjou-Gebiet.

Der Chinon wird traditionell aus der Rebsorte Cabernet Franc bereitet. Diese edle französische Rotweinrebsorte steht hier ausnahmsweise einmal nicht im Schatten ihres mittlerweile sehr viel bekannteren Nachkommen, der Sorte Cabernet Sauvignon. Auch heute schreiben die lokalen Appellationsvorschriften einen Anteil von mindestens 75 Prozent Cabernet Franc vor, der maximal bis zu 25 Prozent Cabernet Sauvignon beigemischt werden dürfen. Cabernet Franc ist eine früh reifende Traube, die sich besonders in den kühleren Lagen der Loire recht wohl fühlt und dort – anders als Cabernet Sauvignon – nur selten Probleme hat, voll auszureifen. Gelingt dies ausnahmsweise einmal nicht, entstehen weniger attraktive, im Aroma krautige und am Gaumen harte Vertreter.

Im Gebiet haben während der vergangenen Jahre große Veränderungen stattgefunden. Die Zeiten, in denen die Weinberge akribisch gepflügt und unkrautfrei gehalten wurden, gehören der Vergangenheit an. Stattdessen findet sich heute verbreitet die Auffassung, den Weinberg als ganzheitliches System anzusehen und die natürlichen Zusammenhänge zwischen Boden, Pflanze und Klima zu berücksichtigen. Man geht davon aus, dass nur auf einem lebendigen Boden gesunde und robuste Reben gedeihen, die Früchte von hoher Qualität hervorbringen. Die Zeilen zwischen den Reben werden begrünt, die Abstände zwischen den Stöcken reduziert und das Blattwerk wird höher gezogen. Diese Maßnahmen reduzieren den Bedarf an Herbiziden und Pestiziden, und der verstärkte Wettbewerb um Wasser und Nährstoffe zwingt die Wurzeln, in die Tiefe zu wachsen. Dadurch verbessert sich der Zugang zu wertvollen Mineralien in den tieferen Bodenschichten, und der Rebstock gewinnt ein höheres Maß an Autarkie gegenüber ungünstigen äußeren Einflüssen wie zum Beispiel Trockenheit, Nässe und Kälte.

Im Ergebnis entstehen heute physiologisch optimal ausgereifte Trauben und daraus Weine mit geringerer, harmonischerer Säure, besserer Tanninstruktur, vollerer Fruchtkonzentration und etwas höherem Alkoholgehalt als früher. Sie präsentieren sich schon in jungen Jahren sehr charmant und zugänglich. Darin spiegelt sich eine radikale Abkehr einer im Gebiet bis noch vor wenigen Jahren unumstößlich geltenden Auffassung wider, wonach – zumindest für die Top-Qualitäten – ein größtmöglichstes Alterungs- und Entwicklungspotential und auf dem Weg dahin hohe Säurewerte als zentraler Erfolgsgarant angestrebt wurden. Heute hingegen stehen die Bedürfnisse der Kunden nach anderen Weinen im Vordergrund: Weine, die innerhalb von zehn Jahren optimalen Trinkgenuss bescheren und sich generös, reich, komplex und lagerfähig präsentieren.

Zum Essen

nicht zu schwere Fleischgerichte, Kaninchen, Aufschnittplatte, Spargel, Ziegenkäse

Empfehlenswerte Vertreter

Bernard Baudry, Joel Taluau, Yannick Amirault, Philippe Alliet, David Chauveau, Stéphane Filliatreau, Charles Joguet, Domaine Couly-Dutheil und Domaine Druet

Zum Weiterprobieren

Saumur, Saumur-Champigny, norditalienischer Cabernet Franc und – als absolutes Highlight – Château Cheval Blanc aus St. Émilion

Preise: 1–3

31 Bandol

Bandol, der seriöseste Wein aus der Provence, ist ein weitgehend unbekannter Star in der internationalen Rotweinszene. Die besten Vertreter präsentieren sich üppig konzentriert, mit großer Geschmackstiefe, Komplexität und einem bemerkenswerten Alterungspotential. In ihrer Jugend beeindrucken sie durch Aromen dunkler Beerenfrucht mit Nuancen frischer Kräuter, vor allem Thymian und Rosmarin, und Anklängen von Fleisch und Leder. Am Gaumen strotzen die Elixiere nur so vor unbändiger Kraft und rassigen Tanninen, nur der Säuregehalt ist vergleichsweise niedrig. Jung sind es Weine, mit denen man ringen muss, ohne jedoch jemals die Oberhand zu bekommen. Erst nach einigen Jahren Flaschenreifung erreichen sie jenes Maß an Generosität, Harmonie und Abgerundetheit, das sich jeder Weinfreund wünscht. Dann hat sich das jugendliche Aroma weiterentwickelt, und es finden sich Noten von Bergamotte (Zitrusfrucht), Wacholder, Trüffel, Kakao, Trockenfrüchten und Tabak.

Bandol zählt zu den seltenen Gegenden, wo alle Bedingungen zusammentreffen, um große und geschmacklich eigenständige Weine entstehen zu lassen. Diese herrlich sonnige Ecke im Südosten Frankreichs zwischen Toulon und Marseille ist mit ihren dem Meer zugewandten und gegen kalte Nordwinde geschützten Hängen geradezu ideal für den Weinbau. Mehr als 3 000 Sonnenstunden im Jahr, warme, aber nicht zu heiße Temperaturen aufgrund der Nähe zum Meer, lange, niederschlagsarme Herbste und die positiven Effekte des Mistral, der nach Regenfällen wie eine Schnelltrocknungsanlage wirkt und dadurch dem Fäulnisbefall vorbeugt, bieten selbst für den Anbau spätreifender Rebsorten außergewöhnlich günstige Voraussetzungen.

Die 1 300 Hektar große Appellation Bandol erstreckt sich oberhalb der gleichnamigen Hafenstadt und ist in der Form eines natürlichen Amphitheaters angeordnet. Zu den Weinorten zählen weiterhin die Küstenstadt Sanary und im Inland die reizenden mittelalterlichen Bergstädtchen Le Castellet und La Cadiere d'Azur sowie der Marktflecken Le Beausset. Tausende kleiner Parzellen ziehen sich entlang der Hügel auf durch Trockenmauern gestützten Terrassen. Restanques nennen sich diese dem steinigen Grund abgerungenen Flecken, auf denen außer Reben auch Olivenbäume, Alep-Kiefern, immergrüne Eichen und alle möglichen würzigen Kräuter gedeihen. Die Böden im Gebiet sind uneinheitlich, aber vor allem geprägt von Lehm, Kalk und Schotter.

Die Hauptrebsorte heißt Mourvèdre. Für den Winzer ist diese kleine, dickhäutige Beere nicht einfach anzubauen. Weil sie im Frühjahr sehr spät austreibt und im Herbst spät reift, beansprucht sie für sich die wärmsten, nach Süden ausgerichteten Lagen. Annehmbare Resultate bringt sie nur unter der Bedingung niedriger Erträge. Dazu bedarf es kühler, flacher Tonböden und schwachwüchsiger Unterlagen. Gleichzeitig müssen die Winzer hohe Zuckerkonzentrationen in den Beeren anstreben, um die relativ hohen Tanninwerte zu balancieren. Einerseits sollte die Ernte also möglichst spät erfolgen, andererseits besteht aber gerade dann die

Gefahr der Überreife, die ein backpflaumenartiges Aroma mit sich bringt. Also eine wirklich knifflige Angelegenheit!

Ein Bandol-Wein muss zu mindestens 50 Prozent aus der Mourvèdre-Traube bestehen. Auf den in diesem Gebiet vorherrschenden Ton- und Lehmböden tritt der von Natur aus hohe Tanningehalt der Mourvèdre-Traube deutlich hervor, so dass traditionell die ebenfalls angebauten Sorten Grenache und Cinsault beigemischt werden. Nur auf den Kalk- und Mergelböden im Norden des Anbaugebietes entstehen weniger tanninbetonte, feinere Exemplare, die in manchen Fällen sogar ohne den mildernden Einfluss der anderen Sorten auskommen.

Keine andere französische Appellation hat dermaßen strenge Produktionsbestimmungen wie Bandol. Der maximale Ertrag ist auf 40 hl/ha begrenzt, das heißt nicht mehr als etwa zwei bis drei Trauben pro Stock. Beispiellos ist die Bestimmung, Trauben frisch gepflanzter Reben erst dann für den Bandol AOC zuzulassen, wenn die Stöcke ein Alter von acht Jahren erreicht haben. Die Pflanzdichte muss mindestens 5 000 Stöcke pro Hektar betragen und die Ernte ausschließlich per Hand erfolgen. Chaptalisierung, das heißt die Anreicherung des Mostes mit Zucker, um den Alkoholgehalt zu erhöhen, ist ebenso verboten wie alle Verfahren der Konzentration von Most und Wein. Für den Ausbau schreiben die Appellationsdisziplinarien eine Fasslagerung von mindestens 18 Monaten vor. Traditionell werden hierfür große Holzfuder verwendet, und auch heute noch fühlen sich die meisten Produzenten dieser Tradition verpflichtet. Doch einige Kellermeister haben – wie in anderen Gebieten auch – längst damit begonnen, Barriquefässer einzusetzen.

Zum Essen

Wildbraten, Wildgeflügel, Schmorfleisch, Kalb, Ente, Taube, Gemüse – eigentlich zu fast allem!

Empfehlenswerte Vertreter

Château de Pibarnon, Château Pradeaux, Château Jean-Pierre Gaussen, Domaine de la Tour de Bon, Domaine Ray Jane, Domaine Terrebrune, Château la Rouvière, Domaine Tempier, Château Vannières, Domaine Lafran-Veyrolles, Domaine de la Vivonne

Zum Weiterprobieren

Weine aus der Mourvèdre-Traube aus anderen Anbaugebieten:

Languedoc: Domaine Jean-Michel Alquier, Estanilles, Mas Julien, Domaine Peyre Rose, Prieuré de Saint-Jean-de-Bébian, Domaine d'Aupilhac, Domaine de l'Hortus, Saint-Auriol

Spanien: Torres, Bodega Balcona, Agapito Rico, Bocopa, Salvador Poveda

Kalifornien: Cline Cellars, Jade Mountain, Qupé, Ridge, Zaca Mesa

Australien: D'Arenberg, Penfolds, Pikes, Rosemount, Yalumba

Preise: 2–4

Blaufränkisch 32

Die Rebsorte Blaufränkisch bringt rassige, überaus temperamentvolle und in der Spitze leidenschaftliche Weine hervor. Schon ihre äußerliche Erscheinung ist beeindruckend: mal undurchdringliches, sattes Purpur, mal tiefes Violett-Schwarz – so wie bei kaum einem anderen Rotwein. In der Nase finden sich üppige Fruchtaromen mit Noten schwarzer Kirschen, Brombeeren und Pflaumen, aber auch Kaffee, Rosenpfeffer, Kräuter, Tabak, Pumpernickel, Rauchfleisch und Trüffel. Der Gaumenauftritt ist markant maskulin, mit einem kräftigen Tannin-Säure-Gerüst und allerlei Ecken und Kanten ausgestattet; manche sind betont raubeinig, und nur die Besten präsentieren sich fein texturiert und elegant, vielschichtig, tief und mit einem guten Lagerpotential.

Wo diese Rebsorte herkommt, ist nicht mehr wirklich nachzuvollziehen. Einerseits würde der Name Blaufränkisch auf Franken deuten – in Deutschland ist er allerdings unter dem Namen Lemberger bekannt und kommt in Franken eigentlich nicht vor. Vermutet wird ein Ursprung in Frankreich (fränkisch) zur Zeit Karl des Großen, der edle, französische Rebsorten als „fränkisch" und unedle, aus dem Osten kommende als „hunnisch" bezeichnete. Gegen Ende des 10. Jahrhunderts wurde er angeblich nach Österreich gebracht, von wo aus sich die Rebsorte auch nach Deutschland und nach Osten und Südosten (Kroatien, Slowenien und Ungarn, wo sie Kekfrankos genannt wird) ausbreitete. Fest steht jedenfalls, dass Blaufränkisch – in Österreich mit einem Rebflächenanteil von 5,5 Prozent die zweitwichtigste Rotweinrebsorte – im pannonischen Raum, speziell im Burgenland, ideale Bedingungen vorfindet und dort hochklassige Weine hervorbringen kann.

Die burgenländische Heimat des Blaufränkisch ist nach dem Weinviertel die zweitgrößte Weinbauregion Österreichs. Sie umfasst die abgegrenzten Weinbaugebiete Neusiedlersee, Neusiedlersee-Hügelland, Mittelburgenland und Südburgenland und stößt im Osten an die ungarische Grenze. Nach zweistelligen Wachstumsraten in den vergangenen Jahren sind heute fast 3 500 Hektar mit Blaufränkisch bepflanzt. Die stilistische Vielfalt der Weine, die hier aus der Sorte Blaufränkisch gekeltert werden, ist ebenso groß wie die Terroirs in der Region unterschiedlich sind. Das Spektrum reicht von fruchtig ausgebauten, „klassischen" Weinen mit frischer Säure, zurückhaltender Tanninstruktur und schneller Trinkreife bis hin zu hochreifen, konzentrierten Reserve-Abfüllungen mit Lagen-Charakteristik und Barrique-Ausbau.

Im Anbaugebiet Neusiedlersee am Nord- und Ostufer des Sees herrscht pannonisches Klima mit heißen, trockenen Sommern und intensiver Sonneneinstrahlung. Der verbreitete Heideboden ist wenig fruchtbar, sorgt für guten Wasserabzug und bietet damit hervorragende Voraussetzungen für hochwertige, kraftvolle Rotweine. Die besten Ergebnisse werden jedoch an den Abhängen der etwas höher gelegenen Parndorfer Platte erzielt. Aber aufgrund ständig wechselnder Bodenzusammensetzung gerät auch hier der Blaufränkisch nicht einheitlich. Herausragende Resultate kommen von den Lagen Ungerberg, Salzberg und Goldberg. Während der nach Nordosten geneigte Goldberg für seine feinen und eleganten Blaufränkisch bekannt ist, bringt der Ungerberg mineralische und ungemein tanninbetonte Gewächse hervor. Der Blaufränkisch vom Salzberg ist vielleicht der eigenwilligste und originellste „Grand Cru" von der Parndorfer Platte. Die Rebstöcke wachsen hier auf kalkhaltigen Böden aus feinen Tertiärsedimenten. Das verleiht dem Blaufränkisch in manchen Jahren eine ganz eigenständige Stilistik mit Noten von getrockneten Kräutern und gedörrten Pilzen, Preiselbeeren und Leder, Kirschen und Tabak – insgesamt sehr dunkle und intensive Aromen. Am Gaumen vereint der Salzberg eine kraftvolle und feste Struktur und üppige Konzentration mit feingliedriger Eleganz und verspielter Leichtigkeit – Rotweine mit großem Druck und langem Lagerpotential.

Im Westen des Sees liegt das Anbaugebiet Neusiedlersee-Hügelland. Der Blaufränkisch ist hier zwar nur eine unter vielen anderen Rebsorten, er bringt jedoch in der Lage Mariental an der Grenze zwischen Rust und Oggau Weine von Weltruhm hervor. Der Boden besteht hier im oberen Abschnitt aus Kalksanduntergrund mit einem starken Gehalt an versteinerten Korallen und einer rund 40 Zentimeter dicken Humusauflage, und im südöstlichen Bereich aus Schwemmböden.

Besonders bemerkenswerte Tropfen entstehen an den Süd- und Osthängen des Leithagebirges. Diese Erhebung setzt sich in seinem Kern aus kristallinem Gneis und Glimmerschiefergestein zusammen, welches über Jahrmillionen mit Leithakalk überzogen wurde. Heute prägen die Urgesteinsverwitterungen mit sandigem Lehm, Schiefer und Muschelkalk die Weine mit einem unverwechselbaren mineralischen Ton. Der Neusiedlersee sorgt das ganze Jahr über für ein unvergleichliches Mikroklima mit warmen Herbsttagen und milden Temperaturen. 15 Top-Winzer haben sich unter dem Label „Leithaberg" zusammengeschlossen, um – allen Moden und Trends zum Trotz – das spezifische Terroir und den unverwechselbaren Lagencharakter herauszuarbeiten. Auf der Basis ausschließlich traditioneller Methoden entstehen ungemein elegante und mineralische Weine, die Zeit brauchen, um ihre volle Trinkreife zu entwickeln.

Das Mittelburgenland schließt unmittelbar südlich an das Gebiet Neusiedlersee-Hügelland an. Das warme Klima und die meist tiefgründigen, schweren Sand- und Lehmböden bieten auf rund 2 000 Hektar Rebfläche vor allem den roten Rebsorten erstklassige Wachstums- und Reifebedingungen. Der Beiname „Blaufränkisch-Land" verweist deutlich auf die besondere Identität des Gebietes. Die schweren Böden um Horitschon ergeben besonders strukturierte und konzentrierte Varianten, während Neckenmarkt an den Ausläufern des Ödenburger Gebirges auf schotterhaltigen Hanglagen feinere, ungeheuer fruchtbetonte und mineralische Blaufränkisch hervorbringt. Ihre Stärke ist nicht Kraft und Opulenz, sondern Eleganz und kühle Zurückhaltung. Sehr vital und rassig präsentieren sich die Vertreter aus Deutschkreutz und geben damit dem kühleren Terroir der Region Ausdruck.

Erstmals für den Jahrgang 2006 ist eine eigenständige burgenländische Klassifizierung für den Blaufränkisch – und gegebenenfalls auch für andere Weine – geplant. Während trinkige und fruchtbetonte Weine ohne Holznote und eine allzu üppige Konzentration die Bezeichnung „Klassik“ führen sollen, steht die Kategorie „Reserve“ für gehaltvollere Weine mit einer vorgeschriebenen Lagerdauer. Die absoluten Spitzen des Gebietes dürfen sich „Juwel“ nennen, wenn sie dem sehr strengen Anforderungskatalog für diese Top-Kategorie gerecht werden.

Zum Essen

deftige Schmorgerichte, Wild, Wildgeflügel, Lamm, Gans, Ente mit Rotkraut und schwarzen Nüssen

Empfehlenswerte Vertreter

Paul Achs, Gernot und Heike Heinrich, Gsellmann, Nittnaus, Umathum, Braunstein, Kollwentz, Prieler, Rosi Schuster, Ernst Triebaumer, Iby, Kirnbauer, Wellanschitz, Weninger

Zum Weiterprobieren

Cuvées von Blaufränkisch mit Zweigelt oder anderen Sorten, Lemberger in Württemberg, Zweigelt, Lagrein, Syrah von der nördlichen Rhône

Preise: 2–4

33 Chianti

Einen typischen Chianti zu beschreiben, ist alles andere als eine leichte Aufgabe – tritt er doch in so vielen verschiedenen stilistischen Gewändern auf. Traditionelle Vertreter schmecken nach bitteren Kirschen und Veilchen, herben Kräuter- und Teenoten.

Am Gaumen sind sie stets geprägt von reichlich Säure und Tannin und einem mittleren Körper mit ungefähr 12,5 Vol.% Alkohol. Früher ging mit diesen sensorischen Merkmalen meist eine raue, uncharmante Textur einher, die nur mit etwas Essbarem gezähmt werden konnte. Heute präsentieren sich die Weine runder und dichter, das Mundgefühl ist feiner und generöser geworden. Es sind keine ganz einfachen Weine, dafür aber sehr individuell, mit nichts in der Welt vergleichbar und deshalb allemal eine Versuchung wert. Es sind Weine, die neben dem Vergnügen auch ein wenig Schmerz bereiten.

Ganz anders präsentieren sich die Vertreter des modernen Chianti: mal sehr großzügig und üppig konzentriert, ausgestattet mit reifen, süßlichen Tanninen, weicher Säure und reichlich Alkohol, mal geschmacklich angereichert mit Cabernet Sauvignon oder Merlot, mal geprägt von der Aromatik neuen Eichenholzes, die mehr an Bounty, Kaffee und Kakao als an Kirsche oder Holunder erinnert. Es sind dies nicht selten önologische Meisterleistungen, aber keine Weinoriginale von individuellem und deshalb unverwechselbarem Zuschnitt. Sie repräsentieren mehr die Handschrift des Kellermeisters, als dass sie authentischer Ausdruck von Rebsorte und Herkunft wären. Das sinnlich Betörende, das einen Chianti auszeichnen kann, sucht man in diesen Weinen vergeblich.

Vor nicht allzu langer Zeit kam der Chianti noch im Baströckchen daher: Strohumflochtene, bauchige Flaschen standen für preisgünstigen, italienischen Wein schlechthin. Einigen Kennern war zwar bewusst, dass der Chianti aus der Toskana kam. Ob Chianti jedoch für eine Traubensorte, eine Ortschaft, einen Weintyp oder ein Gebiet stand, wussten nur wenige Eingeweihte. Auch unter dem Zusatz *Classico* konnten sich die wenigsten etwas vorstellen.

Chianti ist die Bezeichnung für einen Rotwein mit DOCG-Status – die Top-Kategorie in Italien – aus einigen ausgewählten Regionen der Toskana. Sieben Bereiche dürfen den Namen Chianti führen: Chianti Classico, Chianti Montalbano, Chianti Colli Fiorentini, Chianti Rufina, Colli Senesi, Colline Pisane und Colli Aretini. Einige Randzonen dürfen den Namen Chianti ohne Zusatz benutzen. Neben der genauen Herkunft sind für all diese Weine natürlich noch weitere gesetzliche Bestimmungen festgelegt: die

Rebsorten, die verwendet werden dürfen beziehungsweise müssen, der maximale Ertrag, der minimale Alkoholgehalt und einige weitere Details. Die Bezeichnung Riserva bedeutet, dass es sich um einen Wein mit längerer Lager- und Reifezeit handelt, was in vielen, aber keineswegs allen Fällen mit höherer Qualität einhergeht. Im Classico-Gebiet übernimmt das Consorzio del Marchio Storico die Vertretung gemeinsamer Interessen, und nur die Mitgliedsbetriebe tragen das Wappen des Verbandes auf der Banderole, den schwarzen Hahn (*Gallo Nero*).

Sangiovese ist für den Chianti die mit Abstand wichtigste Rebsorte. Sie ist allerdings anspruchsvoll und unzuverlässig. Sie treibt früh und reift spät, benötigt also eine lange Vegetationsperiode. Unter den marginalen, mal warmen und mal eher kühlen Klimabedingungen der zentralen Toskana bringt sie einerseits die besten Qualitäten, reift aber andererseits keineswegs in jedem Jahr optimal aus. Ein sonnenreicher, trockener Herbst ist für diese Rebsorte ideal. Und der Boden darf nicht zu fruchtbar sein – so wie in Montalcino, wo sich Tonschiefer- und Kalkböden abwechseln.

Sangiovese ergibt meist Weine mit moderater Farbtiefe, mittlerem Körper sowie hohem Tannin- und Säuregehalt. Es sind Weine von herbem, gelegentlich rustikalem Charme, denen von Natur aus eine gewisse Strenge und Kargheit eigen ist. Um diesen abweisenden Charakter zu mildern, gab man früher einen Anteil von etwa 20 bis 30 Prozent milderer Trauben hinzu: die weißen Trebbiano und Malvasia sowie die rote Canaiolo. Heute versuchen manche Produzenten, dieses Ziel mit Hilfe von Cabernet Sauvignon und – mit steigender Tendenz – Merlot sowie durch den Einsatz von Barriques und Mostkonzentratoren zu erreichen.

Von allen Chianti-Herkünften gilt das Chianti Classico als das qualitative Herzstück. Das Gebiet erstreckt sich zwischen Florenz und Siena. Es erfasst die gesamten Gemeindegebiete von Castellina, Gaiole, Greve und Radda in Chianti und zum Teil die Territorien von Barberino Val d'Elsa, Castelnuovo Berardenga, Poggibonsi, San Casciano Val di Pesa und Tavernelle Val di Pesa: insgesamt 70 000 Hektar. Davon dürfen auf 7 000 Hektar Reben für den Chianti Classico angepflanzt werden. In diesem vorwiegend waldigen Hügelgebiet mit Höhen zwischen 250 und 600 Metern dominieren Eichen, Kastanien und Pinien, gelegentlich überragt von Zypressen. Hier herrscht kontinentales Klima mit maritimen Einflüssen ohne übermäßige Temperaturschwankungen.

Bodenformationen, Höhenlage und Mikroklima wechseln in diesem Gebiet sehr häufig, und es lassen sich Hunderte von Kleinstlagen identifizieren. Die besten Bedingungen bieten vor allem solche Lagen, wo sich jener lehmhaltige Tuffstein findet, wie er in der südlichen Toskana anzutreffen ist, oder jene Galestroformationen (tonhaltige Letten) und Albarese-Böden (kalkhaltiger Sandstein) des nördlichen Chianti. Sie sind reich an Mineralien, aber arm an organischen Bestandteilen. Zugleich ermöglichen sie eine gute Drainage des Bodens, so dass der Produktion großer Mengen schon aus diesem Grunde Grenzen gesetzt sind. Im Allgemeinen sind die Weine des nördlichen Chianti Classico mehr durch Feinheit und Eleganz, die Weine des Südens mehr durch Kraft und Konzentration geprägt.

Im Laufe der vergangenen 30 Jahre hat im Chianti-Gebiet ein tiefgreifender, in vielerlei Hinsicht notwendiger und gelegentlich revolutionärer Wandel stattgefunden. Es kamen Menschen von außen hierher, und mit ihnen neue Ideen, neue unternehmerische Konzepte, neue Rebsorten und kellertechnische Verfahren. In dieser Zeit wurde nicht nur die Zukunftsfähigkeit des Weinbaus in der Toskana auf viel versprechende Weise neu begründet, sondern zugleich wurden immer wieder auch elementare Traditionsbestände herausgefordert: Man begann die Erträge herunterzufahren, verbannte den wertlosen Saft des Trebbiano, der den Chianti verdünnt, aus dem Chianti-Verschnitt, und investierte in neue Fässer und moderne Kellerausrüstung.

Innerhalb weniger Jahre demonstrierte die Toskana, dass sie in der Lage war, Weine von internationalem Format hervorzubringen, die auch Vergleiche mit bekannten Weltklasse-Gewächsen nicht zu scheuen brauchten. Den Vorbildern von Tignanello und Sassicaia folgten seit Beginn der 1980er Jahre zahlreiche Alternativweine, die in den meisten Fällen aus Gründen der Unvereinbarkeit mit den Produktionsdisziplinarien für den Chianti nur als *Vini da Tavola* etikettiert und vermarktet werden konnten. Aufgrund ihrer hohen Qualität und weltweiten Reputation nannte man sie alsbald „Super-Toskaner“.

Die Schöpfer dieser Gewächse fühlten sich einzig und allein dem Prinzip der Qualitätsmaximierung verpflichtet. Alles, was diesem Ziel im Weg stand, verlor in den Augen dieser jungen toskanischen Avantgarde seine Existenzberechtigung. Ihnen war nichts heilig, außer die stete und unaufhaltsame Verbesserung der Weinqualität, und sie ließen sich dabei mehr von internationalen Trends und Vorbildern als von regionalen Traditionen leiten. Unter ihrer Meinungsführerschaft entstanden viele, vom Standpunkt der modernen Önologie aus betrachtet erstklassig vinifizierte, vom Terroirstandpunkt her aber heimat- und identitätslose Superweine.

Heute ist die Zeit dieser Super-Toskaner abgelaufen. Ihr sicherlich größtes Verdienst, der Toskana und insbesondere dem Chianti Classico zu neuem Selbstbewusstsein verholfen zu haben, wird sich in die Geschichte dieser Region und ihrer Weine ebenso nachhaltig eingravieren wie die Arbeiten des legendären Barone Ricasoli am Verschnittrezept für den Chianti Ende des 19. Jahrhunderts. Nun gilt die Aufmerksamkeit einem anderen Projekt: den Chianti zu einem international geachteten, wettbewerbsfähigen und authentischen Repräsentanten seiner Herkunft zu formen – angesichts der immer noch verwirrenden Vielfalt an Qualitäten und Stilen eine große Herausforderung.

Zum Essen

gegrilltes, gebratenes und geschmortes Fleisch, Wild, Pilzgerichte, Pizza, Pasta

Empfehlenswerte Vertreter

Isole e Olena, Cacchiano, Cerbaia, Badia a Coltibuono, Casina di Cornia, Le Cinciole, Castellare, Rocca di Montegrossi, Vignamaggio, Castello di Ama, Montemaggio, Melini, Monsanto, Ormanni, Villa Trasqua

Zum Weiterprobieren

Vino Nobile di Montepulciano, Brunello di Montalcino, Morellino di Scansano, Sangiovese di Romagna

Preise: 1–4

Barbera

34

Barbera ist eine enorm wuchskräftige, spät reifende Rebsorte, deren Weine durch Farbintensität, hohe Säure- und Alkoholwerte, aber einen niedrigen Tanningehalt gekennzeichnet sind. Sie wird zwar an vielen Orten in der Welt angepflanzt, ihre besten Resultate bringt die Sorte jedoch eindeutig im nordwestitalienischen Piemont als Barbera d'Alba, Barbera d'Asti und Barbera del Monferato.

Unangenehm hohe Säurewerte finden sich heute praktisch nur noch in den einfacheren Weinen des Gebietes. Die Winzer bekommen die Sorte immer besser in den Griff und keltern zunehmend charmantere Weine. Die einfachsten Vertreter präsentieren sich jugendlich und kirschig-frisch, mit animierender Säure und mittlerem Körper. Diese Weine sind ideale Speisenbegleiter und sollten jung getrunken werden.

Die Welt der Top-Barbera teilt sich in zwei unterschiedliche stilistische Lager: Da gibt es zum einen die kraftvollen und zugleich eleganten und fruchtbetonten (Himbeeren, Kirschen, Pflaumen) Vertreter (Colle Manora, Revello, Vietti), zum anderen den Schmeichler-Typ mit moderaterer Säure und viel süßem Tannin; diese Weine sind in der Nase weniger von Frucht- denn von Röst- und Vanillearomen geprägt.

Der Bricco dell'Uccellone von Giacomo Bologna war der Wein, der in den 1980er Jahren dem Barbera den Weg in eine bessere Zukunft ebnete. Damals erschien das mehr als ein Wunder, denn ein Barbera-Wein trug das Stigma des sauren Tropfens, gerade gut genug für kartenspielende Rentner in der Dorfwirtschaft. Seine Erzeuger erzielten kaum kostendeckende Preise. 1986 erreichte der miserable Ruf seinen Höhepunkt: In Supermärkten wurde methylalkoholverseuchter Barbera verramscht. Es gab 20 Tote zu beklagen.

Giacomo Bologna hatte das Potential der Sorte auf einer Kalifornienreise erfahren und sich fortan dem Projekt verschrieben, große Weine aus dieser Rebsorte auch in seiner Heimat zu keltern. Er pflanzte die Sorte in den besten Hanglagen, zügelte ihre Wuchskraft und setzte alles daran, optimal ausgereifte Trauben zu ernten. Die Vinifizierung wurde von Bologna revolutioniert: Maischegärung, biologischer Säureabbau und Barriqueausbau. Und bald wurden die Neuerungen von anderen aufgegriffen, zunächst von Aldo Conterno und Angelo Gaja, später von Elio Altare, Luciano Sandrone, Enrico Scavino und Roberto Voerzio. Sie alle – und heute noch sehr viele mehr – haben die neue Produktionsphilosophie von Giacomo Bologna beherzigt und mit jedem neuen Jahrgang verfeinert. In ihren Weinen vermischt sich heute auf zum Teil hinreißende Art ein vor lauter Stoff- und Extraktreichtum förmlich explodierender, von einer süchtig-machenden, saftigen Säure begleiteter Barbera mit den Vanille- und Röstaromen der Barriques. Alle Elemente begegnen sich ausgewogen, der Wein ist von bezaubernder, samtiger Textur.

Nur den besten Produzenten gelingt es allerdings, das neue Holz so einzusetzen, dass die Charakteristiken von Sorte und Terroir nicht überlagert, sondern – im Gegenteil – noch prägnanter herausgearbeitet werden. Gerade im Falle des Barbera zeigt sich immer wieder, dass wohl keine andere italienische Rebsorte die Aromen des neuen und getoasteten Eichenholzes so intensiv aufnimmt, dass die Weine dann oft alle Frucht verlieren und die Merkmale des Barriqueeinflusses dominieren.

Die kräftigsten, strukturiertesten Exemplare kommen traditionell unter der Bezeichnung Barbera d'Alba aus der Langhe und entstehen zumeist in den Kellern der bekannten Barolo- und Barbaresco-Erzeuger. Die Sorte war und ist hier sicherlich nicht immer in den besten Lagen gepflanzt, aber Erfahrung und Sorgfalt der Winzer haben es immer wieder verstanden, dieses Handicap mehr als wett zu machen. In der jüngeren Vergangenheit haben jedoch die beiden anderen Ursprungsgebiete für den Barbera, Barbera d'Asti und Barbera del Monferrato, mächtig zugelegt. Neben La Spinetta haben vor allem die Betriebe Accornero und Marchesi Alfieri mit sensationellen Qualitäten auf sich aufmerksam gemacht.

Zum Essen

Antipasti, Spaghetti Bolognese, Tomaten, Parmaschinken, Weichkäse, Räucherlachs

Empfehlenswerte Vertreter

Modern: Aldo Conterno, Altare, Clerico, Conterno-Fantino, Scavino, Braida, La Spinetta, Correggia, Roberto Voerzio

Traditionell: Acconero, Marchesi Alfieri, Giuseppe Mascarello, Ghisolfi, Andrea Oberto, Pelissero

Zum Weiterprobieren:

Barbera-Weine in anderen Regionen: Oltrepò Pavese, Kalifornien, Argentinien

Verschnitte: Nebbiolo-Barbera (Piemont), Gutturnio dei Colli Piacentini (Emilia-Romagna), Taurasi (Kampanien)

Andere piemontesische Rotweine: mit geringerer Intensität Dolcetto, mit größerer Intensität Nebbiolo, vor allem Barolo und Barbaresco

Preise: 1 – 5

Ribera del Duero

35

Ein guter Ribera del Duero ist stets ein körperreicher, kraftvoller und ausdrucksstarker Wein mit den Aromen von Haferpflaumen, Kirschen, Brombeeren und schwarzen Johannisbeeren. Hinzu kommen würzige und erdige Noten und gelegentlich Hinweise auf Zitronenschale. Der Gaumenauftritt ist in der Jugend fordernd mit mittlerer bis kräftiger Säure und einem stets präsenten Tanningefüge. Mit zunehmendem Alter werden die Weine milder, die Fruchtaromen treten in den Hintergrund und überlassen einem Reifebouquet aus Tabak, Backpflaumen und Kakao die Bühne.

Ribera del Duero ist das berühmteste und erfolgreichste Anbaugebiet in Kastilien-León (nördliches Zentralspanien) und konkurriert mit dem Rioja um das beste Rotweingebiet Spaniens. Es erstreckt sich etwa 100 Kilometer von Osten nach Westen am Fluss Duero. Die bekanntesten Weinorte sind Valbuena de Duero, Pesquera de Duero und Aranda de Duero.

Schon 1864 entdeckte der Weinbauer Don Eloy Lecanda Chaves die Vorzüge des Terroirs an den sanften Hügeln des Duero. In seinem Gepäck hatte er Barriques und bordelaiser Reben und eine Menge neuer Ideen. Es gelang ihm in relativ kurzer Zeit, mit den französischen Reben und der einheimischen Sorte Tinta del País (Tempranillo) einen wunderbaren Rotwein aus der Taufe zu heben: den Vega Sicilia. Er fand aber keine Nachahmer und blieb lange Zeit das kultige, aber einsame Monument am Duero.

Das sollte sich erst ab Ende der 1970er Jahre ändern, als der Quereinsteiger Alejandro Fernandez sich aufmachte, die spanische Weinhierarchie auf den Kopf zu stellen. Er sah das ungeheure Potential dieser Region und machte sich daran, mit moderner Technik und neuen Methoden moderne Weine zu machen. Er setzte statt auf alte Traditionen auf die Hilfe des bekannten Önologen Teófilo Reyes. Das Produkt dieser Arbeit, sein Tinto Pesquera, der in allen Qualitätsstufen mit einer überbordenden Frucht, großer Tiefe und Komplexität überzeugt, wurde in kürzester Zeit zu einem viel beachteten Wein in der ganzen Welt und zum Vorbild vieler Winzer in der gesamten Region. Aber erst 1982 wurde dem Gebiet Ribera del Duero der DO-Status (*Denominación de Origen*, damals die höchste Kategorie in Spanien) zuerkannt.

Der Boden und das Klima sind ideal für feine Rotweine und in dieser Zusammensetzung wohl einmalig. Das Muttergestein in der Tiefe ist Schiefer, der auch im Osten im Priorat und im Westen im Portweingebiet in Portugal zutage tritt. Darüber liegt Mutterboden mit vielen Mineralien, Gips und vor allem Kalk. Am Flusslauf gibt es Schwemmlandböden. Aber erst das Klima ermöglicht wohl die unglaubliche Fruchtfülle der Weine. Es ist kontinental geprägt, das heißt also heiße Sommer und kalte Winter. Durch die Höhenlage – der Wein wächst auf einer Höhe zwischen 700 und 850 Metern – ist der Temperaturunterschied zwischen Tag und Nacht und Sommer und Winter außergewöhnlich groß. Im Sommer kann es bis 40 °C am Tage werden und in der Nacht auf 20 °C abkühlen. Die Frostgefahr besteht fast das halbe Jahr über. Spätfröste können auch im Mai noch kommen, und im September können die Temperaturen nachts bereits wieder unter 0 °C fallen. Nur wenn der Winzer seine Weinberge optimal pflegt, kann er perfekt gereifte Trauben ernten: eine Grundvoraussetzung für gute und sehr gute Weine.

Die wichtigste Rebsorte ist die schon erwähnte lokale Variante des Tempranillo: Tinto fino oder Tinta del País genannt. Sie hat sich auf die extremen Temperaturen gut eingestellt und ergibt reifes, gesundes Lesegut. 85 Prozent der Rebfläche sind mit Tinto fino bestockt. Schon seit 1864 gibt es auch Cabernet Sauvignon, Merlot und Malbec. Sie sind inzwischen in der DO zugelassen. Ein Rotwein der DO Ribera del Duero muss jedoch zu 75 Prozent aus Tinto fino bestehen. Es gibt hier auch Roséweine, die aus der Garnacha Tinta gekeltert werden. Weißweine sind jedoch nicht in die DO aufgenommen worden. Die örtliche Weißweinsorte Albillo wird bisweilen in roten Verschnitten zugesetzt, um diese etwas charmanter und früher trinkreif zu machen.

Die Weinbereitung ist vor allem im vergangenen Jahrzehnt viel moderner geworden. Durch zusätzliche Edelstahltanks, neue Gärtechniken, den Einsatz von Barriques und nicht zuletzt aufgrund tief greifender Verbesserungen der Hygienestandards wurde die Qualität der Weine gewaltig angehoben. Um die Frucht zu erhalten, wird der Wein nicht mehr so lange wie früher in Fässer reifen gelassen. Die große Ausnahme ist Vega Sicilia, deren Reserva-Abfüllungen nach wie vor einen Ausbau von zehn Jahren und mehr durchlaufen, bevor sie vermarktet werden. Bei einem Ausbau in Barriques kommen Aromen von Vanille, Gewürzen und geräuchertem Holz hinzu und machen den Wein – wenn alles gut geht – komplexer.

Der Ribera del Duero wird in verschiedenen Stilen angeboten: Vom *Joven*, ein schnell trinkreifer Wein, der schon unmittelbar nach der Abfüllung viel Trinkgenuss verspricht, über die *Crianza*, die mindestens drei Jahre (davon zwölf Monate im Barrique) reifen muss, bis hin zu den großartigen *Reserva*- und *Gran Reserva*-Qualitäten mit noch längerem Fassausbau und Flaschenreifung.

Zum Essen

Joven und Crianza: Gegrilltes, deftige Kost
Reserva: feine Menus
Generell: kräftige Fleischgerichte, Steinpilze und Trüffel

Empfehlenswerte Vertreter

Alejandro Fernandez, Dominio de Pingus, Vega Sicilia, Hacienda Monasterio, Ismael Arroyo, Perez Pascuas, Balbas, Arguaga, Condado de Haza, Mauro, Vina Pedrosa, Teófilo Reyes, Valduero, Penalba-Lopez

Zum Weiterprobieren
Rioja und Priorato, Douro

Preise: 2–5

36 Douro

Es ist nicht leicht, einen „typischen" Douro zu beschreiben. Eigentlich gibt es ihn noch gar nicht. Auf leisen Sohlen hat sich hier am Fluss Douro im nördlichen Portugal seit den 1980er Jahren eine großartige Rotweinkultur entwickelt – vom einfachen Landwein zur Weltspitze! Eine neue Generation von Önologen hat sich im pittoresken Dourotal darangemacht, ihre Weinwelt auf den Kopf zu stellen. „Douro Boys" werden die Vertreter der fünf renommiertesten Weingüter (Quinta do Vallado, Quinta do Crasto, Quinta do Vale Dona Maria, Quinta do Vale Meao und die Quinta do Napoles von Niepoort) dieser Region genannt. Noch scheinen die Spitzenweine allerdings nach einem allgemein gültigen Profil zu suchen: Den tanninbeladenen, mit unglaublicher Frucht und Struktur ausgestatteten Kraftprotz gibt es ebenso wie den feinen, komplexen und finessenreichen Grand Signeur.

Die Weine sind rubinrot bis hin zu einem fast undurchdringlichen Schwarzrot. Allen ist eine große Fruchtigkeit eigen, die aber niemals eindimensional wirkt. Ein sattes, mehr oder weniger rundes Tannin ist vielleicht die markanteste Eigenschaft der Douroweine. Eine gewisse Wildheit und Würze, und je nach Ausbau Eichenaromen, Schokolade, Leder oder Mocca runden das Bild ab. Bedingt durch die autochthonen Rebsorten lassen sich die Weine eigentlich recht gut als Produkte Portugals erkennen, auch wenn manchmal Assoziationen mit dem Ribera del Duero, Australien oder sogar Bordeaux aufkommen.

Das Weinbaugebiet Douro liegt im Norden Portugals und zieht sich an dem gleichnamigen Fluss entlang. Es beginnt circa 80 Kilometer östlich von Porto und endet nach etwa 120 Kilometern kurz vor der spanischen Grenze. Berühmt ist das Gebiet als die

Heimat des Portweins (siehe Kapitel 22). Von den 40 000 Hektar Weinbergen werden circa 29 000 Hektar für den Portwein genutzt. Während früher die besten Erntepartien zur Herstellung des Traditionsproduktes genutzt wurden, wird heute immer öfter auch für den Rotwein streng selektioniert. Es gibt mittlerweile sogar *Quintas* (Weingüter), die nur Tischwein herstellen. Die Quinta de Napoles von Dirk van Niepoort stellt neben hervorragenden Rotweinen auch einen guten, barriquevergorenen Weißwein her. Der überwiegende Teil der Weine aber ist rot.

Die Reben wachsen auf steilen, terrassierten Hängen am Douro auf kargem Schiefergestein. Es wird oft als das schönste Weintal der Welt beschrieben. Eine gewisse Ähnlichkeit mit den Steilterrassen der Mosel ist durchaus gegeben. Das schmale Schieferband ist umgeben von Granitgestein. Das Klima ist auf den 120 Kilometern von West nach Ost sehr unterschiedlich. Im Westen, dem Beixo Corgo, ist es noch etwas mediterran geprägt, obwohl der Einfluss des Atlantiks durch die Serra do Marão, ein Gebirge mit 1 400 Metern Höhe, stark abgeschwächt wird. Es ist der kühlste Teil der Douro DOC. Während es im Gebirge bis 1 400 Millimeter Niederschlag gibt, beträgt die Niederschlagsmenge an der spanischen Grenze nur noch 400 Millimeter. Die Weine hier sind etwas leichter, das Tannin etwas härter und weniger reif. Im mittleren Teil des Douro, dem Cima Corgo, wo die bekanntesten Quintas liegen, wird das Wetter kontinental. Die Sommer sind heiß und trocken. Das Thermometer geht oft über 35 °C. Weiter östlich wird das Klima noch extremer, wir befinden uns im Douro Superior. In dieser unwirtlichen und trockenen Landschaft wird einer der schönsten Rotweine Portugals hergestellt: der Quinta do Vale Meao Douro Red. Hier existieren neben Schieferböden auch Granit und Schwemmlandböden.

Im Douro gibt es eine große Anzahl heimischer Reben, davon sind insgesamt 90 für den Anbau zugelassen. In den alten 80 bis 100-jährigen Anlagen stehen im gemischten Satz Reben, die wahrscheinlich nicht einmal der Eigentümer alle kennt. Bei Neuanpflanzungen kommen jedoch nur noch wenige Sorten infrage; als beste gelten: Touriga National, Tinta Roriz (Tempranillo), Touriga Francesa, Tinta Amarela, Tinta Barocca und Tinta Cão. Die Touriga National gilt als die beste Rotweinrebe, die viel Frucht, Struktur und Kraft ins Cuvée bringt, aber nur extrem wenig Ertrag bringt

– nur etwa 300 Gramm pro Rebstock. Die Rotweine sind meist ein Verschnitt von drei bis sechs Sorten. Cabernet Sauvignon oder andere bekannte Sorten haben hier keine Heimat gefunden.

Die Weinbereitung ist teils modern, teils traditionell. Wie bei den besten Portweinen werden auch für die besten Tischweine die Trauben zunächst in *lagares* (Granitbecken) gegeben und bis zu sechs Stunden mit den Füßen gestampft. Dann wird die Maische in Edelstahlgärbehälter gepumpt und nach modernsten Erkenntnissen weiterverarbeitet. Die Lagerung der Weine in neuen und gebrauchten Barriques aus französischer Eiche wird bevorzugt, es gibt auch Experimente mit portugiesischer Eiche. Eine interessante Notiz am Rand: Mit die feinsten Weine am Douro werden von Frauen gemacht – Susana Esteban, seit 2002 auf der Quinta do Crasto, und Sandra Tavares da Silva auf der Quinta do Vale Dona Maria und der Quinta de Chocapalha.

Viele der Douroweine werden im Land getrunken, und sie passen sowohl zur bäuerlichen Küche wie auch zu feinen Speisen.

Zum Essen

Lamm mit Knoblauch und Rosmarin, gegrillte Nieren, Rinder- und Wildragouts, Steinpilze, Trüffel, Wildente, portugiesische Käsesorten wie Alcobaca und Ilha do Pico

Empfehlenswerte Vertreter

Quinta do Crasto, Quinta da Vale Meao, Pintas, Quinta do Vale de Raposa, Quinta do Napoles, Ramos Pinto, Quinta de la Rosa

Zum Weiterprobieren

Dão, Bairrada, Alentejo, Ribera del Duero

Preise: 2–5

Die Exoten – Weine mit ungewöhnlichen Geschmackserlebnissen

Sagrantino di Montefalco

37

Der Sagrantino di Montefalco ist ein Wein, der in Umbrien (Zentralitalien) in der Gegend um die Stadt Montefalco aus der Rebsorte Sagrantino gekeltert wird. Es ist eine Sorte mit gigantischem Polyphenol- und hohem Alkoholgehalt. Die Weine sind tief in der Farbe und reich an Struktur, ausgestattet mit einem verschwenderischen, fruchtig-würzigen Aroma mit Noten reifer Pflaumen, Brombeeren, Holunder und Marmelade sowie gelegentlich Lakritz. Die besten Vertreter verstehen es, die ungeheure Kraft dieser Weine perfekt zu balancieren, so dass beim Genuss die eleganten und feinen Aspekte überwiegen. Der heutige Sagrantino di Montefalco ist in der Regel ein entwicklungsfähiger Wein, der durchaus jung getrunken werden kann, seine Stärken jedoch erst nach fünf bis sieben Jahren Flaschenreife preisgibt.

Noch gilt der Sagrantino als publizistisches Leichtgewicht. Seine Heimat ist begrenzt auf ein kleines Gebiet in Umbrien, südlich von Perugia und Assisi in den Weinbergen um die mittelalterliche Stadt Montefalco gelegen. Hier herrscht der Einfluss des Thyrrenischen Meeres, während nach Norden und Osten der Apennin eine Wasserscheide bildet. Ideale Wachstumsbedingungen findet die Sagrantino-Rebe hier vor allem an den Flanken der Hügel. Doch erst seit Mitte der 1980er Jahre sorgte das Gebiet mit hochklassigen Weinen für Aufmerksamkeit. Im Jahr 1993 wurde der Sagrantino di Montefalco mit dem DOCG-Prädikat geadelt und spielt nun in der Liga der italienischen Giganten.

Früher wurde der Sagrantino stets als Passito produziert. Erst als solche starken Süßweine in den 1970er Jahren aus der Mode kamen, wurden – quasi aus der Not heraus – erste Experimente mit trocken ausgebautem Sagrantino gemacht. Mit der fehlenden Süße trat aber nun der ganze Reichtum dieser Rebsorte ungeschminkt zutage: Unmengen an Farbpigmenten, Tannin, Säure, Extrakt und Alkohol. Der Polyphenolgehalt erreicht in Spitzenjahren Werte, die weit über dem Niveau anderer Rebsorten liegen: Annähernd 6 000 mg/l bei der Powertraube Sagrantino stehen durchschnittlich etwa 2 500 bis 3 000 mg/l bei einem Chianti Classico gegenüber.

Den enormen Tanninreichtum dieser Sorte kann nur in den Griff bekommen, wer den Weg einer ausgedehnten Maischegärung einschlägt. Das, was zunächst unlogisch anmutet, wird verständlich, wenn man weiß, dass die Extraktion der Tannine bereits nach wenigen Stunden erfolgt. Die zu diesem Zeitpunkt noch recht kleinen Tanninverbindungen erweisen sich als ungeheuer aggressiv. Zunehmender Schalenkontakt führt dann aber dazu, dass die kleineren Tanninmoleküle polymerisieren und allmählich eine komplexere, geschmacklich sehr viel mildere und weniger aggressive Tanninstruktur entsteht.

Die Wahl des Fasses ist natürlich ebenfalls relevant für das Tanninmanagement. Hier werden jedoch sehr unterschiedliche Wege eingeschlagen. Für Marco Caprai ist der Einsatz von Barriques unverzichtbar. Das kleine Holzfass, so hofft er, mache den Sagrantino weicher und geschmeidiger. Der originellste Gegenspieler des modernistisch orientierten Caprai ist Adanti in Arquata di Bevagna, der älteste Sagrantino-Produzent überhaupt. Nach im besten Sinne des Wortes traditionellen Methoden entstehen hier unter der Ägide des früheren Schneiders aus Frankreich die wohl eigenständigsten, kompromisslosesten Sagrantino überhaupt.

Ob nun modern oder traditionell orientiert – die vielen Verbesserungen im Bereich der Weinbergsarbeit und Kellertechnik führten im ganzen Gebiet zu zunehmend besseren Resultaten. Gezielte Züchtungsprogramme wurden aufgelegt und die Selektion geeigneter Klone vorangebracht. Auch mit verschiedenen Pflanzdichten und Erziehungssystemen wird experimentiert. Vorreiter auf diesen Feldern ist das Weingut Caprai mit seinem renommierten toskanischen Önologen Attilio Pagli. Aber auch auf einigen anderen Weingütern werden Innovationen mutig in Angriff genommen. Auf der Tenuta San Marco hat Filippo Antonelli gerade einen neuen Keller fertiggestellt, in dem viele Produktionsabläufe nach dem Prinzip der Schwerkraft organisiert sind. Zusammen mit Adanti hat Antonelli auch Forschungsarbeiten über die Sagrantino-Traube auf den Weg gebracht, die weitere Verbesserungen der Weinbergsarbeit und Vinifizierung bringen werden.

Die Stimmung in Montefalco ist gut und für die Zukunft optimistisch. Obwohl die Preise angezogen haben, kann noch immer längst nicht so viel Sagrantino produziert werden, wie nachgefragt wird. Sein Vorteil ist seine ungeheure stilistische Eigenständigkeit und Unverwechselbarkeit. Zu ihm greift, wer das besondere Trinkerlebnis sucht, wer sich vom stilistischen Mainstream enttäuscht abwendet und nach geschmacklichen Alternativen Ausschau hält. Unter Kennern haben sich die Weine von Montefalco längst als Insider-Tipp etabliert.

Zum Essen
deftige Eintöpfe und Schmorgerichte, Steinpilze und Trüffel

Empfehlenswerte Vertreter
Antonelli/Tenuta San Marco, Caprai, Adanti, Colpetrone, Casale Triocco, Perticaia, Rocca di Fabri, Terre di Trinci, Napolini und Scacciadiavoli

Zum Weiterprobieren
ein wahres Unikat, es gibt wenig Vergleichbares!

Preise: 3 – 4

Lagrein 38

Der Südtiroler Lagrein ist ein dunkelroter, fast purpurfarbener Wein, dessen Aromen an einen Korb mit Waldfrüchten erinnern. Nicht selten dominiert die Brombeere, aber auch Dörrpflaume, Zimt und Bitterschokolade sind zu finden. Früher waren es meist leichte bis mittelgewichtige Tropfen, heute sind die meisten ziemlich konzentriert und mit kräftigem Alkoholgehalt ausgestattet. Sie sind von Natur aus recht säurebetont und gerbstoffarm und werden deshalb von vielen Winzern gerne zum Ausbau ins Barriquefass gegeben. Aber noch immer ist die stilistische Bandbreite groß: vom hellen, fruchtigen Kretzer (Rosé) bis zum kargen Zechwein, vom dichten, fruchtigen und eleganten Trinkwein bis zum aufgemotzten Super-Barriquewein ist alles zu finden.

Nachweislich wird der Lagrein seit über 600 Jahren in Südtirol angebaut. Neuere Untersuchungen haben herausgefunden, dass er mit dem Teroldego verwandt ist, der im Trentino einen ähnlich dunklen und tieffarbenen Wein ergibt. Der Teroldego besitzt wiederum eine gewisse genetische Nähe zum Syrah. Aber im Kern ist Syrah anders: tanninbetont und säurearm.

Lagrein war bis vor wenigen Jahren besonders als Verschnittwein geschätzt, und kaum ein Winzer machte sich die Mühe, ihm besondere Zuwendung zuteil werden zu lassen. Doch seit einigen Jahren hat sich das Blatt gewendet und der Lagrein ist vom einstigen Verschnittwein zum hochgeschätzten Lokalmatador aufgestiegen. Vergleichbar ist sein Renommeegewinn mit dem der Barbera-Rebe im Piemont.

Die Vorteile des Lagreins liegen auf der Hand: Sie gehört zur seltenen Rebsortenspezies, der es gelingt, ungeheuren Farb- und Extraktreichtum mit weitgehender Tanninarmut zu verbinden. Die Kellermeister müssen sich allerdings seit jeher mit einem lästigen Schönheitsfehler auseinandersetzen: Der Gaumenauftritt des Lagrein ist in seiner letzten Trinkphase oftmals geprägt von einer auffallenden Bitterkeit. Qualitätsorientierter Anbau in den richtigen Lagen, reduzierte Erntemengen und Fortschritte in der Kellertechnik haben jedoch gemeinsam dazu beigetragen, diesen störenden Aspekt zu zähmen. Vor allem dem Barriqueausbau wird von vielen Produzenten entscheidender Anteil am Sieg über die Bitterkeit zugesprochen.

Der Lagrein stellt höchste Ansprüche an Boden und Kleinklima, was seine Ausbreitung begrenzt. Warmes Klima und wärmespeichernde, tiefgründige, möglichst steinige Flussschwemmböden sind seine bevorzugten Standorte, wie sie die Rebe in idealer Kombination vor allem in den flachen Talgebieten bei Bozen vorfindet. Bei ungünstiger Witterung während der Blüte neigt der Lagrein jedoch leicht zum Verrieseln: Die einzelnen Blüten setzen keine Frucht an und verkümmern, die Trauben bleiben locker und unvollständig, die Erträge niedrig. Ansonsten ist die Rebsorte im Weinberg eher unproblematisch – abgesehen vom starken Wachstum, das mit gezielten Ertragsreduzierungen und schwachwüchsigen Unterlagen einigermaßen in den Griff zu bekommen ist. Um die Erntemenge zu begrenzen, nehmen auch immer mehr Südtiroler Winzer Abstand vom Anbau in der seit der Römerzeit überlieferten Pergelform (Holzgerüst). Die neuen Lagrein-Anlagen werden heute meist im Dichtbestand angelegt und mit Drahtrahmen bestückt.

Die besten Lagreins stammen aus den warmen Lagen in Gries (Gries bedeutet Kies), wo sich über 50 Prozent der Südtiroler Lagrein-Anbauflächen befinden. Gries ist im Sommer eine der wärmsten italienischen Flecken, und die wärmespeichernden Kiesböden tragen ihren Anteil zur optimalen Umgebung für den Rebstock bei. Ein zweites, kleineres Anbaugebiet des Lagrein liegt auf den Flussschotterböden in und um den alten Ortskern von Auer. Insgesamt sind in Südtirol 260 Hektar Rebfläche mit Lagrein bestockt, das entspricht knapp 6 Prozent der Rotwein-Anbaufläche.

Die Grieser Lagreins gefallen besonders durch ihre attraktive, runde Textur, aber es wäre ein Irrtum zu glauben, nur dort würde die Sorte Spitzenqualitäten ergeben. Uneingeschränkte Beachtung verdienen die Lagrein aus Maretsch, das zu Bozen-Dorf gehört, sowie die Gewächse in den benachbarten Gemeinden Moritzing, im Talfer-Tal und in Rentsch. Neuerdings gewinnt man allerdings den Eindruck, dass guter Lagrein von überallher kommen kann, aus Terlan und Kurtatsch ebenso sehr wie aus Auer. Es scheint so, dass mehr die kellertechnischen Behandlungsmethoden als die natürlichen Bedingungen des Terroirs den Ausschlag geben. Immer öfter trifft man auf Lagrein, die über die Maßen von den Einflüssen neuer, stark getoasteter Eichenholzfässer zeugen. Diese Weine sind nicht schlecht, im Gegenteil: Sie sind technisch einwandfrei und treffen zudem so erfolgreich wie nie zuvor den Geschmack eines breiten Publikums. Sie gehen mit der Mode, präsentieren sich in tiefdunklem Outfit, in der Nase süß und toastig, am Gaumen konzentriert, geschmeidig und weich. Doch zuweilen frage ich mich, was an ihnen überhaupt noch auf ihre Ursprünge verweist, auf Rebsorte und Terroir. Aus einem Exoten droht ein Konformist zu werden.

Zum Essen

Antipasti, Schinken, Lamm- und Pilzgerichte

Empfehlenswerte Vertreter

KG Bozen, Franz Gojer, Pfannenstielhof, Untermoserhof, Alois Lageder, Kandlerhof, KG Nals & Margreid-Entiklar, Tiefenbrunner, Muri-Gries

Zum Weiterprobieren

Teroldego, Barbera, Dolcetto, Marzemino, Zweigelt, Blaufränkisch

Preise: 1–4

39 Madiran

Die südwestfranzösische Appellation Madiran bringt traditionell überaus dunkle, tieffarbene Weine hervor, die im Aroma an dunkle Beerenfrüchte wie Brombeeren und schwarze Johannisbeeren erinnern, aber auch Noten von Tabak, Zedernholz und süße Gewürze aufweisen. Doch dieses in jeder Hinsicht freundliche Aromenbild kontrastiert jäh mit dem ungemein strengen Gaumenauftritt, in dessen Mittelpunkt Massen von Tannin ihre adstringierende Wirkung entfalten. Es sind sehr kraftvolle und beeindruckende Gewächse, die mehrere Jahre Flaschenreifung benötigen, bis ihre jugendliche Härte und Unnahbarkeit größerer Geschmeidigkeit gewichen ist. Eine Reihe zum Teil einschneidender Veränderungen während der vergangenen 20 Jahre hat das stilistische Profil des Madiran jedoch erheblich in Bewegung gebracht.

Allein seine Herkunft, so scheint es, hat den Stürmen der Zeit trotzen können. Um das Städtchen Madiran wachsen auf etwa 1 500 Hektar Rebfläche mit vorwiegend Ton- und Kalksteinböden die Trauben für einen der traditionsreichsten französischen Rotweine. Seine Heimat ist die Gascogne im französischen Südwesten, etwa 150 Kilometer südlich von Bordeaux und wenige Kilometer nordöstlich von Pau am linken Adour-Ufer. Die besten Weine kommen heute aus dem östlichen Bereich der Appellation von den eisen- und magnesiumreichen Lagen der Gemeinden Maumousson, Viella und

Aydie. Das Klima im Madiran ist von den Einflüssen des Atlantiks geprägt und im Allgemeinen mild und feucht – mit allerdings erstaunlich niederschlagsarmen Sommer- und Herbstmonaten. Anders als zum Beispiel in Bordeaux kann die Ernte ohne große Risiken bis zur Vollreife der Beeren abgewartet werden.

Früher wurde der Madiran zu fast 100 Prozent aus der kleinbeerigen, dickschaligen und spätreifenden Rebsorte Tannat bereitet. Es ist keine einfache Sorte, die ziemlich raue und harte Weine ergibt, wenn man der Weinbergspflege nicht genügend Aufmerksamkeit zukommen lässt. Eben dies war etwa um die Mitte des 20. Jahrhunderts der Fall. Der Markt für diese Weine brach ein, und in der Folge wurden immer mehr Rebanlagen still gelegt. Es schien so, als würde es den Madiran bald nicht mehr geben. Erst in den 1970er und 1980er Jahren setzte allmählich ein Umdenken ein. Es wurden neue Domänen gegründet und der Rebbestand begann wieder zu wachsen. Dennoch drohte der Madiran in diesen Jahren seine Seele zu verlieren. Das staatliche Weinbauamt INOA (Institut National des Appellation d'Origine) hatte nämlich in der Hoffnung auf bessere Vermarktbarkeit den vorgeschriebenen Tannat-Anteil auf 40 bis 60 Prozent begrenzt und die Zugabe nicht nur lokaler Sorten wie zum Beispiel Fer Servadou, sondern auch der Bordeaux-Sorten Cabernet Sauvignon und Cabernet Franc empfohlen.

Einige Winzer begrüßten dies, weil auf diese Weise die strenge Charakteristik des Tannat durch zwei hochwertige Sorten gemildert und der Entwicklungsbedarf der Weine reduziert werden konnte. Andere fürchteten um die Identität ihres Madiran und lehnten deshalb die Beigabe der Bordeaux-Sorten ab. Doch auch dieser zweiten Gruppe war bewusst, dass die stilistische Performance modernisiert werden musste, wenn ihr Wein auf Dauer überleben wollte.

Statt auf die Beigabe von Cabernet setzten sie zunächst auf die positiven Wirkungen konsequent qualitätsorientierter Weinbergspflege, allen voran drastisch reduzierter Erträge. Sie versuchten, den Tannat mittels verkürzter Maischegärung, ausgedehnter Mazeration nach der alkoholischen Gärung, Ausbau des jungen Weins in neuen Barriquefässern und häufigem Abstechen (Umfüllen) während der Lagerung zu zähmen. Auf diese Weise entstanden einige wirklich beeindruckende Weine. Doch nicht alle gaben sich mit dem Erreichten zufrieden.

Patrick Ducourneau entwickelte zur Entschärfung der Tanninintensität des Tannats ein ganz neues Verfahren, die so genannte Mikrooxidation. Durch kontrolliertes Einleiten von Sauerstoff in die Lagerbehälter des zu Ende gegorenen Weins noch vor dem biologischen Säureabbau, konnte die Polymerisation der Tannine und die Bildung von Polymerpigmenten begünstigt werden, wodurch die Weine einen weicheren, cremigeren Geschmack und mehr Farbstabilität gewannen. Heute wird diese Technik nicht nur im Gebiet des Madiran, sondern weltweit als probate Methode des Tanninmanagements erfolgreich eingesetzt.

Der Madiran hat überlebt und in der Welt des Rotweins eine höchst originelle Nischenposition erobert. Doch noch ist es nicht gelungen, den Gegensatz von Tradition und Moderne zu überbrücken und den eigenständigen Charakter des Madiran unverfälscht zum Ausdruck zu bringen. Unter der Führung einiger ehrgeiziger und talentierter Winzer hat eine mehr an internationalen Moden und Standards ausgerichtete Stilistik die Oberhand gewonnen. Wahrscheinlich ist es aber nur eine Übergangsphase, und bald werden dieselben Weinmacher die Tradition und den Ursprungscharakter ihrer Weine wiederentdecken. Spätestens dann wird das Madiran eine Fundgrube für Liebhaber individueller Weine mit großer Persönlichkeit und unnachahmlicher Note sein. Und gesund ist er schon jetzt – aufgrund seiner besonderen Polyphenolausstattung.

Zum Essen

kräftige Fleischgerichte mit intensiv-würzigen Saucen, Wildeintöpfe

Empfehlenswerte Vertreter

ursprungstypisch: Capmartin, Domaine du Crampilh, Barréjat
modern: Montus, Bouscassé, Château d'Aydie, La Chapelle Lenclos, Laffitte-Teston, Château de Viella, Domaine Berthoumieu, Labranche-Laffont

Zum Weiterprobieren

Tannat aus Uruguay, Cahors, Irouléguy, Côtes de Frontonnais

Preise: 2–4

Cahors

40

Der Cahors ist ein faszinierend eigenständiger Wein. Aufgrund seiner undurchdringlichen, schwarzroten Farbe war er zu Beginn des 19. Jahrhunderts bekannt als der „schwarze Wein“ Frankreichs. Noch heute zählt er zu den kraftvollsten, konzentriertesten französischen Rotweinen, wenngleich seine Stilistik doch sehr viel moderner geworden ist, weniger massiv und hart, sondern insgesamt zugänglicher, eleganter und früher trinkbar. Seine Nase ist geprägt von reifen Steinobstaromen, vor allem Pflaumen, aber es finden sich auch Spuren von Trockenfrüchten, Rosinen und Tabak. Diese insgesamt recht expressive Aromatik wird am Gaumen begleitet von einer sehr reichhaltigen, fast cremigen Struktur, zu der sich im Falle der besten Vertreter burgundische Finesse hinzugesellt. Wenn alles gut geht, treffen vollkommene Fülle und trinkige Eleganz wohlbalanciert aufeinander. Und wer jemals einen gereiften Cahors gekostet hat – etwa aus dem Spitzenjahrgang 1990 – ist hingerissen von den subtilen Aromen: Trüffel, Unterholz, Beeren und Lakritze paaren sich mit delikater Minzfrische. Das Reifepotential der Besten liegt bei etwa 15 bis 20 Jahren.

Die Landschaft des Cahors im Südwesten Frankreichs ist in der Gegend von Quercy von den schwungvollen Mäandern des Flusses Lot geprägt. In Millionen von Jahren hat der wildromantische Fluss zwischen der Garonne-Ebene und den Auvergne-Bergen sein Bett in die trockene Hochebene am Rande des Zentralmassivs gegraben und seine für den Weinanbau so wertvollen Sedimente angehäuft. Hier treffen die klimatischen Einflüsse von Atlantik und Mittelmeer aufeinander, und obwohl die Winter kälter sind als in Bordeaux, erreichen die Weine doch meist eine höhere Konzentration. Es gibt genügend Niederschläge, die Zahl der Sonnenstunden ist ausreichend, und im Herbst durchlüftet ein frischer Wind die Weinberge.

In diesem zauberhaften Tal gedeiht die kapriziöse Malbec-Traube bestens. Die Sorte genoss früher auch im Médoc höchstes Ansehen und sie war ein hoch geschätzter Bestandteil vieler hochklassiger Bordeauxgewächse. In den letzten Jahrzehnten ist sie dort jedoch vom pflegeleichteren Merlot weitgehend verdrängt worden. Bei sorgsamer Pflege, niedrigen Erträgen und fein dosierter Extraktion vermag Malbec wirklich Bemerkenswertes zu leisten. Sie bringt dann Weine hervor, die als ernst zu nehmende Herausforderung der besten Weine vom Ufer der Gironde gelten dürfen. Wer jedoch die Erträge nicht reduziert und überextrahiert, erhält gänzlich uncharmante Weine mit banaler Aromatik und ausgesprochen rustikalem, sperrigem Gaumenauftritt. Leider arbeiten noch immer viele Winzer allzu nachlässig; sie zehren vom Ruhm anderer.

1971 hat Cahors den Status eines kontrollierten Ursprungsgebietes (AOC, *Appellations d'Origine Contrôlées*) erhalten. Im Produktionsdisziplinar wurde festgeschrieben, dass der Wein zu mindestens 70 Prozent aus der Rebsorte Malbec (auch Cot oder Auxerrois genannt) bestehen muss. Der geschmeidige Merlot und der tanninbetonte Tannat wurden als ergänzende Sorten zugelassen. Damit ist Cahors – entgegen der Darstellung von Hugh Johnson und Jancis Robinson in ihrem Weinatlas – unter den bedeutenden Appellationen Südwestfrankreichs die einzige, die die Verwendung der beiden Cabernet-Sorten untersagt. Die Top-Weine entstehen jedoch zumeist aus 100 Prozent Malbec und einem Ertrag, der meist deutlich unter dem zulässigen Höchstertrag von 50 hl/ha liegt.

Ein Großteil der Weinberge liegt auf Bodenformationen, die vom Lot im Laufe von Jahrmillionen angeschwemmt und verwittert wurden. Die verfügbaren Lagen unterscheiden sich jedoch hinsichtlich ihrer Ausrichtung, Hangneigung und der Art und Struktur der Böden und wirken sich deshalb recht unterschiedlich auf die Stilistik und die Qualität der aus ihnen hervorgehenden Weine aus. Die Lagen in Flussnähe, bekannt als *première terrasse*, ergeben auf Sandböden relativ leichte, unspektakuläre Weine für unprätentiöse Trinkanlässe. Ihre Einbeziehung in die AOC ist bis auf den heutigen Tag umstritten. Auf den Hängen weiter vom Fluss entfernt finden sich ältere Bodenformationen mit Ursprung im Zentralmassiv. Die *deuxième terrasse* setzt sich aus Lehm, Quartz und Feuerstein zusammen und bringt deutlich kräftigere Weine hervor. Auf dem ausgesprochen dünnen Mutterboden des Kalksteinplateaus, der *troisième terrasse*, entstehen die konzentriertesten, reichhaltigsten und langlebigsten Cahors.

In der Kellertechnik ist das Gebiet auf Identitätssuche. Je größer die Fortschritte sind, die erzielt werden, umso mehr stellt sich die Frage, wieviel Fortschritt eigentlich gut ist. Nicht immer ist das, was technisch möglich ist, auch sinnvoll. Doch der Ehrgeiz, Weine von internationalem Format auf die Flasche zu bringen, führt nicht selten zum unkritischen Einsatz neuer Methoden und Techniken. Insbesondere die extensive Verwendung neuer Eiche mit kräftiger Toastung führt nicht selten zur stilistischen Verstümmelung bester Ausgangsmaterialien. Doch solange die einschlägige internationale Kritik diesen Bounty-Monstern zujubelt, wird die Motivation, ursprungstypischen Cahors zu erzeugen, kaum größer werden.

Zum Essen

kräftige Fleischgerichte, Ente und Gans, Wildeintöpfe, geschmortes Lamm

Empfehlenswerte Vertreter

Traditionell: Clos de Gamot, Domaine Cosse-Maisonneuve, Château des Croisille, Château Latuc, Château les Ifs
International ausgerichtet: du Cèdre, Lamartine

Zum Weiterprobieren

Argentinischer Malbec, Bergerac, Côte de Castillon, St. Émilion, Madiran

Preise: 2–4

Cape Blend

41

Ein Cape Blend in Bestform ist ein ungemein vitaler, tiefgründiger und stilistisch eigenständiger Wein. Er kommt mit rubinroter, gelegentlich undurchdringlich dichter Farbe daher, und er erregt stets Aufsehen mit seiner expressiven, manchmal auch eigenwilligen Aromatik mit Noten schwarzer Beerenfrucht, Maulbeeren, Damaszenerpflaumen und Brombeeren, aber auch Karamell, Rumtopf, Holzrauch und Salbei. Sein Gaumenauftritt ist geprägt von einem kräftigen Körper mit reichlich Alkohol und einer reifen und – je nach Zusammensetzung der Cuvée – recht ausgeprägten Tanninstruktur. Sie gefallen durch ihre mundfüllende, cremige Textur. Die meisten Weine dieser Art sind bereits jung mit Genuss zu trinken, können in vielen Fällen jedoch durch einige Jahre Flaschenreifung hinzugewinnen.

Cape Blend ist ein Verschnitt verschiedener in Südafrika angebauter Rotweinsorten mit einem – und das ist entscheidend – obligatorischen Mindestanteil der Sorte Pinotage in Höhe von 30 Prozent. Pinotage ist *die* Rebsorte Südafrikas. Aber sie ist eigenwillig und reinsortig ausgebaut schwer zu vermarkten. Dennoch wäre es fatal, ganz auf sie zu verzichten, macht sie doch den entscheidenden Unterschied gegenüber allen anderen weinproduzierenden Ländern dieser Welt aus. Pinotage gehört zum nationalen Erbe Südafrikas, denn sie wurde dort 1925 an der Universität Stellenbosch durch Kreuzung der beiden französischen Varietäten Pinot Noir und Cinsault gezüchtet und wird nirgendwo sonst in nur annähernd ernst zu nehmendem Umfang angebaut. Sie bietet Südafrika ein markantes Alleinstellungsmerkmal, weshalb es absolut folgerichtig ist, sie in zukunftsorientierten Marketingstrategien an zentraler Position einzubauen.

Eben dies ist geschehen, als der Gedanke des Cape Blend geboren und zu einem strategischen Konzept weiterentwickelt wurde. Noch besetzen in Südafrika so genannte Bordeaux Blends die Qualitätsspitze – doch solche Weine sind austauschbar, sie gibt es überall auf der Welt. Demgegenüber sieht das Konzept des Cape Blend den einheimischen Pinotage als obligatorischen Bestandteil im *blend* (Verschnitt) vor und setzt damit ganz bewusst auf einen stilistischen Kompromiss zwischen Internationalität und Regionalität. Andere rote Varietäten wie Cabernet Sauvignon, Merlot oder Shiraz können – je nach Vorliebe des Produzenten – beigemischt werden. Noch steckt dieses Projekt in den Kinderschuhen, doch der Cape Blend könnte schon in naher Zukunft das Rotweinimage Südafrikas in der Welt prägen. Die Voraussetzungen sind erstklassig.

In Südafrika genießen die meisten Reben ein fast perfektes mediterranes Klima. Wegen des kalten Benguelastroms, der von der Antarktis nordwärts strömt, ist es viel kühler, als es der Breitengrad vermuten lassen würde. Langen, heißen Sommern stehen meist kalte und feuchte Winter gegenüber, aber generell ist das Klima so abwechslungsreich wie die Landschaft und die Bodenformationen. In einigen Gebieten müssen die Rebanlagen bewässert werden, während in anderen Regionen Wasser und Feuchtigkeit im Überfluss vorhanden sind. Aber selbst dort, wo Regen in der Reifeperiode öfter fällt als erwünscht, entfaltet der böige Südostwind, der *Cape Doctor*, segensreiche Wirkungen, indem er der Luftfeuchtigkeit hartnäckig entgegenwirkt und so den Mehltau und andere Pilzkrankheiten vertreibt.

Die für den Cape Blend und auch generell für die Rotweinproduktion wichtigsten Gebiete sind Stellenbosch und Paarl in der Provinz Westkap im Südwesten des Landes. In Stellenbosch wird Weinbau auf sandigem Schwemmlandlehm in den Talsohlen und in der Nähe von Flussläufen betrieben, oder in besseren Hanglagen auf tiefgründigen Verwitterungsböden. Hier herrscht atlantisches Klima mit recht moderaten Sommertemperaturen; damit sind beste Voraussetzungen für den Anbau der Sorten Cabernet Sauvignon und Merlot gegeben, aber auch für Pinotage und Syrah. Paarl ist weiter landeinwärts in nordöstlicher Richtung gelegen. Dort ist es wärmer und die Weine fallen in der Regel konzentrierter und alkoholreicher aus.

Die Kellertechnik hat seit dem Ende der Apartheid in rasendem Tempo Anschluss an das internationale Niveau gefunden, mit allen Segnungen und Flüchen. Die Weine sind durchweg sauber bereitet, die Harmonie zwischen Alkohol und Extrakt stimmt, und der biologische Säureabbau findet regelmäßig statt. Aber auch Rotofermenter, Schleuderkegelkolonne (siehe das Kapitel *Der Einfluss von Mensch und Natur oder warum kein Rotwein so schmeckt wie der andere*) und vielfach übertriebener Barriqueeinsatz gehören zum Alltag südafrikanischer Weinbereitung. Diese „Kinderkrankheiten" scheinen aber – das belegt auch ein Blick auf andere aufstrebende Regionen in der Welt – auf dem Weg zur Identität eines Weinbaulandes beziehungsweise Weinbaugebietes dazuzugehören.

Zum Essen

gebratener Fasan, geschmortes Wildschwein, Rehrücken, Wildragout

Empfehlenswerte Vertreter

Kaapzicht Estate, Warwick Estate, Simonsig Estate, Du Preez Estate, Flagstone Wines, Grangehurst Winery, Wildekrans Estate,

Meinert Wines, Beyerskloof, Darling Cellers, Welgemeend Estate, Woolworths

Zum Weiterprobieren

Pinotage und die anderen südafrikanischen Rotweine (inklusive anderer Blends), chilenische, argentinische und australische Rotweine

Preise: 2–4

42 Carmenère

Weine mit der Rebsortenangabe Carmenère kommen heute eigentlich fast immer aus Chile. Gute Vertreter präsentieren sich in rubinroter Robe; im Aroma dominieren Noten reifer, süßer Früchte, vor allem Pflaumen, Brombeeren und süße Gewürze, aber auch Anklänge an gegrilltes Fleisch, Kaffee und Sojasauce; der Gaumenauftritt ist meist kraftvoll und alkoholreich, die Säure niedrig, die Tannine sind rund und die Textur ist feinkörnig, geschmeidig und samtig. Die Verbindung von süß-würziger Aromatik und füllig-schmeichelndem Mundgefühl begründet die Attraktivität und Verführungskraft der Weine aus der Sorte Carmenère.

Doch jenseits dieser Gemeinsamkeiten ist stilistische Vielfalt angesagt. Die einen sind ungemein saftige, delikate Trinkweine mit tiefdunkler Farbe, üppiger Fruchtkonzentration und geschmeidiger Textur; andere präsentieren sich im Bordeaux-Stil mit zurückhaltender Aromatik und strengerem Gaumenauftritt; und wieder andere haben Aspekte von beiden Stilrichtungen aufgegriffen: Sie sind fest strukturiert und tanninbetont, aber dennoch fruchtintensiv, üppig und feinkörnig texturiert. Aber eines haben sie alle gemeinsam: Es ist eine große Freude, sie zu genießen.

Carmenère ist die chilenische Rebsorte schlechthin. Aber wieso ist sie heute fast nur dort zu finden und in ihrer angestammten Heimat Frankreich so gut wie ausgestorben? Über mehrere Jahrhunderte hinweg war sie ein wichtiger Bestandteil der Rotweine von Bordeaux. Von dort kam sie Mitte des 19. Jahrhunderts nach Chile, wo sie so vorzügliche Resultate erbrachte, dass Frankreich die eigenen Produktionsausfälle zur Zeit der Reblausplage mit chilenischem Carmenère ausglich. Als man dann nach der Plage die Weinberge in Bordeaux wieder neu bepflanzte, fiel die Wahl der Winzer vor allem auf Merlot und die beiden Cabernet-Sorten. Die bekannten Stärken von Carmenère (Aroma- und Geschmacksintensität) konnten unter den speziellen klimatischen Bedingungen in Bordeaux ihre Nachteile (Anfälligkeit für Verrieselung, Fäulnisgefahr) anscheinend nicht wettmachen.

In Chile ist die Sorte geblieben. Zum einen machten sich ihre Nachteile nicht sonderlich bemerkbar, weil es in den chilenischen Anbaugebieten wärmer und vor allem erheblich trockener ist als in Frankreich. Zum anderen blieb das südamerikanische Land von den Übeln der Reblausplage unberührt, und es gab daher gar keine Veranlassung, die Weingärten im großen Stile zu reorganisieren. Hier können die Reben auf eigenen Wurzeln wachsen, und ein neuer Weinberg lässt sich ganz einfach dadurch anlegen, dass man Stecklinge in den Boden setzt, ohne Zeit und Kosten für reblausresistente Unterlagen aufzuwenden.

Doch die Weine, die in Chile und anderswo aus der Sorte Carmenère entstanden, trugen weder ihren Namen, noch waren es reinsortige Abfüllungen. Die Weinberge in diesen Jahren waren – und zum Teil sind sie es noch bis auf den heutigen Tag – im Mischbestand angelegt, so dass irgendwann niemand mehr genau wusste, um welche Sorten es sich im einzelnen eigentlich handelte. Wohl der Einfachheit halber und aufgrund gewisser Ähnlichkeiten zwischen den Sorten Merlot und Carmenère begannen die Chilenen irgendwann einmal, beide Sorten Merlot zu nennen. Gleichwohl dürfte den Weinbauern aufgefallen sein, dass ihr „Merlot" unterschiedliche Blattformen, Laubfarben, und Trauben ausbildete und – was am schwersten wog – zu gänzlich unterschiedlichen Zeiten ausreifte.

Als dann in den 1980er Jahren chilenischer Merlot mit bislang unbekannten geschmacklichen Eigenschaften auf den internationalen Märkten auftauchte, wiesen französische Ampelographen nach, dass bei vielen dieser Weine Carmenère im Spiel ist, wo eigentlich Merlot draufsteht. Seit dieser Zeit können die Chilenen nicht nur eine absolute Besonderheit ihr eigen nennen, auch die Güte ihrer Weine ist deutlich angestiegen. Denn nun schenkte man endlich dem optimalen Lesezeitpunkt gebührende Beachtung, und dieser ist eben für Carmenère ein anderer als für Merlot. Im gemischten Satz wurde früher entweder gelesen, wenn der Merlot reif, der Carmenère hingegen noch unreif war, oder wenn Carmenère ausgereift, Merlot hingegen schon überreif war. Das bedeutete natürlich fortan zwei Erntedurchgänge. Um das zu umgehen, wird heute bei Neupflanzungen direkt getrennt gepflanzt.

Mittlerweile haben die Chilenen den Umgang mit dieser anspruchsvollen Sorte gelernt und sie wundern sich heute selbst, wie sie Carmenère über fast ein Jahrhundert mit Merlot haben verwechseln können. Im Weinberg ist Carmenère weniger anpassungsfähig und belastbar als Merlot, und sie ist anspruchsvoller hinsichtlich Lage, Anschnitt, Ertrag und Erntezeitpunkt. Insbesondere das optimale Timing der Lese ist entscheidend. Wird zu früh gelesen, zeigt sie eine unreife, vegetabile Aromatik; erfolgt die Ernte zu spät, wirken die Weine schnell flach und breit, weil es ihnen an erfrischender Säure fehlt. Der Trend geht aktuell dahin, Carmenère in etwas kühleren Regionen zu pflanzen, um so den Vegetationszyklus der Trauben zu verlängern und der physiologischen Reife, also der Reife der Polyphenole und Aromen, bessere Bedingungen zu geben. Dadurch wird gleichzeitig der Verrieselungsgefahr im Frühjahr entgegengewirkt, da im kühlen Klima der Austrieb später erfolgt.

In Chile herrscht aufgrund seiner geografischen Lage ein sehr vielfältiges Klima, mit allen Variationen zwischen einem heißen Norden und einem kühlen Süden. Der Großteil des Weins wächst im Valle Central auf meist recht fruchtbaren, bewässerten Schwemmlandböden. Das Tal erstreckt sich auf einer Strecke von 1 000 Kilometern südlich von Santiago. Im Westen wird es durch die bis auf 800 Meter aufsteigenden Küstenkordilleren, die vor feuchtem Meereswetter schützen, und im Osten durch die Anden begrenzt. Hier herrscht mediterranes Klima mit warmen, trockenen Sommern und feuchten, aber nicht allzu kalten Wintern.

Viel versprechend ist das noch junge Anbaugebiet Casablanca. Im Vergleich zu den anderen chilenischen Weinregionen ist es dort sehr viel kühler und feuchter, da es aufgrund seiner Lage direkt an der Küste den Einflüssen des Pazifiks ungeschützt ausgesetzt ist. Küstennebel und häufige Bewölkung verlangsamen den Reifeprozess. In der Vergangenheit machte man sich diese Bedingungen vor allem für den Anbau weißer Sorten zunutze. Doch umso besser die Winzer lernen, mit den Besonderheiten der Carmenère zu arbeiten, desto lukrativer dürfte Casablanca auch für die Pflanzung dieser Sorte werden.

Zum Essen

Kalbsleber, Grilladen, Gänse- und Entenbraten

Empfehlenswerte Vertreter

Caliterra, Carmen, Casa Silva, Casa Lapostolle, Casa Silva, Concha y Toro, De Martino, Gracia, MontGras, Santa Rita

Zum Weiterprobieren

Chilenischer Merlot, Blends mit Carmenère, Merlot und Cabernet Sauvignon, Fronsac, St. Émilion, norditalienischer Cabernet Franc (ist oftmals Carmenère), kalifornischer Carmenère, Walla Walla Valley (Washington)

Preise: 1–3

Argentinischer Malbec 43

Die früher in Bordeaux sehr populäre Rebsorte wird heute eher mit Argentinien in Verbindung gebracht, wo sie die am zweitmeisten angebaute rote Rebsorte ist. Bis vor nicht allzu langer Zeit waren die Weine aus dem südamerikanischen Land jedoch nicht der Rede wert. In der Mehrzahl waren es einfach gestrickte, charakterlose Massenweine. Mit etwas Glück für den Konsumenten ließen sie sich wenigstens ganz gut trinken und waren nicht – wie ihre südwestfranzösischen Verwandten – von Massen von Tannin und einer rauen, rustikalen Textur geprägt. Solch einfache Vertreter gibt es auch heute noch, doch erfreulicherweise nimmt die Zahl der seriösen, charaktervollen und stilistisch originellen Abfüllungen seit Mitte der 1990er Jahre beständig zu.

In der Gruppe der seriösen Malbec lassen sich heute zwei stilistische Hauptrichtungen voneinander unterscheiden. Da gibt es einmal den jugendlichen, fröhlichen Typ. Das sind Weine, die vor allem von ihrer wundervollen Fruchtkonzentration mit Anklängen an Brombeeren, Himbeeren und Veilchen leben; sie sind mit einer angenehm saftigen, belebenden Säure ausgestattet, die unweigerlich zum Einschenken eines zweiten Glases verleitet. Selbstverständlich ist dieser Malbec-Typ niemals mit Neuholz in Kontakt gekommen. Gleichwohl rundet eine feinkörnige Tanninstruktur das Geschmackserlebnis auf angenehme Weise ab.

Der zweite Typ präsentiert sich alles in allem ernster, tiefer und geheimnisvoller. Solche Weine sind immer das Resultat alter Rebstöcke und niedriger Erträge, und sie kommen meistens mit neuer Eiche in Berührung. Ihre aromatische Komplexität ist bemerkenswert: reife Früchte, Pflaumen, rote Beeren, Rosinen, Veilchen, Schokolade, Tabak und Leder. Am Gaumen verbinden sie geschmacklichen Reichtum mit fester Struktur und abgerundeter Textur. Noch sind die Reifungserfahrungen mit diesem Malbec-Typ begrenzt, aber es darf als sicher gelten, dass die besten über ein Alterungspotential von mehr als zehn Jahren verfügen.

Wird ein Wein einfach als Malbec etikettiert, handelt es sich mit großer Wahrscheinlichkeit um einen jung trinkbaren, vom Neuholz unbeeinflussten Vertreter. Nennt er sich *Reserve* oder *Reserva*, ist er hochwertiger konzipiert – in der Regel barriquegereift und in der Flasche entwicklungsfähig.

Nach Argentinien ist die Sorte Malbec um die Mitte des 19. Jahrhunderts gekommen. Doch anders als in ihrer französischen Heimat hat man sich im Andenstaat nach der Reblausplage bemüht, mit den alten Klonen weiterzuarbeiten. Während die französischen Bemühungen um höhere Ertragssicherheit zu größeren Trauben mit dickeren Beeren führte, konnten sich die Argentinier die Kleinbeerigkeit der Malbec-Traube und damit ihr Potential für dunklere, reichere und konzentriertere Weine bewahren. Zudem stellt man heute durchweg fest, dass argentinischer Malbec im Vergleich zum französischen über die deutlich höhere Säure verfügt.

Aber sicher sind es nicht allein die besonderen Malbec-Klone, die den Unterschied ausmachen. Entscheidend sind darüber hinaus die bekannten Terroir-Faktoren: Klima, Mikroklima, Topographie, Bodenformation, Alter der Stöcke sowie die Eingriffe des Winzers in Weinberg und Keller. Ganz entscheidend ist im Falle der Malbec-Rebe auch der Erntezeitpunkt. Man spricht hier von einem Fünf-Tage-Fenster. Nur innerhalb dieser Periode gelingt es, die verschiedenen Reifeparameter (Zucker, Säure, Polyphenole, Aromen) optimal unter einen Hut zu bekommen. Wer zu früh erntet, erhält unreife Trauben, wer es zu spät tut, bekommt überreifes Lesegut und damit breite und marmeladige Weine, denen es an Frische und Vitalität fehlt.

Argentinischer Malbec entsteht unter weltweit einmaligen, eher extremen als perfekten Bedingungen. Der karge Steppencharakter in weiten Teilen des riesigen Landes erlaubt Weinbau nur unter besonderen Ausnahmebedingungen. Fast überall ist es zu heiß und meistens auch entschieden zu trocken. Deshalb konzentrieren sich die Rebflächen im Schutz der Anden auf Höhen zwischen 700 und 1 400 Metern über dem Meeresspiegel. Mendoza im äußersten Westen ist das bedeutendste Anbaugebiet Argentiniens. Die schneebedeckten Andengipfel, überragt vom Aconcagua, der mit 7 000 Metern der höchste Berg des amerikanischen Kontinents ist, beherrschen den Horizont im Westen.

Das kontinentale Klima schafft hier klar definierte Jahreszeiten mit warmen Sommern und kalten Wintern. Insbesondere die niedrigen Nachttemperaturen und die sehr lange Vegetationsperiode von durchschnittlich fünf Monaten ermöglichen aromatische und geschmacksintensive Weine. Das Niederschlagsaufkommen ist allerdings so gering, dass der Weinbau nur mit Hilfe ausgeklügelter Bewässerungssysteme möglich ist. In neuerer Zeit werden die Kanäle, die das Wasser in stetigem Strom aus den schneebedeckten Hochanden herbeiführen, durch Tiefbrunnen unterstützt, die bis zu 250 000 Liter Wasser in der Stunde aus einer Tiefe von 60 bis 120 Metern heraufbefördern. Seit Ende der 1990er Jahre greifen die Winzer auf die sinnvollste und effektivste aller Bewässerungsformen, die so genannte Tropfbewässerung, zurück. Jeder einzelne Rebstock kann so gezielt und dosiert bewässert werden.

Für den Malbec-Anbau ist es ein großes Plus, dass fast alle Reben ungepfropft sind und auf eigenen Wurzelstöcken wachsen. Die niedrigeren Erträge, die damit im Normalfall einhergehen, werden jedoch durch die Wahl eines ertragsintensiven Erziehungssystems und durch extensive Bewässerung mehr als wettgemacht. Strengere Ertragsbegrenzungen sind deshalb eine der wichtigsten Maßnahmen, um das bereits erreichte Vertrauen auf den internationalen Märkten auf Dauer zu stellen.

Zum Essen

Lammgerichte aller Art, Gänse- und Entenbraten, Rindergulasch

Empfehlenswerte Vertreter

Lurton, Santa Rosa Estate, Famiglia Bianchi, Balbi, Santa Ana, Achaval Ferrer, Catena, Terrazas, Alta Vista, Doña Paula Estate, Bodega Norton, Dolium

Zum Weiterprobieren

chilenische Carmenère, Cahors, Bordeaux

Preise: 1–3

Die Preiswerten und Unterschätzten – Täglicher Genuss ohne Reue

Côtes du Rhône

44

Weine mit der Herkunftsbezeichnung Côtes du Rhône können recht unterschiedlich ausfallen. Die meisten sind einfach, frisch und fruchtig, am Gaumen weich, rund und angenehm wärmend. Wenn der Alkoholgehalt nicht allzu hoch ausfällt, können sie sogar gekühlt serviert werden. Die besten Vertreter entstehen aus den Händen der renommierten Produzenten in Châteauneuf-du-Pape und Gigondas: in Weinbergen, die außerhalb der berühmten Zonen liegen oder von Rebanlagen, die noch nicht das für höhere Qualitäten erforderliche Mindestalter aufweisen. Diese Gewächse präsentieren sich im Aroma intensiver und vielschichtiger, am Gaumen kraftvoller und dichter als die einfachen Weine des Gebietes. In der Nase finden sich Noten von Himbeeren, schwarzen Johannisbeeren und der ganze, zum Teil kräuterwürzige Reichtum ihrer Herkunft. Sie strotzen nur so vor Vitalität und Lebensfreude, wenngleich ihre Säure niedrig und der Tanningehalt moderat ausfallen. Das Reifepotential der Besten kann durchaus zehn Jahre betragen.

Die Heterogenität in Qualität und Stilistik wird verständlich, wenn man sich die Größe der Appellation vor Augen führt. Die Weinberge beginnen im ostfranzösischen Rhônetal bei Vienne und reichen bis in das Gebiet südlich von Avignon auf einer Strecke von insgesamt 160 Kilometern und auf mehr als 40 000 Hektar Rebfläche. Der Kern der Appellation liegt zwischen Montélimar und Avignon im südlichen Teil der Zone. Hier wachsen die in Buschform erzogenen Reben unter ausgesprochen mediterranen Klimabedingungen auf flachen, trockenen und oft ausgesprochen steinigen Weinfeldern. Die Sommer sind sehr warm, trocken und sonnig, die Winter mild und feucht. Das Risiko von Pilzkrankheiten ist – auch wegen des das Rhônetal hinabfegenden Mistralwindes – vergleichsweise gering.

Die meisten Weine sind hier Verschnitte mehrerer Varietäten. Rebsortenreiner Ausbau kommt so gut wie überhaupt nicht vor. Syrah und Mourvèdre werden zunehmend angebaut, um den Weinen größere Intensität und Langlebigkeit zu verleihen, aber der Löwenanteil entfällt seit eh und je auf Grenache. Die vor allem in Südfrankreich und Spanien angepflanzte Sorte ist die häufigste Rotweinrebe der Welt. Ihr Ursprung dürfte im nordspanischen Aragón liegen, von wo aus sie dann zunächst andere spanische Gebiete und später ganz Südfrankreich erobert hat. Wenn Grenache als Massenträger missbraucht wird, ergibt die Sorte farbarme, dünne, kräuterwürzige und höchst banale Weine. Wenn die Rebe jedoch auf kargem Boden steht, die Stöcke alt sind und der Ertrag begrenzt wird, dann können Weine von tiefer Farbe und intensivem Geschmack entstehen, deren natürlicher Alkoholgehalt auch einmal 15 bis 16 Vol. % erreichen kann.

Auch die Methoden der Weinbereitung tragen zur stilistischen Vielfalt im Gebiet bei. Die leichten und fruchtigen Vertreter entstehen heute meist mit Hilfe vollständiger oder partieller Kohlensäuremaischegärung. Ein Teil der Gärung findet ohne Hefeeinwirkung und unter Sauerstoffabschluss im Inneren der Beeren statt. Dabei entstehen leichte und weniger tanninhaltige Weine mit duftigem, fruchtigem Charakter, die für einen schnellen Genuss bestimmt sind. Ein großer Teil wird als *Primeur* in Konkurrenz zum Beaujolais herausgebracht. Die gehaltvolleren Weine werden – wie in der klassischen Rotweinbereitung üblich – einer mehr oder weniger langen Maischegärung unterzogen.

Immer besser werden die Weine aus einigen Gemeinden der Appellation Côtes du Rhône Villages (vor allem Cairanne, Rasteau), die in der Hierarchie über der Basis-Appellation Côte du Rhône angesiedelt ist. Seit hier die gesetzlichen Anforderungen nach oben geschraubt wurden (42 hl/ha Ertrag, 12,5 Vol. % Mindestalkoholgehalt), ist das durchschnittliche Niveau deutlich angestiegen. Das Herkunftsgebiet der AOC (*Appellations d'Origine Contrôlées*) Côtes du Rhône Villages ist auf 95 Gemeinden begrenzt. Innerhalb dieser Liste haben einige Gemeinden einen Sonderstatus. Diese Gemeinden dürfen ihren Namen der Appellationsbezeichnung *Côtes-du-Rhône-Villages* anhängen. Für jeden in diese Appellation aufgenommenen Ort besteht die Möglichkeit der Beförderung in einen eigenen AOC-Rang; auf diese Weise traten zunächst die Gemeinden Gigondas, Vacqueyras und Lirac aus der relativen Anonymität der *villages* hervor, 2005 folgten Beaumes-des-Venise und Vinsobres. In der AOC Tavel wird der bekannte Rosé zu 100 Prozent aus Grenache gewonnen.

Zum Essen

leichtere Versionen mit wenig Tannin: pikante indische Gerichte, gegrilltes Fleisch, gefüllte Paprikaschoten und Auberginen

körper- und tanninreichere Exemplare: Lamm und Braten, Fasan und Ente, würzige Schmorgerichte

Empfehlenswerte Vertreter

Château de Fonsalette, Coudoulet de Beaucastel, Domaine Gramenon, Domaine La Réméjeanne, Domaine Rouge Garance, Domaine de la Janasse, Domaine Font de Michelle, Domaine de l'Oratoire Saint-Martin, Domaine Richaud, Domaine La Soumade, Domaine Viret

Zum Weiterprobieren

Languedoc-Roussillon, Provence; stilistisch vergleichbar, aber auf höherem Niveau lohnen die Weine von Châteauneuf-du-Pape und Gigondas

Preise: 1–4

Coteaux du Languedoc 45

Die Masse der Weine aus dem südfranzösischen Languedoc sind einfache, fruchtig-würzige Alltagstropfen. Ist man allerdings bereit, ein paar Cent mehr für die Flasche auszugeben, steigen die Chancen sprunghaft, außergewöhnlichen Genuss zu erleben. Die besten Vertreter präsentieren sich heute so, wie man das noch bis vor wenigen Jahren für das Languedoc kaum für möglich gehalten hätte: fein, elegant und finessenreich. Sie besitzen ein wundervoll subtiles Aromenspektrum mit Noten von reifen Waldbeeren, feinsten Wildkräutern,

Gewürzen und Lakritz, gelegentlich Cassisaromen und Anklänge an gerösteten Kaffee und Schokolade, zartes Zedernholz und feinwürzigen Tabak. Am Gaumen beeindrucken sie durch enorme Fülle und Geschmacksreichtum, abgerundete und geschmeidige Tannine, milde Säure und eine cremige, samtige Textur. Bei aller Konzentration und Dichte wirkt die jüngste Generation der neuen Languedoc-Stilistik niemals übermäßig vom Alkohol geprägt und überladen, sondern stets harmonisch und perfekt balanciert.

Lange waren die Weine des Languedoc geprägt durch die schonungslosen Auswirkungen der mediterranen Hitze. Die Folgen waren gekochte, überreif wirkende Aromen, hoher Alkoholgehalt und rustikale Gerbstoffe. Diese ländliche Derbheit haben auch heute längst nicht alle Produkte des Gebietes überwunden, doch sie finden sich sehr viel seltener als früher. Vor allem die Möglichkeiten moderner Kellertechnik haben dazu beigetragen, dass selbst die einfachsten Gewächse stets sauber und mit der nötigen Frische in die Flasche kommen, und zum Beispiel gegenüber einfachem Bordeaux den großen Vorteil haben, auf stets reifem Lesegut zu basieren.

Das Languedoc, das sich über 250 000 Hektar vom Rhône-Delta im Osten bis zu den Bergriesen der Pyrenäen im Westen erstreckt, vom Südrand des Zentralmassivs bis hin zum Ufer des Mittelmeeres, ist das größte zusammenhängende Weinanbaugebiet der Welt. Weinbau gibt es hier schon seit Menschengedenken. Vor knapp 3 000 Jahren nahm er nahe der Küste des Mittelmeeres in Gestalt von griechischen Siedlern seinen Anfang. Die kargen Hänge und die optimalen Mikroklimata in den sonnendurchfluteten, aber auch sehr windigen Hügellandschaften bieten für den Weinanbau exzellente natürliche Bedingungen. Der größte Teil der Reben steht auf flachem, tief gelegenem Schwemmlandboden, die besseren Lagen befinden sich jedoch weiter in der Höhe, manche an steilen Hängen. Das Klima ist mediterran, in manchen Jahren besteht die Gefahr allzu großer Trockenheit. Im Juli und August können die Tagestemperaturen auf fast 40 ° C klettern.

Wie in anderen, über lange Zeiträume zurückgebliebenen Weinbauregionen bedurfte es auch im Languedoc des leidenschaftlichen Enthusiasmus einiger unerschrockener Pioniere, um die Wende von der Mittelmäßigkeit hin zu Spitzenleistungen einzuläuten. Es waren Visionäre wie Olivier Jullien, die erkannten, welch ungenutztes Potential an hochwertigen Lagen diese einzigartige Landschaft zu bieten hat. Sie krempelten die Ärmel hoch und schufen binnen weniger Jahre mediterran geprägte Spitzenweine von gänzlich eigenem Charakter.

Neben einer ganzen Reihe kellertechnischer Innovationen revolutionierten sie vor allem die Weinbergsarbeit im Gebiet. Als eine der ersten wegweisenden Maßnahmen hielt man Ausschau nach geeigneten Terroirs, um die neue Qualitätsphilosophie umzusetzen. Dann wurde der Anteil der Rebsorten Carignan und Cinsault zugunsten der wertvolleren Varietäten Mourvèdre, Grenache, Syrah und Lladoner Pelut reduziert. Um niedrigere Erträge zu realisieren, veränderte man den Rebschnitt und das Laubmanagement und führte die Grüne Lese ein. Auf dem Weg zu weiteren Verbesserungen wird heute mit unterschiedlichen Unterlagen experimentiert und die Selektion wertvoller Klone vorangetrieben.

Von allen Appellationen, die sich während der vergangenen Jahrzehnte im Languedoc aus dem ehemaligen Meer von Landweinen herausgebildet haben, ist gegenwärtig die Coteaux du Languedoc die mit Abstand dynamischste. Zwischen Narbonne und Nîmes beschreibt sie eine Vielzahl unzusammenhängender Teilgebiete und insgesamt zwölf herausgehobene Unterappellationen, die die interessantesten Weine des ganzen Midis hervorbringen. Diese Unterappellationen, die gelegentlich auch als *Crus* bezeichnet werden, dürfen der AOC-Bezeichnung ihren jeweiligen Gebietsnamen anhängen. Drei von ihnen ragen ganz besonders hervor: La Clape, Pic St-Loup und Montpeyroux.

La Clape war früher eine Insel vor dem römischen Hafen Narbonne. Im Laufe der Jahrtausende ist daraus ein Berg an der Mittelmeerküste geworden. Das Klima ist stark vom Meer beeinflusst und die Zahl der Sonnenstunden ist so hoch wie sonst nirgendwo im Languedoc. Von den kalkhaltigen Südlagen des Gebietes kommt heute ein rassiger, temperamentvoller Rotwein mit expressiver Aromatik und erstaunlich lebhafter Säure. Die Top-Sorten Syrah, Mourvèdre und Grenache müssen im La Clape mindestens 70 Prozent ausmachen.

Der ambitionierte Bereich Pic St-Loup umfasst zwölf Gemeinden um den gleichnamigen Berg nördlich von Montpellier. Theoretisch könnten hier etwa 5000 Hektar Rebfläche AOC-Wein liefern, doch nur ein kleiner Teil davon ist mit Syrah, Grenache und Mourvèdre bestockt, die zusammen – so will es die Appellationsgesetzgebung –

90 Prozent des Pic St-Loup ausmachen müssen. Wegen dieser strengen Produktionsbestimmungen entstehen heute noch immer vor allem Land- und Tafelweine im Gebiet. Aber die Produkte der besten Betriebe sind nun schon seit Jahren auf beständig hohem Niveau.

Nicht minder faszinierend sind die Weine des nahe gelegenen Cru Montpeyroux. Wem es in dieser im regionalen Vergleich kühleren und regenreicheren Region gelingt, mit den nicht immer einfachen mikroklimatischen Bedingungen zurecht zu kommen, kann erstaunlich balancierte, substanz- und finessenreiche Weine hervorbringen. Sie wirken jedoch niemals schwer oder überextrahiert wie so manch andere Abfüllung des südlichen Frankreichs. Ihr Aroma besticht durch die intensive Mischung aus frischer Beerenfrucht, Kirschen und Pflaumen, Gewürzen und Kräutern.

Zum Essen

gegrillte Lammkoteletts, gegrilltes Fischsteak, Ragouts, Steaks, Wildpastete

Empfehlenswerte Vertreter

Alquier, d'Aupilhac, Mas Bruguière, Cazeneuve, l'Euzière, Font Caude, La Negly, Lavabre, l'Hortus

Zum Weiterprobieren

Corbières, Minervois, Roussillon, südliche Rhône

Preise: 1–4

46 Côtes du Roussillon

Die Weine aus Frankreichs südlichster Mittelmeerregion am Rand der Pyrenäen sind immer noch überwiegend einfache, meist angenehm zu trinkende, säurearme Tropfen. Die besten Rotweine im Gebiet kommen heute mehrheitlich aus der im Norden dieses Gebiets gelegenen Appellation Côtes du Roussillon Villages. Sie präsentieren sich in tiefem, meist undurchdringlichen Rubin- bis Purpurrot und bieten ein betörendes Aromenspektrum von reifen Pflaumen, prallen Kirschen, Unterholz, gelegentlich ein wenig Minze und süßlich-orientalischen Gewürzen, Lakritz und Olive. Am Gaumen sind es verführerische Schmeichler, füllig zwar, aber immer seltener überkonzentriert, sondern perfekt balanciert, elegant, trinkig, mit feinkörnigen, samtigen Tanninen und erstaunlich frischer Säure.

Historisch bekannt und bedeutsam ist das Roussillon, dessen Name von der römischen Siedlung Ruscino in der Nähe des heutigen Perpignan herrührt, allein wegen seiner kräftigen, natursüßen und mit Alkohol aufgespriteten Rotweine, der *Vins Doux Naturels*. Doch ganz ähnlich wie im portugiesischen Dourotal haben die Winzer von Rivesaltes, Banyuls und Maury zur Kenntnis nehmen müssen, dass aufgespritete Süßweine nicht besonders angesagt sind und der Versuch, verstärkt auf rote Tischweine zu setzen, eine viel versprechende Alternative bedeuten kann. Bereits heute verfügt das Gebiet über mindestens ein Dutzend herausragender Botschafter des neuen Roussillon, und es werden von Jahr zu Jahr mehr.

Das Roussillon ist eine der faszinierendsten Naturlandschaften Europas. Vielfalt und Gegensätze bestimmen die Szenerie: Von den Sandstränden der Badeorte am Golfe du Lion bis zum Gipfel des 2784 Meter hohen Canigou sind es gerade mal 55 Kilometer. Die Bodenformationen sind extrem abwechslungsreich. Mal findet sich Schiefer und Granit, mal Gneis, Ton und Kalk oder Kies und Kiesel. Die Weinberge liegen in der Regel auf Hängen, die in östliche oder südöstliche Richtung dem Mittelmeer zugewandt sind. In dem eindeutig mediterranen Klima klettern die Weinstöcke auf eine Höhe von 300 bis 600 Metern. Die Kraft der Sonne ist überall und zu jeder Jahreszeit zu spüren. Die Winter sind kurz und mild, die Sommer lang und warm. Die Jahresdurchschnittstemperaturen liegen bei über 15 °C, und der Nordwestwind „Tramontane" durchbläst das Blätterwerk der Reben mit großer Wucht und sorgt für ausgesprochen gesunde Anlagen. Biologischer Weinbau ist hier mehr als in anderen Anbaugebieten der Welt ein vergleichsweise leicht erreichbares, attraktives Ziel.

Die Mehrzahl der immer noch stark von der Sorte Carignan geprägten Rotweine des Gebietes präsentieren sich meist mit ruppigen Tanninen und rauer Textur. Sie benötigen mehrere Jahre Flaschenreifung, um sich abzurunden und einen harmonischen Eindruck zu hinterlassen. Die Pflanzung alternativer Rebsorten wird jedoch seit einigen Jahren forciert, und die Erfahrungen bestätigen, dass vor allem Grenache, Syrah und Mourvèdre perfekt mit den lokalen Gegebenheiten zusammenspielen und begeisternde Resultate ergeben können.

Die kellertechnischen Methoden und Anlagen entsprechen heute internationalem Standard, Qualitätsreserven schlummern allenfalls in der Art, die Weinberge zu bestellen. Nicht alle Produzenten sind in dieser Hinsicht bereits so weit vorangekommen wie Gérard Gauby von der Domaine Gauby. Seine von der internationalen Fachpresse bestaunten Weine sind wohl zuallererst das Ergebnis extrem niedriger Erträge auf begrünten, lebenden Böden mit einem voll intakten Ökosystem und einer ungeheuren Anzahl von Kleinstlebewesen und einer sehr aufwendigen Weinbergsarbeit. Seit einigen Jahren ersetzen Maultiere die Traktoren, gedüngt wird mit natürlichem Kompost, und auf Kupferspritzungen wird gänzlich verzichtet. Die Überlegenheit dieser biodynamischen Anbauweise zeigt sich vor allem in schwierigen Jahren. So mussten zum Beispiel im Jahr 2002 die Trauben der meisten Winzer im Gebiet sehr früh gelesen werden, weil sie zu verschimmeln drohten. In den Weinbergen von Gauby war es jedoch problemlos möglich, die kleinbeerigen, dickschaligen, kerngesunden Trauben am Stock zu belassen und auf besseres Wetter zu warten. Als es dann zu einem traumhaften Herbst kam, konnte das Lesegut in perfekt ausgereiftem Zustand geerntet werden.

Das sind viel versprechende Ansätze, und es gibt noch sehr viel mehr davon. Doch insgesamt befindet sich das Roussillon in einer schweren Krise – oder ist es ein schmerzlicher Gesundungsprozess? Im Zeitraum zwischen 1985 und 2005 ging die Produktion von 2,2 Millionen auf 1,25 Millionen Hektoliter zurück, die Zahl der Winzerbetriebe schrumpfte von über 11 500 auf deutlich unter 4 000 und die der Vollzeitbeschäftigten in der Weinwirtschaft von 16 000 auf unter 5 000. Im gleichen Zeitraum schlossen 67 Genossenschaften.

Zum Essen

Rindersteaks, Wild, Schmorbraten, scharf gewürzte Fleischgerichte, Gemüsegerichte, Weinbergschnecken mit Sardellenbutter

Empfehlenswerte Vertreter

Domaine Gauby, Domaine Mas Amiel, Domaine de Casenove, Domaine Cazes, Domaine du Clos des Fées, Domaine Gardiés, Domaine Mas Blanc, Domaine Sarda-Malet, Domaine le Soula, Domaine Mas Crémat, Domaine Força Real, Vaquer

Zum Weiterprobieren

Collioure, Corbières, Minervois, Coteaux du Languedoc, südliche Rhône

Preise: 1–4

Valdepeñas

47

Ein junger Valdepeñas besitzt eine leuchtende, granat- bis kirschrote Farbe mit gelegentlich violetten Reflexen. In der Nase dominieren die Noten frischer, manchmal auch reifer Beerenfrucht, gepaart mit Kirsch- und Gewürzaromen, seltener Backpflaumen und Tabak. Am Gaumen zeigen sich die Weine vergleichsweise leicht mit einem moderaten Alkoholgehalt, milder, reifer Säure und zarter Tanninstruktur. Sie gefallen vor allem aufgrund ihres ungemein zugänglichen, geschmeidigen Mundgefühls. Die im Holz gereiften Vertreter kommen äußerlich etwas dunkler und dichter daher. Die Palette ihrer Aromen ist etwas weiter gefächert mit Toastnoten, dunklen Beeren, schwarzen Kirschen, Vanille, Pfeffer, Kaffee, Kakao und Tabak. Auch sie präsentieren sich am Gaumen überhaupt nicht schwer oder alkoholisch, sondern – zumindest im Falle der besseren Weine – rund, fein und elegant. Junger wie auch fassgereifter Valdepeñas ist trinkreif, wenn er in den Handel kommt.

Die Heimat des Valdepeñas ist der südliche Rand der spanischen Hochebene Meseta in der Provinz Ciudad Real. Die Herkunftsbezeichnung *Denominación de Origen* (D.O.) umfasst knapp 30 000 Hektar Rebland und fügt sich wie eine Enklave in den südlichen Teil der La Mancha ein. Die Stadt Valdepeñas, die dem Gebiet ihren Namen geliehen hat, liegt auf der königlichen Route von Madrid nach Granada. Die Topographie der Appellation ist – auf einer Höhe von etwa 650 bis 700 Metern – überwiegend flach, wenngleich die besseren Terroirs nach Norden in Richtung Las Aberturas und nach Westen in Richtung Los Llanos in Hanglagen auf einer Höhe von bis zu 850 Metern zu finden sind. Das kontinentale Klima bringt kalte Winter und ungemein heiße Sommer mit extrem geringen Niederschlägen. Die Böden sind im Allgemeinen recht fruchtbar mit hohem Kalkanteil im Unterboden und einem ausgesprochen guten Potential, Wasser zu speichern.

Die für Rotwein zugelassenen Rebsorten sind Cencibel, die in Rioja und in anderen spanischen Regionen meist Tempranillo genannt wird, Garnacha, Cabernet Sauvignon, Merlot, Syrah und Petit Verdot. Die Appellationsgesetzgebung schreibt vor, dass ein Valdepeñas zu mindestens 85 Prozent aus Cencibel bestehen muss, doch in den Einstellungen der Winzer zu den Vorschriften herrscht sanfte südländische Anarchie. So ergeben sich insbesondere bei der Rebsortenwahl immer wieder Differenzen zwischen dem, was erlaubt ist, und dem, was praktiziert wird. Der Weinqualität ist das in vielen Fällen nicht einmal abträglich, denn nicht immer weisen die offiziellen Regularien die optimalen und schon gar nicht immer die alleinigen Wege zum Ziel, den bestmöglichen Wein zu erzeugen. So ist es in Valdepeñas ein offenes Geheimnis, dass immer mehr Erzeuger dazu übergegangen sind, den Anteil an Cabernet Sauvignon über das erlaubte Maß von 15 Prozent hinaus zu erhöhen. Der Erfolg gibt ihnen Recht, zumindest honoriert die internationale Fachpresse die stärker vom Cabernet geprägten Weine mit Applaus und höheren Bewertungen.

Traditionell werden die Reben in Valdepeñas *en vaso* oder – wie man international sagt – nach der Gobelet-Methode in Buschform erzogen. Da jedoch bei diesem System die maschinelle Bearbeitung nicht möglich ist, geht man zunehmend zur Drahtrahmenerziehung über. Die Pflanzdichte ist auf mindestens 1600 Reben und der Ertrag auf maximal 6000 Kilogramm Trauben festgelegt. Viele Kelterhäuser wurden in den vergangenen Jahren in der Nähe der Weinberge gebaut, so dass die Wege zur Weiterverarbeitung kürzer und die Oxidationsgefahren geringer geworden sind.

In der Kellertechnik hat das Gebiet während der vergangenen ein bis zwei Jahrzehnte Quantensprünge vollzogen. Von der traditionellen Weinbereitung und -lagerung in *tinajas*, also Tonkrügen, bis zum flächendeckenden Einsatz temperaturkontrollierter Edelstahltanks vergingen nur wenige Jahre. Fehlerhafte und oxidierte Abfüllungen findet man heute nur noch sehr selten. Die Mazerationsdauer variiert sehr stark; sie ist umso länger, je kraftvoller und langlebiger die angestrebte Stilistik ist. Für sofort trinkfertige Weine mit einem jugendlich-frischen Geschmacksprofil wird von zahlreichen Produzenten die Kohlensäuremaischung eingesetzt.

Ähnlich wie im Rioja-Gebiet werden auch in Valdepeñas Fässer aus amerikanischer Eiche zum Ausbau und Lagern eingesetzt. Die betroffenen Weine nehmen das so typische süße Vanillearoma auf. Doch immer öfter trifft man in den Kalksteinkellern der Winzer auf französische Eichenfässer, die wahrscheinlich in der Absicht eingesetzt werden, den Weinen dezentere Aromen und mehr Finesse auf den Weg zu geben. Und die Verbindung in das nördlich gelegene Rioja reißt auch beim Bezeichnungssystem nicht ab: *Crianza*, *Reserva* und *Gran Reserva* sind die Kategorien für die unterschiedlichen Zeitspannen, die die Weine zunächst im Fass und anschließend in der Flasche zugebracht haben müssen.

Zum Essen

Geräuchertes, Lammgerichte, vor allem gegrillte Lammkoteletts, gefüllter Tintenfisch, Kebab, asiatische Küche, Pilzgerichte

Empfehlenswerte Vertreter

Arúspide, Cadevi, Dionisos, Vina Albali, Los Llanos, Bodegas Real, Sancti Pauli, Navarro Lopez

Zum Weiterprobieren

Rioja, Navarra, Ribera del Duero, Toro, Somontano, Salento Negroamaro

Preise: 1 – 3

Salento Negroamaro 48

Die Rebsorte Negroamaro ist in einer ganzen Reihe von Ursprungsregionen (DOC) auf der apulischen Halbinsel Salento – der „Absatz“ des italienischen Stiefels – vertreten. Da es jedoch selbst dem aufmerksamen und geübten Verkoster nicht leicht fällt, charakteristische stilistische Unterschiede zwischen den einzelnen Regionen zu erschmecken, wäre es eigentlich sinnvoll und wünschenswert, für den Salento eine einzige DOC einzurichten. Dass auch überhaupt nicht mit nennenswerten Stildifferenzen zu rechnen ist, dafür spricht der Tatbestand, dass die natürlichen Voraussetzungen (Klima, Höhenlage, Bodenformationen) von Teilgebiet zu Teilgebiet kaum voneinander abweichen und auch die verwendeten Rebsorten identisch sind.

Negroamaro ist die Sorte, die die Cuvées nachstehender Appellationen in der Regel mit Anteilen zwischen 70 und 100 Prozent prägt. Die Juniorrolle fällt – bis auf wenige, eher unbedeutende Ausnahmen – der Sorte Malvasia Nera zu. Die DOC-Regionen sind in der Reihenfolge ihrer kommerziellen Bedeutung: Salice Salentino, Brindisi, Copertino, Squinzano, Leverano, Matino, Alezio, Lizzano, Gallatina und Nardo. Größere, aber nicht zwangsläufig qualitativ minderwertige Mengen Negroamaro werden in der Kategorie Salento Negroamaro IGT vermarktet, also in der Qualitätsstufe, die in Italien der DOC untergeordnet ist. Nur dort allerdings taucht der Sortenname auch auf dem Flaschenetikett auf.

Bei allen Qualitäts- und Stilunterschieden im Detail können die im Salento von der Rebsorte Negroamaro geprägten Gewächse doch einen Kanon stilistischer Gemeinsamkeiten aufweisen. Ihre äußere Erscheinung ist bestimmt von einem dunklen Rubinrot, das im Falle der besseren Vertreter ungemein dicht ausfallen kann. Im Aroma dominieren Noten eingemachter Früchte, Beerenmarmelade und Rumtopf, gelegentlich gesellen sich Anklänge süßer Gewürze und Leder, Holunder und Rosen hinzu. Ihr Gaumenauftritt gestaltet sich kraftvoll und mit rund 13 bis 14 Vol.% meist recht alkoholreich. Gute Vertreter wirken jedoch auch im Falle hoher Alkoholgradationen balanciert und ausgewogen. Dazu trägt nicht zuletzt eine saftige Säure bei, die für die notwendige Frische und Vitalität sorgt. Die Tanninstruktur ist sicherlich nicht besonders fein gewebt, aber auch nicht hart und auffällig adstringierend. Die Weine sind trinkfertig, wenn sie in den Handel gelangen, und nur den allerbesten gelingt es, sich in der Flasche positiv, also mit Qualitätszugewinn, zu entwickeln.

Die Sorte Negroamaro wurde in der Vergangenheit regelmäßig önologisch misshandelt. Sie ist sehr oxidationsanfällig und reagiert empfindlich auf hohe Temperaturen während der Gärung und bei der anschließenden Fasslagerung. Ohne Kältetechnik kann die Temperatur eines Weins im Lagerbehälter ohne weiteres 30 ° C erreichen, was zu schädlichen Veränderungen des Weins führt. Kältetechnik ist aber auch schon bei der Weinbereitung erforderlich. Will der Kellermeister die Frische von Farbe und Aromen erhalten, muss er dafür sorgen, dass der gärende Wein die 30 ° C nicht übersteigt.

Im Falle des Negroamaro neigt die von Natur aus rubinrote Farbe bei unsachgemäßer Behandlung dazu, die Tönung von Ziegelsteinen anzunehmen. Die Aromen, die bei korrekt vinifiziertem Negroamaro ausgesprochenen Fruchtcharakter aufweisen, fallen zusammen zu unfrischen, abgestandenen Marmeladennoten, staubigen, getrockneten Früchten und erinnern an den Rauch einer ausgeblasenen Bienenwachskerze. Zum Glück gehören diese wenig erfreulichen Erscheinungsformen der Weine von der Halbinsel Salento der Vergangenheit an. Heute ist die Temperaturkontrolle der Weinbehälter über das ganze Jahr in fast allen Betrieben gewährleistet, und so können immer regelmäßiger sorten- und ursprungstypische Weine entstehen.

Die natürlichen Voraussetzungen für den Qualitätsweinbau sind in Salento nahezu ideal. Das Klima ist mediterran und kühlt nachts aufgrund der Nähe zum Meer wohltuend ab. Die Böden mit ihren kalkhaltigen Unterböden und den darüber liegenden eisenoxidreichen Schichten aus dem Tertiär und Quartär bieten im Zusammenspiel mit den in Gobelet-Form erzogenen Rebstöcken ein riesiges Potential zur Erzeugung qualitativ hochwertiger und stilistisch eigenständiger Weine. Erst seit der Jahrtausendwende mehren sich die Anzeichen, dass die Region bereit und willens ist, die großen Möglichkeiten, die sich bieten, endlich zu nutzen und den Markt mit originellen Abfüllungen zu bereichern.

Zum Essen

provenzalische Weinkeule, Wildragout, gefüllte Auberginen, einige Currys, luftgetrockneter Schinken

Empfehlenswerte Vertreter

Michele Calò, Candido, Càntele, Castello Monaci, Conti Zecca, Feudi di Guagnano, Leone de Castris, Palamà, Rosa del Golfo, Taurino, Vallone

Zum Weiterprobieren
Apulien: Primitivo, Castel del Monte, Gravina, Gioia del Colle, Locorotondo
andere Regionen: Cirò (Kalabrien), Valdepeñas, Jumilla, Yecla (Spanien)

Preise: 1–3

49 Regent

Die Rebsorte Regent liefert Weine mit einer intensiven Rotfärbung, einem Aroma, das an rote, seltener an schwarze Beerenfrucht und Kirschen erinnert. Der Gaumenauftritt dieser Weine ist von einer milden Säure, einer zarten, abgerundeten Tanninstruktur und einem mittleren bis kräftigen Körper mit durchschnittlich 12,5 Vol.% Alkohol geprägt. Es sind in der Regel einfach zu trinkende Weine, die sowohl als unkomplizierte Speisenbegleiter als auch Solisten eine gute Figur machen.

Nur die besten Vertreter ab Auslesequalität gewinnen mit dem Alter an Trinkgenuss; insbesondere in Verbindung mit einem Barriqueausbau können sie von längerer Flaschenreife profitieren. Mit zunehmender Reife entwickeln sich das anfängliche Kirsch-Joghurt-Aroma und das an nasse Erde erinnernde Mundgefühl zu himmlisch süßen und reifen schwarzen Kirschen. Selbst neues Barrique wird von diesem Wein geschluckt, als ob er nie damit in Kontakt gekommen wäre. Wenn alles gelingt, kann durchaus der Eindruck entstehen, einen mediterranen Wein im Glas zu haben.

Die pilzresistente Sorte Regent gehört zu den wenigen erfolgreichen Züchtungen, denen eine rosige Zukunft vorhergesagt wird. Dem Institut für Rebenzüchtung auf dem Geilweilerhof bei Siebeldingen in der Südpfalz gelang im Jahr 1967 die erfolgreiche Kreuzung der weißen Sorte Diana – die selbst aus einer Kreuzung der Sorten Silvaner und Müller-Thurgau hervorgegangen ist – mit der in Südfrankreich an der Rhône gezüchteten Sorte Chambourcin. Der Name leitet sich von dem berühmten 140,5 Karat-Diamanten aus Indien ab, den Ludwig XV. auf seiner Krone trug, später nutzten ihn Marie-Antoinette als Schmuckstück und Napoleon als Degenknauf. Diese Sorte bringt den Resistenzanteil mit in die Verbindung ein.

Regent erbringt mittelgroße, lockerbeerige (das heißt nicht zu dicht aneinander hängende) Trauben mit kleinen bis mittelgroßen Beeren, deren Saft eine leichte Färbung aufweist. Es ist eine mittelfrüh reifende Rebe mit hoher Frostresistenz. Die gute Resistenz gegenüber den wichtigsten weinbaulichen Pilzkrankheiten, dem Echten und dem Falschen Mehltau, ermöglicht eine deutliche Reduzierung des Pflanzenschutzaufwandes um circa 80 bis 100 Prozent. Nur bei länger andauernden Witterungsperioden, die die Pilzentwicklung sehr stark fördern (Falscher Mehltau: schwülwarme Perioden mit nassem Laub; Echter Mehltau: hohe Temperaturen in Kombination mit zeitweise hoher Luftfeuchtigkeit, jedoch kein nasses Laub), sind gegebenenfalls Pflanzenschutzmaßnahmen erforderlich.

Die Varietät wurde 1989 für die Sortenliste angemeldet. Sortenschutz besteht seit 1995. Zunächst wurde sie fast ausschließlich von Ökobetrieben angepflanzt. Doch als sich relativ schnell herausstellte, dass sie in der Lage ist, farbintensive, fruchtige und kraftvoll strukturierte Rotweine zu ergeben, die aufgrund ihrer Konzentration und ihres vergleichsweise hohen natürlichen Tanningehalts an Produkte aus wärmeren Weltregionen erinnern, wurde sie immer häufiger auch von konventionell wirtschaftenden Betrieben gepflanzt.

Erst seit 1996 ist die Sorte offiziell freigegeben und hat bis heute etwa 2 000 Hektar Rebland oder 2 Prozent der deutschen Anbaufläche erobert. Eine frühe Reife, ein überdurchschnittliches Mostgewicht und eine hohe Widerstandsfähigkeit gegenüber Winterfrösten lassen den Anbau des Regent auch in Rotweinrandlagen zu. Die pilzresistente Sorte mag jedoch keine kalten, windigen Lagen – hier neigt sie zum Verrieseln. Wer hohe Qualitäten anstrebt, muss sie in den besten Lagen pflanzen und allzu hohe Erträge vermeiden. Die Anbaugebiete Rheinhessen, Pfalz und Württemberg kommen bislang am besten mit dem Regent zurecht.

Zum Essen

herzhafte Vesperplatten, Salamiwürste, gut gereifter Bergkäse, intensiv schmeckende Fleischgerichte mit konzentrierten Saucen, Lammkeule, Ochsenschwanzragout, Wildgerichte

Empfehlenswerte Vertreter

Leo Maier, Schloss Hohenbeilstein, Jürgen Ellwanger, Kuhnle, Kriechel, Liebenauer Hof, Trautwein, WG Auggen, Heid, Heinemann

Zum Weiterprobieren

Dornfelder, Valpolicella, Beaujolais, Lagrein, Teroldego, Dolcetto

Preise: 1–3

50 Dornfelder

Der Dornfelder ist wohl die erfolgreichste rote Neuzüchtung in Deutschland. Die Beerenschalen dieser Sorte sind reich an Anthozyanen, und sogar das Fruchtfleisch ist – im Gegensatz zu den meisten anderen roten Rebsorten – rot gefärbt. Da darf es nicht wundern, wenn auch die Weine, die aus der Sorte entstehen, in tiefstem Dunkelrot, ja gelegentlich sogar in strahlendem Purpur daherkommen. Junger Dornfelder weist meist intensive Fruchtaromen nach Sauerkirschen, Brombeeren und Holunder auf. Ist Barriqueausbau im Spiel, kommen Noten süßer Gewürze, Schokolade und Kaffee hinzu. Am Gaumen präsentieren sich die meisten Vertreter trocken, immer seltener halbtrocken. Die Mehrzahl ist mittelgewichtig, säurearm und verfügt über einen Alkoholgehalt von rund 12,5 Vol. %. Die Besten präsentieren sich recht dicht und konzentriert, weniger von der Primärfrucht geprägt, dafür tanninbetonter, aber bei allem doch stets trinkig und zugänglich. Während die einfachen Vertreter gar nicht früh genug getrunken werden können, profitiert die kleine Spitzengruppe von drei bis vier Jahren Flaschenreife.

Früher galt Dornfelder als vergleichsweise tanninarm, doch die Entwicklungen während der vergangenen Jahre zeigen, dass der durchschnittliche Tanningehalt angestiegen ist. Einer zahlenmäßig sehr kleinen Gruppe von Top-Qualitäten steht diese Zunahme meist recht gut zu Gesicht. Viele einfache Weine – vor allem jene, denen es an Konzentration und Fruchttiefe fehlt – wirken in der Folge jedoch oft unharmonisch, weil einseitig vom Tannin geprägt; sie missfallen durch allzu ausgeprägte Adstringenz und ein raues, wenig charmantes Mundgefühl.

Aber auch im Premiumsegment ist längst nicht jeder Dornfelder optimal eingestellt. Höherer Tanningehalt erfordert in jedem Fall eine erhöhte phenolische Reife des Leseguts und eine längere Lagerphase, damit der Wein durch Polymerisation des Tannins einen höheren Genusswert erreicht. Eine solche Reifedauer wird den meisten Dornfeldern unter den Bedingungen des deutschen Marktes jedoch derzeit kaum zugestanden. Deshalb ist es letztlich besser, eine nur moderate Adstringenz anzustreben, die den Konsumenten nicht überfordert und mit den Trinkgelegenheiten des Alltags kompatibel ist.

Das Qualitätsspektrum reicht beim Dornfelder von eindimensionalen Einstiegsqualitäten mit gelegentlich künstlich wirkenden Fruchtaromen und einem kargen, wenig geschmeidigen Gaumenauftritt, über einfache, aber rundgeschliffene Exemplare ohne jede Ecke und Kante bis hin zu seriösen und in Ansätzen komplexen Gewächsen mit Fülle und Eleganz. Die Produzenten und ihre vielen Entscheidungen machen hier den Unterschied: hinsichtlich der Wahl des Standortes, der Pflanzdichte, der Weinbergsbewirtschaftung, des Erntezeitpunktes, der Ertragshöhe und hinsichtlich all der vielen Eingriffe im Laufe des Vinifizierungsprozesses.

Dornfelder wurde 1955 durch August Herold an der Staatlichen Lehr- und Versuchsanstalt für Wein- und Obstbau in Weinsberg durch eine Kreuzung der beiden Sorten Helfensteiner (eine Kreuzung aus Frühburgunder und Trollinger) und Heroldrebe (eine Kreuzung aus Portugieser und Lemberger) gezüchtet. Benannt wurde sie nach Immanuel Dornfeld, dem Gründer der Weinbauschule. Die Sorte wurde nach ihrer Farbintensität selektioniert und deswegen auch zunächst als Deckwein verwendet, um die Weine anderer roter Rebsorten dunkler und damit attraktiver zu machen. Erst in den 1990er Jahren begann seine Karriere als sortenrein ausgebauter Rotwein, der inzwischen in den unterschiedlichsten Qualitätsstufen erhältlich ist.

Dornfelder ist eine frühreifende rote Rebsorte, die vor allem in Rheinhessen und in der Pfalz angebaut wird. Mitte der 1970er Jahre – bis dahin gab es gerade mal 100 Hektar Dornfelder-Weinberge – begann sich die Sorte durchzusetzen. Heute sind 8 200 Hektar mit der roten Neuzüchtung bestockt, mehr als 8 Prozent der deutschen Rebfläche. Lediglich der Spätburgunder wird unter den roten Sorten noch häufiger angebaut.

Hinsichtlich Lage und Bodenbeschaffenheit sind die Dornfelderreben wenig anspruchsvoll, wenngleich sie sich auf sandigen und steinigen Standorten weniger wohl fühlen. Wegen ihres frühen Austriebs eignen sie sich auch nicht für allzu frostgefährdete Lagen. Die Trauben wachsen lockerbeerig und sind daher wenig fäulnisgefährdet. Sie neigen allerdings, lässt man ihrem Wachstumsdrang freien Lauf, zu hohen Erträgen. Deshalb schneiden viele Winzer zu Beginn der Reifeperiode einige Trauben ab, um den Ertrag zu reduzieren und damit die Konzentration der Inhaltsstoffe auf die verbleibenden Trauben zu unterstützen.

Da Rotweine, vor allem farbintensive Sorten, im Kommen sind, hat sich der Dornfelder in Deutschland zu einer Modesorte entwickelt. Die Beliebtheit der Rebe hat dazu geführt, dass nicht nur die Rebfläche in den letzten Jahren stark angewachsen ist, sondern auch die Erträge. So mancher Winzer ist – ob der großen Nachfrage – der Versuchung erlegen, die Hektarerträge nach oben zu schrauben. Darunter hat die Qualität in vielen Fällen so stark gelitten, dass der Dornfelder in Verruf geraten ist. Nun setzt allmählich wieder ein Umdenken ein, doch die Betroffenen müssen erkennen, wie schwierig und langwierig es ist, ein ramponiertes Image auf Vordermann zu bringen.

Zum Essen

Rinderbraten, Schweinegulasch, Ossobuco, Blutwurst, Eintöpfe

Empfehlenswerte Vertreter

Wageck-Pfaffmann (Pfalz), Bernhart (Pfalz), Haidle (Württemberg), Deutzerhof (Ahr), Egon Schmitt (Pfalz), Siegrist (Pfalz), Knipser (Pfalz), Köhler-Ruprecht (Pfalz), Kleinmann (Pfalz), Gutzler (Rheinhessen)

Zum Weiterprobieren

Lagrein, Teroldego, Dolcetto, Chinon

Preise: 1–3

Meine persönlichen Rotweinfavoriten bis 20 Euro

Name	Produzent	Herkunft	Preis
Valdepeñas Senorio de Los Llanos Crianza	Los Llanos	Spanien	3,00
Jumilla Clos Lupo Monastrell	Finca Luzon	Spanien	4,00
Spätburgunder QbA Kaiserstuhl	Weingut Konstanzer	Deutschland	5,50
Carinena Altius Garnacha Viñas Viejas	Solar de Urbezo	Spanien	6,00
Côte du Jura Rouge Ancestrale	Domaine Baud Père et Fils	Frankreich	6,80
VdP d'Oc Vignes de Nicole	Paul Mas	Frankreich	7,00
Calatayud Baltasar Garnacha Viñas Viejas	Bodegas San Alejandro	Spanien	7,00
Bardolino Classico	Le Tende	Italien	7,00
Urban Uco Malbec	Bodega Fournier	Argentinien	7,00
Rapel Carmenère	Bodega el Grano	Chile	7,00
Valdepeñas Gran Reserva	Viña Albali Gran Reserva de la Familia	Spanien	7,00
Sicilia La Segreta Rosso	Planeta	Italien	7,00
Bordeaux Superieur	Château Penin	Frankreich	7,50
Primitivo di Manduria Memoria	Consorzio Produttori Vini	Italien	7,50
Colchagua Montes Cab/ Camenère	Montes	Chile	8,00
Salice Salentino Riserva	Càntele	Italien	8,00
Beaujolais VV	Domaine du Vissoux	Frankreich	8,00
Côtes du Rhône	Guigal	Frankreich	8,00
St. Magdalener	Untermoserhof	Italien	8,50

Name	Produzent	Herkunft	Preis
Sangiovese di Romagna Vigna Querce	Zerbina	Italien	8,50
St. Magdalener Rondell	Glögglhof	Italien	8,50
Toro Dehesa Gago	Temo Rodríguez	Spanien	8,50
Minervois-La-Livinière	Château Laville Bertrou	Frankreich	8,80
Les Sens de Syrah Côtes du Rhône	Château Beauchêne	Frankreich	9,00
Bullas Crinza Partal	Balcona	Spanien	9,00
Mendoza Malbec	Catena	Argentinien	9,00
Neusiedlersee Zweigelt Classic	Weingut Renner	Österreich	9,00
Valpolicella Superiore Monti Garbi	Sant'Antonio	Italien	9,00
Ribera del Duero Cepa Gavilán	Perez Pascuas	Spanien	9,50
Barossa Shiraz	Peter Lehmann	Australien	9,50
Casillero del Diablo Cabernet Sauvignon	Concha y Toro	Chile	10,00
Südtiroler Vernatsch Fass Nr. 9	KG Girlan	Italien	10,00
Vinho Regional Estremadura Alicante Bouschet	Grand'Arte	Portugal	10,00
Castel del Monte Pezzalaruca	Conte Spagnoletti Zeuli	Italien	10,00
Metiusco Salento	Palamà	Italien	10,00
Côtes de Provence Grandes Orgues	Gavoty	Frankreich	10,00
Valley Oaks Cabernet Sauvignon	Fetzer Vineyards	Kalifornien	10,00
Dolcetto d'Alba	Aldo Vajra	Italien	11,00
Dolcetto d'Alba	Ca' Viola	Italien	11,00
Madiran Tradition	Dom. Berthoumieu	Frankreich	11,00
Zweigelt	Heinrich	Österreich	11,00
Zweigelt	Umathum	Österreich	11,00

Name	Produzent	Herkunft	Preis
Brouilly	Domaine Lapalu	Frankreich	12,00
Moulis	Château Anthonic	Frankreich	12,00
Rosso di Valtellina Nebbiolo	Ar.Pe.Pe.	Italien	10,00
Wellington Pinotage	Diemersfontein	Südafrika	12,00
Crozes-Hermitage	Alain Graillot	Frankreich	13,00
Haut-Médoc cru Bourgeois	Château Lamothe Bergeron	Frankreich	13,00
Malbec Reserva	Norton	Argentinien	13,00
Malbec Reserva	Terrazas	Argentinien	13,00
The Footbolt Shiraz	d'Arenberg	Australien	13,00
Adelaide Planes „Il Briccone"	Primo Estate	Australien	13,00
Haut-Côtes de Beaune	Domaine Nadin-Ferrand	Frankreich	13,50
Madiran VV	Château Bouscassé	Frankreich	13,50
Maranges	Contat-Grangé	Frankreich	13,50
Bandol	Domaine La Suffrène	Frankreich	14,00
Côtes de Duras Les Apprentis	Domaine Mouthes-le-Bihan	Frankreich	14,00
Colchagua Emiliana Coyám	Vinedos Orgánicos	Chile	14,00
Côtes du Rhône Villages Cairanne	Domaine Richaude	Frankreich	14,00
Carignan VdT Laguedoc	Domaine d'Aupilhac	Frankreich	15,00
Côteaux du Languedoc „Les Combes"	René Rostaing	Frankreich	15,00
Roussillon Les Hautes de Forca-Réal	Domaine de Forca-Réal	Frankreich	15,00
McLaren Vale „The Beginning"	Journey's End	Australien	16,00
Costers del Segre „Geol"	Tomás cusiné	Spanien	16,00
Cahors Cuvée Prestige	Château du Cèdre	Frankreich	16,00
Lalande-de-Pomerol	Château Haut-Chaigneau	Frankreich	16,00

Name	Produzent	Herkunft	Preis
Chorey-Lès-Beaune	Domaine Tollot Beaut	Frankreich	16,00
Douro Tinto	Quinta de la Rosa	Portugal	16,00
Haut-Médoc Cru Bourgeois	Château Grandis	Frankreich	16,50
Chianti Classico	Isole e Olena	Italien	17,00
Côtes du Rhône	Coudoulet de Beaucastel	Frankreich	17,00
Crozes-Hermitage	Domaine de Thalabert	Frankreich	17,00
Douro Reserva	Quinto do Crasto	Portugal	17,00
Sonoma County Zinfandel	Seghesio	Kalifornien	17,00
Gigondas	Domaine Santa Duc	Frankreich	18,00
Châteauneuf-du-Pape	Fortia	Frankreich	18,00
Coonawarra Cabernet Sauvignon	Wynn's	Australien	18,00
St. Julien	Les Fiefs de Lagrange	Frankreich	19,00
Priorato Les Terrasses	Alvaro Palacios	Spanien	19,00
Alpha Estate Unfiltered Syrah/ Merlot/Xinomavro	Ktima Alpha	Griechen-land	19,00
Vacqueyras Cuvée Flouretto	Domaine le Sang des Gailloux	Frankreich	19,50
Valtellina Superiore Prestigio	Triacca	Italien	20,00
Valtellina Superiore Sassella Rocce Rosso Riserva	Ar.Pe.Pe.	Italien	20,00
Aconcagua The Blend	Errázuriz	Chile	20,00
Paarl Mont du Toit	Mont du Toit	Südafrika	20,00
Barossa Valley Shiraz The Darkie	Liebich	Australien	20,00
McLaren Vale „Angel's Share"	Two Hands	Australien	20,00
Cuvée Alexandre Merlot	Casa Lapostolle	Chile	20,00
McLaren Vale The Galvo Garage	d'Arenberg	Australien	20,00
Spätburgunder R	Weingut R. u. C. Schneider	Deutschland	20,00

Zum Schluss

Liebe Leserin, lieber Leser,

ich hoffe, Ihnen hat die Reise durch die Welt der Rotweine gefallen und Ihre Neugierde ist geweckt, um gewohnte Pfade zu verlassen und auf eigene Faust weinkulinarisches Neuland zu betreten. Vielleicht haben Sie nachvollziehbare Erklärungen und Hintergründe für so manche persönliche Vorliebe oder Abneigung gefunden. Möglich auch, dass das eine oder andere Vorurteil die Lektüre nicht überlebt hat und Sie sich endlich wieder trauen, ohne schlechtes Gewissen einen Lambrusco oder St. Magdalener zu öffnen.

Bedenken Sie jedoch stets, dass ich die einzelnen Rotweintypen vor allem von ihrer besten Seite beschrieben und charakterisiert habe. Deshalb kommen nur die Abfüllungen der wirklich guten und seriösen Produzenten dem Ideal nahe, während die Zahl der weniger erfreulichen Beispiele die empfehlenswerten bei weitem übertrifft. Aus diesem Grund nenne ich Ihnen zu jedem portraitierten Wein empfehlenswerte Vertreter – wenn Sie so wollen meine persönlichen Favoriten. Nur wer die Produkte dieser überdurchschnittlich begabten und engagierten Menschen einmal gekostet hat, kann ein Gefühl entwickeln für das, was in einem Gebiet möglich ist; und kann mit einer gewissen Sicherheit abschätzen, ob ein Wein gebiets- oder rebsortentypisch ist und auf welchem Qualitätsniveau er sich innerhalb seines Genre befindet.

Und natürlich macht es einen Unterschied, in welcher Situation und zu welchem Anlass Sie einen Wein genießen. Ihre Stimmung, die Umgebung und die Menschen, mit denen Sie einen Wein trinken, geben zusammen den Ausschlag, wie genüsslich Sie ihn erleben. Geben Sie also einem Wein immer eine zweite Chance, es könnte sich lohnen, ihn nicht allzu frühzeitig abzuschreiben. Denn das, was Ihnen heute mißfällt, kann sich unter anderen Umständen als ungeheuer attraktiv erweisen – und umgekehrt. Viele Rotweine bedürfen, um ihren ganzen geschmacklichen Reichtum zu offenbaren, der Begleitung eines passenden Gerichts. Darunter gibt es nicht wenige, die für sich allein genossen uncharmant und sogar abweisend wirken, zu Tisch als Speisenbegleiter sich dann jedoch von gänzlich anderer Seite zeigen.

Weil ich selbst Wein gerne nach seiner Ausstrahlung, seinem Temperament und den Emotionen, die er mir vermittelt, auswähle, war es nahe liegend, diese Kriterien auch meiner Präsentation der *50 Rotweine, die Sie kennen sollten* zugrunde zu legen. Ich wünsche mir sehr, dass die Einteilung, die ich in diesem Buch getroffen habe, auch Ihnen hilft, Ihre Anlässe und Stimmungen mit dem passenden Wein zu begleiten. Ob Sie dann allerdings einen Klassiker oder einen Sinnlichen zum Candlelight-Dinner bevorzugen, einen Rassigen oder einen Extrovertierten wählen, wenn Sie mit einem lieben Freund über Gott und die Welt diskutieren, oder einen Vergnügten oder einen Preiswerten zur ausgelassenen Garten-Party bereithalten – das entscheiden Sie ganz allein. Denn eines kann und möchte ich gewiss nicht: Ihnen diese Entscheidung abnehmen. Seien Sie also selbstbewusst, vertrauen Sie allein Ihrem eigenen Geschmack und trinken Sie nur solche Weine, die Ihnen persönlich gefallen, egal was andere davon halten.

Und wenn Sie einmal Gelegenheit haben, freue ich mich auf ein „Wiedersehen“ in einem meiner Seminare oder anlässlich eines Events rund um den Wein. Auf meiner Web-Site www.staudt-weinseminare.de erfahren Sie, wie Sie in den Genuss solcher Veranstaltungen kommen. A votre santé!

Danksagung

Damit ein Buch wie dieses überhaupt entstehen kann, bedarf es vieler Gespräche und Diskussionen mit Menschen, die kritische Fragen stellen, anregende Hinweise geben, die vor allem aber immer wieder aufmuntern, motivieren oder gelegentlich für erfrischende Ablenkung sorgen. Vor allen anderen bedanke ich mich bei meinem Sohn Frederik, der mein Schreiben mit viel Geduld, Gelassenheit und einer gehörigen Portion Humor begleitet hat. Mit viel Phantasie ist es ihm immer wieder gelungen, mich vom Schreibtisch wegzulocken und meine Anteilnahme für seine kindliche Lebenswelt zu gewinnen – aus seiner Sicht sicherlich längst nicht oft genug.

Ein besonderes Dankeschön gilt meinen Freunden und Nachbarn Stefanie und Thomas, Iris und Andreas, die sich unaufhörlich nach meinem Fortkommen erkundigten, mich mal zum Grillen, mal zu einem Spaziergang einluden und mich damit wieder meiner schreibenden Einsamkeit entrissen. Lieben Dank auch meinen Freunden in der Ferne Andreas, Dieter und Dieter. Wie gut es ist, dass es Euch gibt, wird vor allem in den anstrengenden Lebensphasen deutlich.

Von allen, die mir fachlich zur Seite standen, möchte ich Wolfgang Preis herausstellen. Seine Hinweise und Einwände haben oft den entscheidenen Schritt nach vorne erwirkt. Dafür ein ganz herzliches Dankeschön! Aber noch vielen anderen gilt mein Dank: den Weinakademiker (WSET) Kollegen und Kolleginnen Cécile Richards, Caro Maurer, Romana Echensperger, Wolfram Römmelt, Wolfgang Banovits, Janek Schumann, Michael Falk, Heiko Mätzig, Markus Volk und denen, die es noch werden wollen: Claudia Schmucker-Arold, Daniela Heid, Sebastian Georgi, Michael Reibold, Peter von Niederhäusern und Bruno Vorburger; des Weiteren danke ich den Kollegen vom Fachverband unabhängiger Weinreferenten (FuW), vor allem Bernhard Moser und Dirk Behrens für ihre konstruktiven Hinweise; vielen herzlichen Dank sage ich auch all den vielen Winzern und Kellermeistern in der ganzen Welt, die sich Zeit genommen haben, mir in zahlreichen Gesprächen zu erklären, wie es ihnen gelingt, der Natur bestmögliche Traubenqualitäten abzuringen, was sie in Weinberg und Keller zu tun und lassen haben, um ihrem Terroir optimalen Ausdruck zu verleihen. Von ihnen habe ich sicherlich am meisten gelernt.

Schließlich danke ich den Mitgliedern unseres Weinclubs Stefan Leidner, Andreas Ziebold, Andreas Wiechen, Michael Sonn und Roland Walden, die mich bei unseren monatlichen Verkostungsabenden mit allerlei Ideen versorgt und immer wieder mit ihrer zum Teil unkonventionellen Art, Wein zu begegnen, kreative Schreibphasen eingeleitet haben.

Last but not least bedanke ich mich beim Westend Verlag für die sehr gute Zusammenarbeit. Dieser Dank gilt insbesondere Rüdiger Grünhagen, der – nun schon zum zweiten Mal – den Entstehungsprozess im Detail kritisch, konstruktiv in der Sache und auf menschlich sehr einfühlsame und wohlwollende Art begleitet hat.

Danke Euch allen!

Über Geschmack lässt sich nicht streiten

Markus Haxter erklärt in diesem Buch die einfachen Wahrheiten wirklich guten Essens. Es geht ihm dabei nicht um Rezepte oder Kochtricks – bei ihm steht ganz klar der Geschmack der Lebensmittel im Vordergrund. Vom Schweinebraten über Wurzelgemüse und Kräuter bis hin zur Basiszutat Butter: Was macht die Qualität dieser Lebensmittel aus und in welchen Variationen sind sie einsetzbar? Wir haben verlernt, unsere Lebensmittel zu schmecken und schätzen zu lernen. Haxter zeigt anhand 50 einfacher Dinge, was gutes Essen wirklich ausmacht und wie wir das erkennen können – denn auch guter Geschmack will gelernt sein!